✓ Copus 6103
✓ ausgew.

Virtuelle
Unternehmen

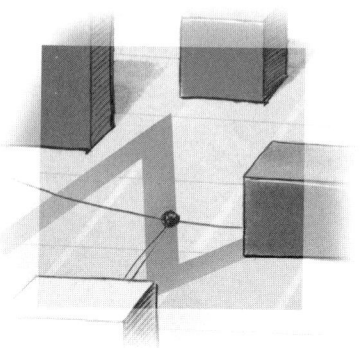

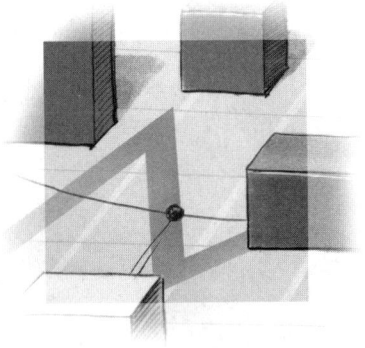

v/d/f
Hochschulverlag AG
an der ETH Zürich

David Brütsch

Virtuelle Unternehmen

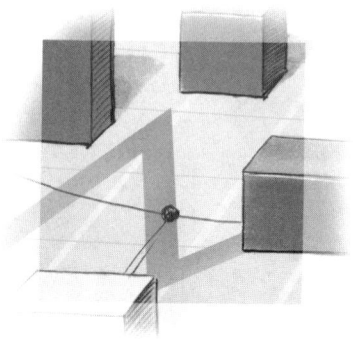

Herausgegeben von
Prof. Dr. Paul Schönsleben

Betriebswissenschaftliches Institut
ETH Zürich
Zürichbergstrasse 18
CH-8028 Zürich

Forschungsberichte für die
Unternehmenspraxis
Bereich Prof. Dr. Paul Schönsleben

Band 7

Die Deutsche Bibliothek – CIP-Einheitsaufnahme

Virtuelle Unternehmen / David Brütsch –
Zürich : vdf Hochschulverlag an der ETH, 1999
(vdf Wirtschaft)
ISBN 3-7281-2646-2

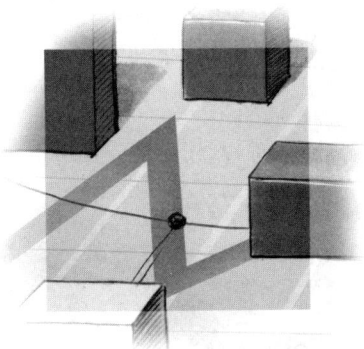

Das Werk einschliesslich aller seiner Teile ist urheberrechtlich geschützt. Jede Verwertung ausserhalb der engen Grenzen des Urheberrechtsschutzgesetzes ist ohne Zustimmung des Verlages unzulässig und strafbar. Das gilt besonders für Vervielfältigungen, Übersetzungen, Mikroverfilmungen und die Einspeicherung und Verarbeitung in elektronischen Systemen.

ISBN 3 7281 2646 2

© 1999, vdf Hochschulverlag AG an der ETH Zürich

Besuchen Sie uns auf dem Internet:
http://www.vdf.ethz.ch

Für meine Frau Doris Irène

Vorwort des Autors

Das vorliegende Werk ist das Ergebnis des wissenschaftlichen Teils des Projektes VIRTUOS. Es ist als Leitfaden für die Gestaltung von virtuellen Unternehmen gedacht und soll Firmen im Umgang mit Netzwerken und Virtualität eine Orientierungshilfe vermitteln. Zur Zeit existieren in der Schweiz einige Projekte im organisatorischen Bereich, die in dieser Arbeit möglichst berücksichtigt wurden. Mit diesen Erfahrungsberichten aus der Praxis wird es möglich, ein Gestaltungsmodell vorzuschlagen, das konkrete Hinweise für eine Virtualisierung liefert.

Die Thematik des virtuellen Unternehmens gibt auch interessante Anstösse, über eine Demokratisierung von Organisationsstrukturen nachzudenken. Es könnte möglich sein, die Meinung von mehreren gleichberechtigten Partnern zu berücksichtigen und trotzdem eine sehr hohe Flexibilität und Reaktionsfähigkeit zu erreichen. In diesem Punkt sehe ich die Vision eines virtuellen Unternehmens. Ich hoffe, dass die vorliegenden Gestaltungsempfehlungen vielen Firmen neue Perspektiven in einem wirtschaftlich turbulenten Umfeld verschaffen.

Abschliessend möchte ich mich bei Herrn Prof. P. Schönsleben für die Freiheit im Bereich der Forschung als wissenschaftlicher Mitarbeiter am Betriebswissenschaftlichen Institut (BWI) der ETH Zürich bedanken. Besonderer Dank gilt auch Herrn Prof. E. Ulich, der das Projekt VIRTUOS ermöglicht und von Seiten der Kommission für Technologie und Innovation (KTI) kompetent begleitet hat.

Zusammenfassung

Die Vision eines virtuellen Unternehmens taucht vielerorts auf. In einem veränderten Umfeld suchen Manager nach neuen Organisationsformen, die die aktuellen Probleme lösen können. Dabei werden viele Hoffnungen auf "trendige" Begriffe gesetzt.

Dieses Buch soll aufzeigen, was unter einem virtuellen Unternehmen zu verstehen und was bei einer Gestaltung besonders zu beachten ist. Praxisberichte zeigen, dass ein virtuelles Unternehmen tatsächlich Vorteile bringt, und Vorgehensempfehlungen weisen auf die zu beachtenden Erfolgsfaktoren.

Das Buch beginnt mit einer Erläuterung der aktuellen Trends im Umfeld von Unternehmen. Die Veränderungen in Technologie und Innovation, in Gesellschaft und Politik und in den Beschaffungs- und Absatzmärkten stellen neue Anforderungen an die Leistungserstellung der Zukunft. Globaler Wettbewerb, strategische Allianzen, neue Technologien; so lauten die Herausforderungen an das Top-Management.

Seit Anfang der neunziger Jahre tauchen Artikel über netzwerkartige Organisationen auf. Durch eine eher kooperative denn kompetitive Zusammenarbeit von relativ unabhängigen Unternehmen wird versucht, neue Wettbewerbsvorteile zu erzielen. Netzwerke tauchen aber innerhalb von Konzernen genauso wie bei rechtlich selbständigen Kleinfirmen auf, und sie können sowohl eher statisch und unbeweglich als auch höchst dynamisch und flexibel ausgestaltet sein. Bekannte Beispiele für interne, aber eher dynamische Netzwerke sind Unternehmen wie ABB oder Mettler-Toledo. Beim Aufbau von Netzwerken ist natürlich die Verknüpfung der Prozesse besonders wichtig, weil dadurch in Richtung Gesamtoptimum gearbeitet werden kann. Der Aufbau von Netzwerken kann deshalb als ein neuer organisatorischer Trend aufgefasst werden und ist zur Zeit voll im Gang.

Virtualität ist ein weiterer Begriff, der vermehrt im organisatorischen Bereich anzutreffen ist. Mehrere Beispiele von virtuellen Objekten zeigen auf, dass in immer mehr Bereichen virtuelle Alternativen zu realen Objekten geschaffen werden. Der Trend in Richtung Virtualität, also die Virtualisierung, beginnt, sich zur Zeit auch in organisatorischen Bereichen bemerkbar zu machen.

Eine virtualisierte Organisation und eine spezielle Netzwerkstruktur stellt das virtuelle Unternehmen dar. Es wird kurz vorgestellt, was unter diesen neuen Begriffen zu verstehen ist, und wie mit einem einfachen Schema die Abgrenzung zu den realen Ursprungsbegriffen vorgenommen werden kann. Eine wichtige Erkenntnis aus diesem Abschnitt ist, dass ein virtuelles Unternehmen im Hintergrund ein strategisches Netzwerk benötigt, das die eher statischen Aufgaben (Förderung einer Vertrauenskultur, Pflege von informellen Kontakten, usw.) übernimmt.

Besonders interessant im Zusammenhang mit virtuellen Unternehmen ist die juristische Lage. Der wichtigste Punkt ist dabei die Frage nach der Gesellschaftsform, weil dies z.B. auch Haftungsfragen klärt. In Deutschland wie in der Schweiz werden vertragliche Kooperationen, die sich nicht selbst eine explizite Gesellschaftsform geben, als eine Gesellschaft bürgerlichen Rechts bzw. als eine einfache Gesellschaft behandelt. Abschliessend wird ein Fallbeispiel aus der Bauwirtschaft näher erläutert und beurteilt.

Relativ hohes Gewicht (drei Kapitel) wird den Erfahrungsberichten aus der Praxis beigemessen. Dabei werden die Projekte VIRTUOS und ORVIETTI, die virtuelle Fabrik St. Gallen, die Genossenschaft virtuelle Unternehmen Region Basel und das Netzwerk Synapool vorgestellt und miteinander verglichen. Alle Fallbeispiele können erste Erfolge vorweisen, obwohl die Idealvorstellung bezüglich Virtualität teilweise noch nicht erreicht ist.

Zum Schluss des Buches wird ein integriertes Gestaltungsmodell vorgestellt, das die Erkenntnisse aus der vorliegenden Arbeit berücksichtigt. Dabei wird auf Erfolgsfaktoren und wichtige Aspekte in den Phasen Konzeption, Netzwerkgestaltung und Betrieb des Netzwerkes hingewiesen. Es folgen noch einige Überlegungen zu den rechtlichen und informationstechnischen Aspekten. Eine Checkliste als Zusammenfassung des Gestaltungsmodells rundet das Kapitel ab.

Inhaltsverzeichnis

1 **Wirtschaftliches Umfeld** 1
    1.1 Absatzmarkt 2
    1.2 Beschaffungsmarkt 4
    1.3 Technologie und Innovation 5
    1.4 Gesellschaft und Politik 8
    1.5 Leistungserstellung 9
    1.6 Organisatorische Auswirkungen 14

2 **Netzwerke** 17
    2.1 Definition 18
    2.2 Merkmale und Aufgaben 21
    2.3 Beurteilung 23

3 **Virtualität** 37
    3.1 Bereich Physik 39
    3.2 Bereich Informatik 39
    3.3 Bereich Wirtschaft 40
    3.4 Trend zur Virtualität 42

4 **Virtuelles Unternehmen** 45
    4.1 Die virtuelle Organisation 45
    4.2 Das virtuelle Unternehmen 47
    4.3 Grad der Virtualisierung 52
    4.4 Konzeptbeurteilung 54

5 Rechtliche Aspekte ... 63
- 5.1 Gesellschaftsform ... 64
- 5.2 Weitere rechtliche Fragen ... 69
- 5.3 Erfahrungsbericht Bauwirtschaft ... 71
- 5.4 Schlussfolgerungen ... 76

6 Erfahrungsbericht Virtuelle Fabrik ... 79
- 6.1 Ausgangslage ... 79
- 6.2 Ziel ... 80
- 6.3 Organisation ... 81
- 6.4 Technische Lösung ... 89
- 6.5 Erfahrungen ... 89
- 6.6 Beurteilung ... 91

7 Erfahrungsbericht Projekt VIRTUOS ... 95
- 7.1 Ausgangslage ... 95
- 7.2 Ziele ... 99
- 7.3 Organisation ... 100
- 7.4 Technische Lösung ... 104
- 7.5 Erfahrungen ... 104
- 7.6 Beurteilung ... 106

8 Weitere Erfahrungsberichte ... 109
- 8.1 Tourismusnetzwerk im Tessin ... 109
- 8.2 Virtuelle Unternehmen der Region Basel ... 113
- 8.3 Kompetenznetzwerk Synapool ... 119
- 8.4 Vergleich der Erfahrungsberichte ... 123

9 estaltung Virtueller Unternehmen ... 129
- 9.1 Rahmenbedingungen ... 129
- 9.2 Integriertes Gestaltungsmodell ... 131
- 9.3 Zusammenfassung ... 150

10 Empfehlungen ... 153

11 Literatur ... 155

12 Anhang ... 163
- 12.1 Inhaltsverzeichnis VU-Handbuch ... 164
- 12.2 Inhaltsverzeichnis VU-Norm ... 165
- 12.3 Technologiedatenblatt Virtuelle Fabrik ... 169
- 12.4 Statuten GVUB ... 170
- 12.5 Betriebsreglement GVUB ... 174
- 12.6 Spielregeln der ARENA im Projekt GVUB ... 176
- 12.7 Leitbild Synapool ... 177
- 12.8 Erfolgsstories Synapool ... 178

1

Wirtschaftliches Umfeld

In letzter Zeit wird immer deutlicher festgestellt, dass sich das Umfeld der Unternehmen gewandelt hat. Plötzlich müssen seit Jahren gültige Strategien oder Geschäftspraktiken überarbeitet werden. Die Wachstumsphase der Nachkriegszeit dauert nicht mehr beliebig lang. Firmen, die in ihrer Branche seit Jahren eine Spitzenstellung inne hatten, müssen sich aufgrund des veränderten Umfeldes wieder neu orientieren. Nach wie vor gilt, wenn eine Firma längerfristig existieren will, muss sie sich den Veränderungen im Umfeld stellen. Denn ein Unternehmen, das sich den Veränderungen in den Märkten, in den Technologien oder im gesellschaftlichen und politischen Umfeld nicht stellt, verliert plötzlich die Existenzberechtigung.

Um die Trends und Veränderungen im Umfeld der Unternehmen aufzuzeigen, soll von einem Modell (vgl. Abb. 1) ausgegangen werden. Die vier Bereiche Absatzmarkt, Beschaffungsmarkt, Technologie/Innovation und Gesellschaft/Politik werden näher erläutert. Im Zentrum der Unternehmenstätigkeit steht eine materielle oder immaterielle Leistung, die im Rahmen der Leistungserstellung erzeugt und an Kunden vertrieben wird.

Diese Veränderungen sind auch durch die Geschäftsleitungen wahrgenommen worden. In einer Umfrage über Strategisches Management wurden oberste Führungskräfte bezüglich der Handlungsschwerpunkte der nächsten zehn Jahre befragt (vgl. Tab. 1). Die Antworten sind erstaunlich deutlich ausgefallen.

Über achtzehn Prozent der befragten Führungskräfte gaben an, im Bereich "Internationaler und Globaler Wettbewerb" einen Schwerpunkt für die nächsten zehn Jahre zu setzen. Dies stellt auch die wichtigste Veränderung im Bereich Absatzmarkt dar. Gleich an zweiter Stelle folgt der Schwerpunkt

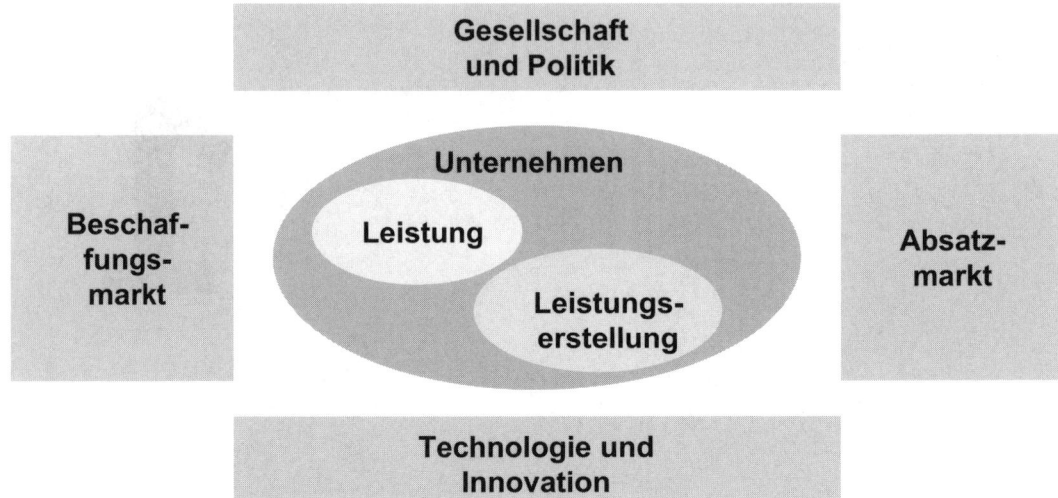

Abb. 1: Verändertes Umfeld der Unternehmen[1]

"Technologie, Innovation, Information", der für die Unternehmen ebenfalls eine bedeutende Herausforderung darstellt. Interessant ist die Aussage bezüglich "Strategischer Allianzen". Die Nennung an dritter Stelle deckt sich mit meinen Erkenntnissen bezüglich der zunehmenden Wichtigkeit von Netzwerken und Kooperationen. Vor allem in den Umfeldbereichen "Technologie/Innovation" und "Absatz- und Beschaffungsmarkt" spielen Kooperationen eine immer wichtigere Rolle.

Durch die eigentliche Leistung und die Leistungserstellung kann sich ein Unternehmen von andern Anbietern differenzieren. Durch Umgestalten und Optimieren dieser Bereiche kann somit ein Unternehmen auf Veränderungen im Umfeld reagieren. Bei guten Firmen kommt es auch vor, dass bereits Änderungen vorgenommen werden, wenn ein Trend erst erkennbar ist und sich das Umfeld noch nicht völlig verändert hat.

1.1 Absatzmarkt

Durch die Globalisierung werden Wettbewerbsvorteile der mitteleuropäischen Industrie bezüglich Technologie- und Qualitätsniveau seltener. Die angestammten Hochpreismärkte gehen verloren, das Volumengeschäft vieler Branchen ist gefährdet und das Nischengeschäft bietet oft keinen genügend grossen Ersatz (vgl. Abb. 2).

Um gegenüber der Konkurrenz einen Vorteil zu besitzen, muss ein Unternehmen immer klarere Vorstellungen von seinen Wettbewerbsvorteilen

---

[1] Quelle: Brütsch 1999

1.1 Absatzmarkt

Handlungsschwerpunkte aus Sicht von Top-Managern für die nächsten 10 Jahre	Häufigkeit	Prozent
Internationaler/Globaler Wettbewerb	15	18.29
Technologie, Innovation, Information	10	12.20
Strategische Allianzen	9	10.97
General Management	9	10.97
Strategie Umsetzung	8	9.76
Strategische Neuausrichtung und Flexibilität	8	9.76
Industrie/Umweltanalysen	5	6.10
Strategische Wettbewerbsvorteile	4	4.88
Fusionen, Übernahmen, Krisen	4	4.88
Strategische Entscheidungsfindung	3	3.66
Diversifikation	3	3.66
Andere	4	4.88
Total	82	100.00

Tab. 1: Handlungsschwerpunkte für das Top-Management[2]

haben und diese konsequent am Markt umsetzen. Diese verstärkte Konzentration auf das Kerngeschäft ergibt völlig neue Rahmenbedingungen.

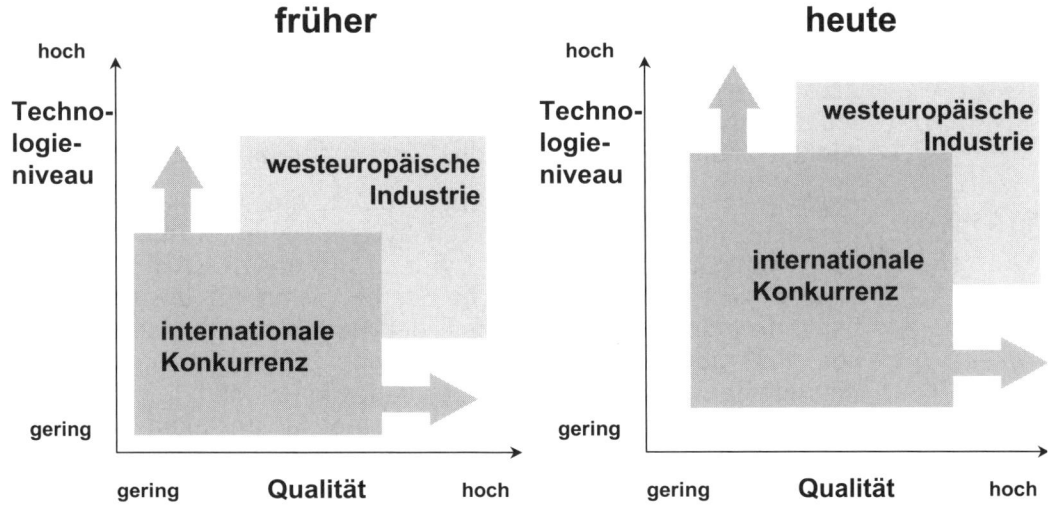

Abb. 2: Entwicklung der internationalen Konkurrenz[3]

---

[2] Quelle: Lyles 1990
[3] Quelle: Schuh 1995

Die Globalisierung der Märkte bedeutet, dass einzelne Märkte untereinander immer ähnlicher werden. Die angebotenen Leistungen werden immer besser vergleichbar, es ist immer schwieriger für ein Unternehmen, sich zu differenzieren. Dies hat eine Verschärfung des Wettbewerbs zur Folge, indem die Firmen auf die Wünsche immer kleiner werdender Marktsegmente eingehen müssen.[4] Man kann von einer kontinuierlichen Fragmentierung der Märkte sprechen. Weiter führte die Sättigung auch zu einer Verschiebung in den Märkten; bis heute hat sich die Mehrzahl der Märkte von Verkäufer- zu Käufermärkten gewandelt.

Ein Unternehmen ist also vermehrt weltweitem Wettbewerb ausgesetzt und muss selbst weltweit präsent sein, um Marktchancen zu nutzen. Gleichzeitig müssen immer individuellere Lösungen angeboten werden, damit das Unternehmen sich zu differenzieren vermag und neue Kunden gewinnen kann.

1.2 Beschaffungsmarkt

Im Bereich der Lieferanten gab es in den vergangenen Jahren ebenfalls massive Veränderungen. Vier relevante Trends werden näher vorgestellt:

- *Signifikante Reduktion der Lieferanten*: Eine deutsche Studie[5] aus der Automobilindustrie rechnet in den nächsten fünf Jahren mit einer Reduktion der Direktlieferanten in der Grössenordnung von 30% (Opel) bis 62% (Porsche). Eine schweizerische Studie[6] erwähnt als Durchschnitt eine geplante Lieferantenreduktion von ca. 25% in den nächsten zwei Jahren. In dieser Studie wird unter anderem erwähnt, dass bereits 48% der befragten Betriebe ihre Lieferantenanzahl reduziert hat. Diese Angaben zeigen deutlich, wie stark dieser Trend zur Zeit ist und mit welchen Reduktionen weiterhin zu rechnen ist.

- *Bestimmen von Systemlieferanten*: Durch die Modularisierung der Produkte und die Integration von Systemlieferanten müssen insgesamt weniger Teile beschafft werden, und die Beschaffungsabläufe werden gestrafft. Eine deutsche Studie[7] nennt für die metallverarbeitende Industrie eine Zunahme der Modul- und Systemlieferanten von 10% auf über 20% im Jahr 2000. Diese Systemlieferanten übernehmen die Koordination für ein gesamtes Modul und vergeben einzelne Teilaufträge. Die Hauptabnehmer lagern somit auch einen Teil der Koordinationsfunktion aus.

---

[4] vgl. Wehrli 1994; Lampel 1996
[5] vgl. Schulte 1995
[6] vgl. Frigo-Mosca et al. 1997
[7] vgl. Baumgarten 1996

- *Reduktion der Fertigungstiefe*: Heute werden bereits ca. 40% bis 70% des Wertes eines Endproduktes auswärts bezogen.[8] Doch eine stabile Situation ist noch nicht eingetreten. Eine Untersuchung der TU Berlin[9] spricht von einer weiteren Reduktion in grossen Industrieunternehmen der wichtigsten Branchen von heute 52% auf 41% bis zum Jahr 2000. Eine weitere Studie[10] aus der Fahrzeugindustrie nennt eine Reduktion für denselben Zeitraum von durchschnittlich 49% auf 36%. Als langfristiges Ziel wird jedoch ein Eigenfertigungsanteil von etwa 15% angestrebt. Diese Daten zeigen wie massiv sich Unternehmen auf ihr Kerngeschäft konzentrieren.

- *Vermehrte Kooperation*. Mit einigen wenigen Lieferanten wird verstärkt im Sinne einer Partnerschaft zusammengearbeitet, weil die gegenseitige Abhängigkeit steigt. Dies belegt auch eine Umfrage der VDI-Nachrichten und des IAO.[11] Über die Hälfte der befragten Firmen setzen heute auf Kooperationen. Sechs Jahre zuvor waren es erst 40%. Als Beispiel für die Kooperation im Bereich Distribution sei nochmals auf die Untersuchung der TU Berlin[12] verwiesen. 31% der Industrieunternehmen sind bereits Kooperationen im Bereich der Distribution eingegangen. Innerhalb der nächsten vier Jahre wollen bereits 48% ihre Distribution durch einen Logistik-Dienstleister abwickeln lassen.

Das industrielle Umfeld in Mitteleuropa ändert sich gewaltig. In gesättigten Märkten können die Unternehmen teilweise die Umsätze knapp halten, die Margen jedoch werden immer geringer. Durch eine Fokussierung auf die eigenen Stärken wird versucht, sich gegen den Wettbewerb zu behaupten. Bei Grossfirmen bedeutet das oft eine Flucht nach vorn, sei es durch eine Übernahme oder Fusion mit einem anderen grossen Konzern. Bei Klein- und Mittelbetrieben werden im Gegensatz dazu eher unrentable Bereiche ausgelagert.

1.3 Technologie und Innovation

Für viele Unternehmen ist der Umgang mit Innovation und neuen Technologien selbstverständlich geworden. Die aktuellsten Forschungsresultate werden sofort übernommen, um damit neue Produkte und teilweise neue Märkte zu schaffen. In den letzen Jahren beschleunigte sich der technologische Fortschritt zunehmend, und immer mehr Wissen wurde global verfügbar. Diese Beschleunigung kann beispielhaft am Lenksystem für Automobile gezeigt werden (vgl. Abb. 3):

---

[8] vgl. Frigo-Mosca et al. 1997
[9] vgl. Baumgarten 1996
[10] vgl. Wildemann 1993
[11] vgl. VDI 1997
[12] vgl. Baumgarten 1996

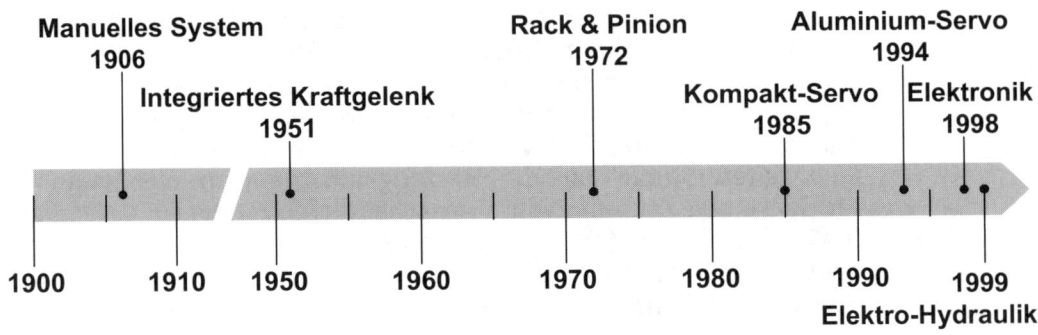

Abb. 3: Beschleunigung beim Einsatz neuer Technologien[13]

Neben dieser zunehmenden Beschleunigung beim Einsatz neuer Technologien haben sich für Unternehmen auch die Möglichkeiten der Informatikunterstützung grundlegend verändert. Als wichtige Grundlage für die Netzwerkbildung soll deshalb die Entwicklung im Bereich der Informations- und Kommunikationstechnologie vertieft betrachtet werden (vgl. Abb. 4).

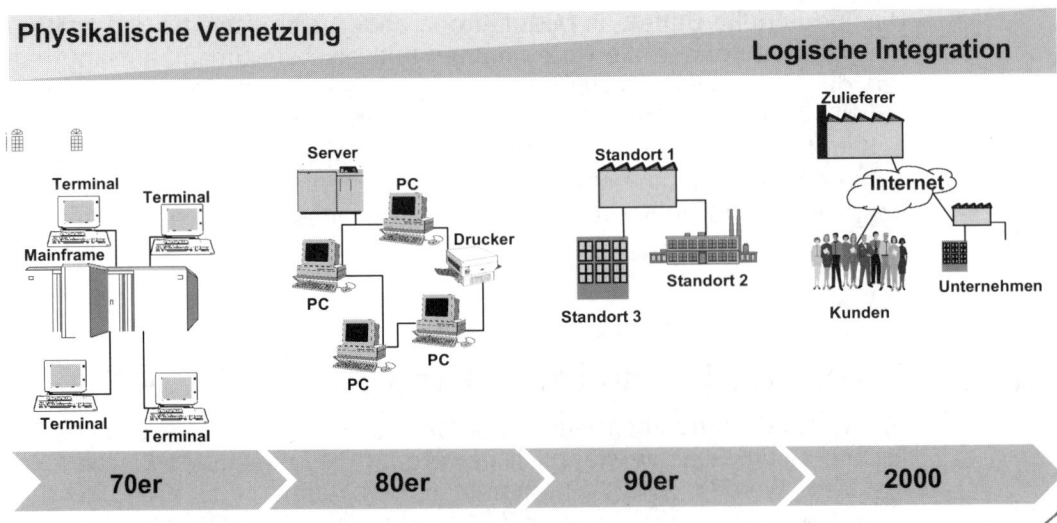

Abb. 4: Die Entwicklung der Vernetzung durch IKT[14]

Zu Beginn der betrieblichen EDV-Anwendungen setzten die Firmen auf *Grossrechneranlagen*. Die Speicherkapazität und die Rechenleistung waren knappe Ressourcen, die Daten mussten zentral verarbeitet und gespeichert werden. Solche Mainframe-Architekturen konnten später eine

---

[13] Quelle: Preiss et al. 1996
[14] Quelle: Little 1996

grosse Anzahl von Terminals steuern, sie erlaubten jedoch nur in einem sehr eingeschränkten Mass die Kommunikation von Endgerät zu Endgerät und damit die Zusammenarbeit in Teams. Auch heute noch haben viele Grossbetriebe solche Systeme in Betrieb und müssen mit den gegebenen Randbedingungen leben, obwohl die aktuelle Technologie schon viel weiter fortgeschritten ist.

Die Verbreitung des *Personal Computers* in der ersten Hälfte der 80er Jahre machte Rechenleistung dezentral verfügbar. Einzelne PC-Arbeitsplätze wurden bald in sogenannten *Local Area Networks (LANs)* vernetzt, wobei sich diese Vernetzung zunächst auf einzelne Abteilungen oder Standorte beschränkte. Innerhalb dieser auf Client-/Server-Architekturen basierenden Rechnerinseln konnten relativ beliebig Daten ausgetauscht werden. Ausgenommen war die Sprachkommunikation, die weiterhin über die herkömmlichen Telephon- oder Gegensprechanlagen abgewickelt wurde. Die bestehenden Grossrechneranlagen existierten entweder parallel oder wurden in einzelnen Fällen mit PC-Netzen zu einer heterogenen Systemwelt verbunden.

Durch das massiv einsetzende Zusammenwachsen von Informations- und Kommunikationstechnologien zu Beginn der 90er Jahre und die zunehmenden Möglichkeiten zur herstellerunabhängigen Verbindung von Systemen stiess man im Bereich der Vernetzung in neue Dimensionen vor. Es wurde möglich, Wide Area Networks (WANs) oder Virtual Private Networks (VPNs) innerhalb der öffentlichen Datennetze aufzubauen. Dies erlaubte die Verbindung mehrerer Unternehmensstandorte sowie die Integration von Zulieferern und Abnehmern. Firmen können somit alle ihre Tochtergesellschaften oder Niederlassungen überall auf der Welt miteinander verknüpfen.

Die nächste Stufe, die bereits heute mit enormem Tempo angegangen wird, ist die Nutzung des Internets für kommerzielle Zwecke. Dieses Netz hat den Vorteil, dass es praktisch zum Ortstarif eine weltweite Vernetzung erlaubt und weltweit standardisiert ist. Durch die atemberaubende Entwicklung ist es bereits möglich, Text-, Bild-, Audio- und Video-Dateien in der ganzen Welt zu versenden bzw. zu empfangen. Bereits heute sind Software-Programme für die Faxkommunikation, für Bildtelephonie oder für Videokonferenzen auf dem Markt. Diese Entwicklungsstufe erlaubt es, den gesamten Informationsfluss im Unternehmen integral auf dem elektronischen Weg abzuwickeln. Diese logische Integration bedeutet auch eine Demokratisierung der Informations- und Kommunikationsbeziehungen zwischen beliebigen Partnern, die an der Leistungserstellung beteiligt sind. Für kleine Unternehmungen bedeutet dies, dass sie auf dem Weltmarkt ohne hohe Kosten präsent sein können.

Die erwähnten Entwicklungen im Bereich der Technologie verändern die Bedingungen für die Leistungserstellung der Unternehmen nachhaltig und beeinflussen die zukünftige Organisation und Führung von Unternehmen massiv. Es werden völlig neue Organisationsformen möglich, dezentrale Entscheide auf der Basis von online-Informationen werden zur Notwendigkeit, Führung wandelt sich zum Coaching.

1.4 Gesellschaft und Politik

Das gesellschaftliche Umfeld hat einen starken Einfluss auf die Verfügbarkeit von Fachkräften und gut ausgebildeten Mitarbeitern. Einen wichtigen Faktor stellt dabei die Altersstruktur dar, die in allen Industriestaaten etwa ähnlich ist. Die folgende Grafik (vgl. Abb. 5) zeigt die Alterspyramide in der Schweiz mit dem entsprechenden Anteil der Werktätigen (hell). Man kann dabei erkennen, dass unter dreissig Jahren deutlich weniger Werktätige vorhanden und auch zu erwarten sind, als zwischen dreissig und fünfzig Jahren.

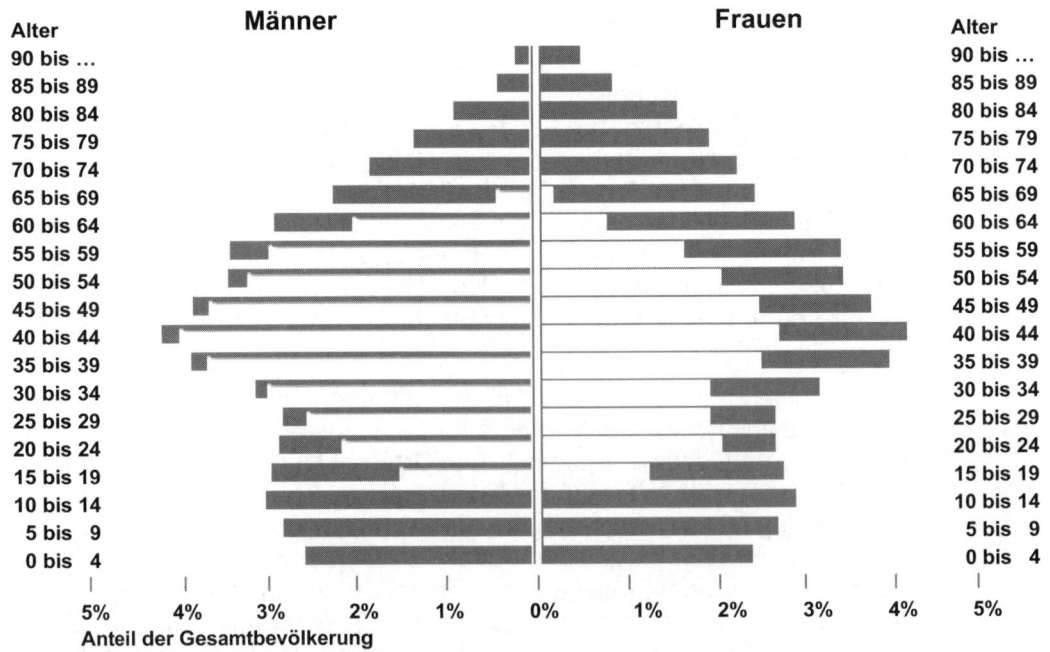

Abb. 5: Altersstruktur mit Anteil der Werktätigen in der Schweiz[15]

Das Durchschnittsalter steigt immer mehr an, und ein immer grösserer Anteil der Bevölkerung zählt zur abhängigen Bevölkerung.[16] In der Schweiz beispielsweise sind noch vor dem Jahrtausendwechsel mehr als 50% der Bevölkerung über 50 Jahre alt. Dies führt zu einer Verknappung von

---

[15] Quelle: Afheld 1997
[16] vgl. Aykac 1996

Fachkräften in speziellen Bereichen (wie z.B. heute bereits in der Informatik) und wird Auswirkungen im Bereich von Sozialabgaben und Mehrwertsteuer haben.

Im politischen Bereich beeinflussen die Regelungsdichte und das Verhalten der Regierung die Attraktivität des Standortes und die Rahmenbedingungen für Unternehmen. Durch den EU-Binnenmarkt können beispielsweise aufwendige Zolldeklarationen abgeschafft werden. Auf der anderen Seite verstärkt sich das Ökologiebewusstsein der Gesellschaft, was dazu führt, dass Unternehmen ein ökologisches Label, die Zertifizierung nach ISO 14000, vorweisen sollten. Auch wird in der Politik über eine verursachergerechte CO_2-Steuer diskutiert. Es kann gefolgert werden, dass in Zukunft eher mehr Abgaben oder Steuern zu erwarten sind, dafür werden diese eher gemäss Verursachung belastet.

All diese Veränderungen haben Auswirkungen auf die Konkurrenzfähigkeit eines Industrielandes als Unternehmensstandort. In der Schweiz sind nach wie vor die hohe Verfügbarkeit von gut ausgebildeten Fachkräften und die nicht allzu hohe Steuerbelastung wichtige Standortvorteile, doch der Handlungsspielraum der Unternehmen wird kleiner. Die Veränderungen im Umfeld wirken sich zunehmend direkter auf die Leistungserstellung aus.

1.5 Leistungserstellung

Aus den vorherigen Abschnitten, die die Veränderungen im Umfeld beschrieben haben, können nun die Anforderungen an die Leistungserstellung abgeleitet werden. Dabei beschäftigen wir uns mit zwei grundsätzlichen Fragen:

- Welches sind die Anforderungen an eine Leistung (Produkt oder Dienstleistung), und wie sieht diese aus?
- Wie wird diese Leistung erzeugt, und welche Auswirkungen hat das auf die Organisation?

1.5.1 Leistung

Ein Produkt ist heute nicht mehr nur ein möglichst preisgünstiges Massenerzeugnis. Immer mehr wird das Produkt zur Plattform,[17] um mit dem Kunden in eine längerfristige Verbindung zu treten. Die Grenze zwischen eigentlichem Produkt und Dienstleistung wird immer fliessender. Serviceleistungen werden sehr genau auf die Anforderungen des Produktes abgestimmt und möglichst exakt auf die Kundenwünsche

---

[17] vgl. Preiss et al. 1996

zugeschnitten. Immer häufiger ist es auch das Servicegeschäft, das die Entwicklung neuer Produkte finanziell ermöglicht. Eine andere Möglichkeit, die immer kürzer werdenden Produktlebenszyklen zu verlängern, ist die Aufteilung eines reifen Produktes in mehrere neue Varianten. Bei Fahrrädern z.B. gab es früher nur drei Varianten: das Damen-, das Herren- und das Rennrad. In der Zwischenzeit wurden Dutzende von Varianten entwickelt wie z.B. Mountain Bikes, City Bikes, Tourenräder, Räder für Bahnrennen. Weil die Fahrräder spezialisierter sind, ist der Preis auch wieder gestiegen. Ein anderes Beispiel ist die Erfolgsgeschichte der Swatch. Die Funktion der Armbanduhr, die Zeit anzuzeigen, wurde grundlegend neu definiert, indem die Uhr nun als modisches Kunstwerk und Accessoire vermarktet wird. Die alte Vorstellung, dass jede Person nur eine Uhr hat, wurde mit der neuen Plastikuhr als Kunstobjekt völlig auf den Kopf gestellt. Es gibt keine Begrenzung für den Besitz von dekorativen Kunstgegenständen; der Markt wurde viel umfassender. Mit weiteren Innovationen werden aber auch die Anforderungen an ein Produkt oder eine Dienstleistung weiter zunehmen. Die wichtigsten davon sind:

- *Funktionalität*: Immer mehr Funktionen müssen direkt in der Leistung integriert sein. Ein Telephon kann heute schon EMails und Kurzmitteilungen versenden und empfangen; der Anrufbeantworter und das Modem sind auch schon integriert. Eine Autoversicherung als Dienstleistungsbeispiel entspricht dem genauen Fahrzeugtyp, umfasst einen Abschleppdienst und ein Ersatzauto und garantiert eine 24h-Hotline für Schadensmeldungen.

- *Flexibilität*: Die Leistung muss möglichst exakt auf die Bedürfnisse des Kunden zugeschnitten sein und sollte trotzdem für mehrere Kunden verwendbar sein. Produkte können gemäss Kundenwunsch individuell konfiguriert werden.

- *Ökologie*: Eine Leistung darf die Umwelt während der Herstellung, der Nutzungsphase und der Entsorgungsphase immer weniger beeinträchtigen (Rohstoffe, Wasser, Energie, Abfall, Lärm). Neue Produkte müssen bereits während der Entwicklung mit aufwendigen Tests hinsichtlich Erfüllung internationaler Normen geprüft werden.

- *Image*: Ein Markenprodukt ist mehr als nur die reine Leistung selbst. Mit hohem Werbeaufwand wird für eine Leistung ein Image oder eine Lebensart kreiert und mitverkauft. Dies zeigt sich insbesondere bei Fällen, wo dies (aus welchen Gründen auch immer) misslungen ist. Als bekanntes Beispiel sei hier das Kippen des neuen A-Klasse Mercedes[18] erwähnt. Für ein Unternehmen, das jahrelang Sicherheit und Status repräsentierte, ist dies ein schwerer Rückschlag.

---

[18] vgl. Der Spiegel 45/1997

1.5.2 Leistungserstellung

Die erläuterten Anforderungen an eine Leistung wirken sich sehr direkt auf die Art und Weise der Leistungserstellung aus. Um die aktuelle Situation besser zu verstehen, soll eine kurze Übersicht der vergangenen Entwicklung gegeben werden.

Im Vordergrund stand seit Urzeiten die Kennzahl des Preis/Leistungsverhältnisses. Ob Tauschhandel, Handeln am Bazar oder das Einkaufen mit Fixpreisen, wichtig ist für den Kunden immer das Verhältnis zum Gegenwert. Diese Kennzahl ist deshalb auch für Unternehmen ein Vergleichsinstrument, um sich mit anderen zu messen und herauszufinden, weshalb ein Kunde ein bestimmtes Produkt kauft. Dies geht auch aus Diskussionen über Wettbewerbsstrategien und Wettbewerbsvorteile hervor.

Nach Porter[19] gibt es zwei Grundtypen von Wettbewerbsvorteilen: entweder niedrigere Kosten oder Differenzierung, d.h. verbesserte Leistung. Ursprünglich wurde angenommen, dass ein Unternehmen eine dieser beiden Grundstrategien verfolgen müsse. Neuere Publikationen gehen jedoch meistens davon aus, dass Zwischenformen (hybride Strategien) möglich sind und in bestimmten Situationen und Branchen durchaus sinnvoll sein können. Und so schliesst sich der Kreis: wenn wir die zwei Grundstrategien miteinander in Beziehung setzen, sind wir wieder beim Preis/Leistungsverhältnis angelangt. Je nach Wettbewerbsstrategie wird entweder der Preis (bzw. die Kosten) oder die Leistung stärker optimiert; grundsätzlich wird jedoch immer die langfristige Verbesserung beider Komponenten angestrebt. Die kontinuierliche Verbesserung des Preis/Leistungsverhältnisses war und ist nach wie vor das oberste Ziel einer Wettbewerbsstrategie.

Die Beschleunigung der Innovation und die Sättigung der Märkte führten aber in den letzten Jahrzehnten dazu, dass das Preis/Leistungsverhältnis immer schneller optimiert werden musste. Heute zählt also nicht mehr, dass ein Unternehmen einfach besser wird, sondern in welcher Zeit es wieviel besser werden kann.[20] Im Verlauf der Zeit kamen immer neue Wettbewerbsfaktoren im Sinne von Produkteigenschaften hinzu. Heute sind die richtige Menge, die Qualität, die Zeit und die Flexibilität entscheidende Faktoren, um im Wettbewerb erfolgreich zu sein. Die folgende Grafik zeigt (vgl. Abb. 6) eine zeitliche Abfolge von Wettbewerbsfaktoren für die Leistungserstellung.

---

[19] vgl. Porter 1989

[20] An der EFQM-Tagung vom 12.11.97 an der ETH Zürich äusserte sich Hr. L. Schweitzer, CEO von Renault, zum Thema Geschwindigkeit und Qualität: "Es genügt nicht, einfach besser zu werden, sondern wird müssen schneller besser werden als die Konkurrenz".

Wirtschaftliches Umfeld

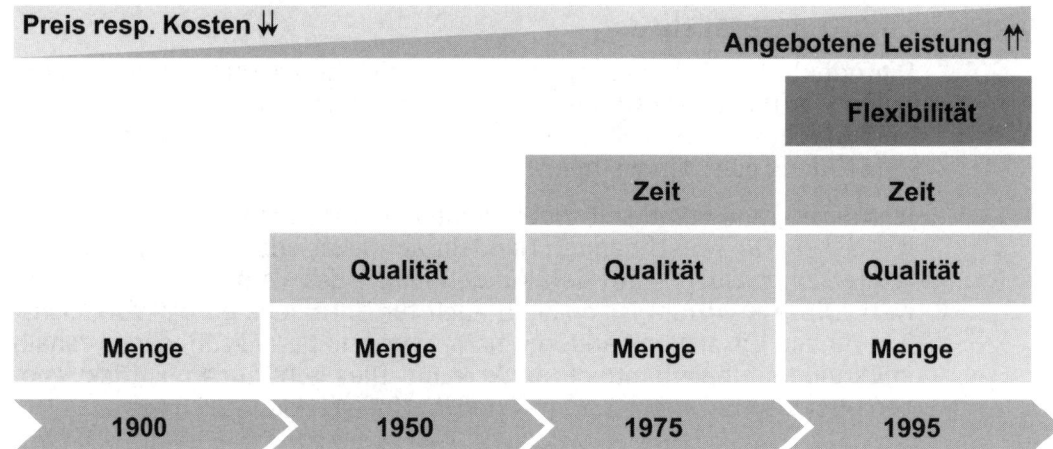

Abb. 6: Zunehmende Anzahl Wettbewerbsfaktoren[21]

Aus der Grafik wird ersichtlich, dass die Zeitabstände nicht immer gleich gross sind; die Beschleunigung bei den Wettbewerbsfaktoren ist eine Tatsache. Die Unternehmen versuchen sich mit immer neuen Methoden von den Mitbewerbern zu unterscheiden. Die bereits existierenden Anforderungen an die Leistungserstellung bleiben jedoch bestehen. Eine Firma, die eine sehr hohe Flexibilität hat, kann es sich nicht leisten, bei der Qualität Einbussen hinzunehmen. Die Kunden fordern unterdessen alle vier Faktoren gleichzeitig.

Wettbewerbsfaktor Menge

In der Phase der Massenfertigung war es entscheidend, überhaupt die vom Markt geforderte Menge eines Produktes herstellen zu können. Ein bekanntes Beispiel ist die Fabrik von Henry Ford zur Herstellung des T-Modells. Ziel war es, die Skalenerträge konsequent auszunutzen und somit eine implizite Stückkostendegression bei zunehmender Produktionsmenge zu erreichen. Dabei wurde die Produktion als eine Reihe hoch spezialisierter, sich wiederholender Operationen von Mensch und Maschinen verstanden.[22] Handarbeit wurde systematisch analysiert und optimiert und, soweit es die technologische Entwicklung zuliess, durch Maschinen ersetzt. Die Fliessbandfertigung war das Resultat von solchen Analysen.[23] Der historische Kontext begünstigte diese Tendenzen: Im sozialen Bereich herrschte eine homogene, belastbare Arbeiterklasse; im ökonomischen Bereich konnte man mit einer stetigen, hohen Wachstumsrate und geringen Inflationsraten rechnen; eine undifferenzierte Bedürfnisstruktur und eine stabile, stetig wachsende Nachfrage war das Erscheinungsbild des

---

[21] Quelle: Brütsch 1999
[22] vgl. Schuh 1995
[23] vgl. Schimpf 1996

damaligen Marktes. Im Jahre 1900 gab es in den USA 23'560 Schuhfabriken. Zwanzig Jahre später verblieben infolge einer enormen Standardisierungs- und Rationalisierungswelle nur noch 100 Fabriken.[24] Die Massenproduktion war damals die beste (bzw. die einzige) Methode, um in grossen Märkten Wettbewerbsvorteile zu erzielen.

Wettbewerbsfaktor Qualität

In vielen kleineren Ländern konnten die Methoden der Massenproduktion nicht vollständig übernommen werden. Die kleineren Märkte waren schneller gesättigt, die Bedürfnisse weniger homogen. Gerade die Schweizer Industrie stellt einen solchen Fall dar und musste sich schon relativ früh differenzieren. Dies geschah in erster Linie im Bereich Qualität.[25] Diese hohe Qualität erlaubte es der Schweizer Industrie, sogar auf internationaler Ebene wettbewerbsfähig zu sein, was durch den hohen Exportanteil untermauert wurde. Der Trend zur qualitativen Verbesserung der Produkte machte aber auch vor den Massenproduzenten nicht halt. Dort wurden Qualitätssicherungssysteme aufgebaut und statistische Methoden entwickelt, um sowohl den Faktor Menge als auch den Faktor Qualität im Griff zu haben.

Wettbewerbsfaktor Zeit

In den 70er Jahren kam noch ein neuer Faktor hinzu. Man könnte dies auch als die japanische Phase bezeichnen.[26] Plötzlich war die Zeit, um ein neues Produkt zu entwickeln und zu produzieren, entscheidend. Die europäische und amerikanische Industrie stellte fest, dass sie in diesem Bereich markante Defizite hatte. Kennzahlen wie Time-to-market, Lieferzeit und Durchlaufzeit wurden berechnet und verglichen. Zur Anpassung der Unternehmen wurden Konzepte wie *"Single Minute Exchange of Dies"*[27], *"Just in Time"*[28], oder *"Time Based Management"* entwickelt und implementiert. Vermehrt wurde in der Leistungserstellung das Pull-Prinzip umgesetzt, was bedeutet, dass ein Produkt möglichst nach Bedarf produziert wird. Dadurch können Bestände und Liegezeiten reduziert werden und die Kapitalbindung nimmt ab. Generell bewirkte diese Phase eine Gleichstellung des Wettbewerbsfaktors Zeit mit den Faktoren Menge und Qualität.

---

[24] vgl. Kimball 1929, zit in: Lampel 1996
[25] Bereits anfangs dieses Jahrhunderts gab es viele Schweizer Gütesiegel. Das bekannteste Beispiel ist das Gütezeichen der Armbrust.
[26] vgl. Womack et al. 1991
[27] vgl. Suzaki 1989
[28] vgl. Wildemann 1988; Kapoun 1994

Wettbewerbsfaktor Flexibilität

In den 90er Jahren wurde die Sättigung der Märkte immer deutlicher spürbar, die Marktentwicklungen drängen immer mehr zu einer Bearbeitung von möglichst kleinen Kundengruppen und zu möglichst individuellen Produkten. Zu möglichst geringen Kosten muss eine praktisch individuell konfigurierte Leistung in der richtigen Menge, in der gewünschten Qualität, zur richtigen Zeit am rechten Ort sein. Dies deutet darauf hin, dass die Beherrschung der Prozesse eine wichtige Rolle spielt und dass die Logistik zunehmend an Bedeutung gewinnt. Die Bereitstellung der Leistung muss möglichst optimal dem effektiven Bedarf folgen. Saisonale Schwankungen, Aktionen, Modeströmungen oder Produktwechsel dürfen eine Unternehmung nicht aus zum Konzept bringen. Die bisherigen Wettbewerbsbedingungen Menge, Qualität und Zeit reichen nicht mehr aus. Neu hinzugekommen ist die Flexibilität.

1.6 Organisatorische Auswirkungen

Die Organisation hat sich im Verlauf der Zeit immer den erwähnten Wettbewerbsfaktoren angepasst. Zur Zeit der Massenproduktion standen funktionale Organisationsformen im Vordergrund (vgl. Tab. 2).

Vorteile	Nachteile	Graphische Darstellung
• rasch expansionsfähig • ideal für Kontrolle und Planung • kurze Ausbildungszeiten	• Grosse Distanz zwischen Geschäftsleitung und Kunden • übergeordnete Prozesse sind sehr kompliziert • Steuerung ist sehr schwierig • Hoher Anteil an mittlerem Kader	

Tab. 2: Die funktionale Organisation [29]

Mit einer solchen Pyramidenorganisation war ein einfaches Wachstum möglich. Auf jeder Stufe wurden entsprechende Mitarbeiter eingestellt. Eine Einarbeitung war relativ schnell möglich, weil der Aufgabeninhalt begrenzt war. Verantwortlichkeiten und Informationsflüsse waren klar geregelt. Man bedenke, dass zu dieser Zeit noch keine elektronischen Informationssysteme existierten. Die Informationen wurden von jedem Vorgesetzten gesammelt, verdichtet und nach oben weitergeleitet. An der Spitze der Pyramide kamen alle Informationen zusammen und bildeten

---

[29] Quelle: Brütsch 1999

1.6 Organisatorische Auswirkungen

eine umfassende Entscheidungsgrundlage. Die Entscheide wiederum gelangten von oben nach unten durch die ganze Hierarchie. Mit den aktuellen Trends in der Informatik wird dies grundsätzlich verändert: Informationen können uneingeschränkt jedem Mitarbeiter direkt zur Verfügung gestellt werden. Jede Information kann an jedem beliebigen Ort zu jeder beliebigen Zeit abgerufen, verdichtet, graphisch ausgewertet oder zur Entscheidungsfindung verwendet werden. Eine hierarchische Managementstruktur ist somit nicht mehr nötig, um Informationen zu verarbeiten. Zusätzlich traten durch den aufkommenden Zeitwettbewerb die Schwächen der bisherigen funktionalen Organisation immer mehr in den Vordergrund: zu viele Schnittstellen, unklare Verantwortlichkeiten für einen Kundenauftrag, lange Entscheidungswege, usw. So entstanden zu Beginn der 80er Jahre neue Organisationskonzepte (z.B. Lean Management, Business Process Reengineering, Prozessorientierung, ...), die die Abläufe und die dezentrale Entscheidungskompetenz berücksichtigen (vgl. Tab. 3).[30]

Vorteile	Nachteile	Graphische Darstellung
• Hohe Kundenorientierung • Hohe Kompetenz am Ort der Problemlösung • Prozesse sind klar definiert und messbar (Zeit, Kosten, Qualität) • Schlanke Organisation	• Spezifische Fähigkeiten müssen mit höherem Aufwand geschult werden • Evtl. gleiche Organisation mehrfach vorhanden	Kundenkontakt Kredite Zahlungsverkehr

Tab. 3: Die prozessorientierte Organisation [31]

Flache Hierarchien und prozessorientierte Organisationen bieten hohes Einsparungspotential und verkürzen Lieferzeiten. Es wird verstärkt in funktionsübergreifenden Teams entwickelt, produziert und vertrieben.

Doch der Wettbewerb wird sich weiter verschärfen und die Dynamik zunehmen. Unternehmen sind heute kaum mehr in der Lage, die gestellten Anforderungen komplett alleine abzudecken. Weiter zeigt die Alltagspraxis im Beratungsgeschäft unmissverständlich auf, dass bei einer umfassenden Betrachtung der Geschäftsprozesse sehr häufig die Grenzen des ursprünglichen Unternehmens überschritten werden.[32]

---

[30] vgl. Hammer & Champy 1993; Kaplan & Murdock 1991; BCG 1993; Oesterle 1995; Osterloh & Frost 1996; Theuvsen 1996

[31] Quelle: Brütsch 1999

[32] vgl. Ott 1996

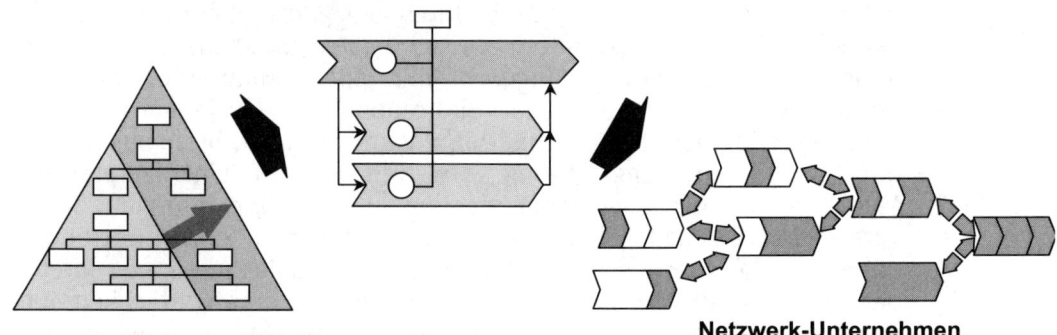

Abb. 7: Evolution der Organisationsform [33]

Es genügt nicht mehr, die Vorteile einer einzigen Organisationsform zu nutzen. Deshalb entstehen Organisationskonzepte, die die Vorteile einer funktions- sowie einer prozessorientierten Organisation miteinander verknüpfen (vgl. Abb. 7).

Diese Strukturen haben die Form von Netzwerken. Durch die effiziente Vernetzung spezialisierter Knoten kann eine Organisationsform erreicht werden, die noch wettbewerbsfähiger ist. Die Vernetzung kann dabei sowohl firmenübergreifend als auch firmenintern stattfinden. Im Bereich der Fabrikorganisation sind ebenfalls ähnliche Überlegungen gemacht worden.

Ausgehend von den aufgezeigten Entwicklungen wird deshalb im folgenden Abschnitt näher auf die Beschreibung und Struktur von Netzwerken eingegangen.

---

[33] Quelle: Brütsch 1999

2

Netzwerke

Nach den Betrachtungen der Trends im Umfeld von Unternehmen wollen wir nun genauer untersuchen, was unter einem Netzwerk im Bereich der Organisation zu verstehen ist und wie solche Netzwerkstrukturen aussehen können. In einem Netzwerk können zwei Grundelemente unterschieden werden: Knoten und Linien (vgl. Abb. 8).

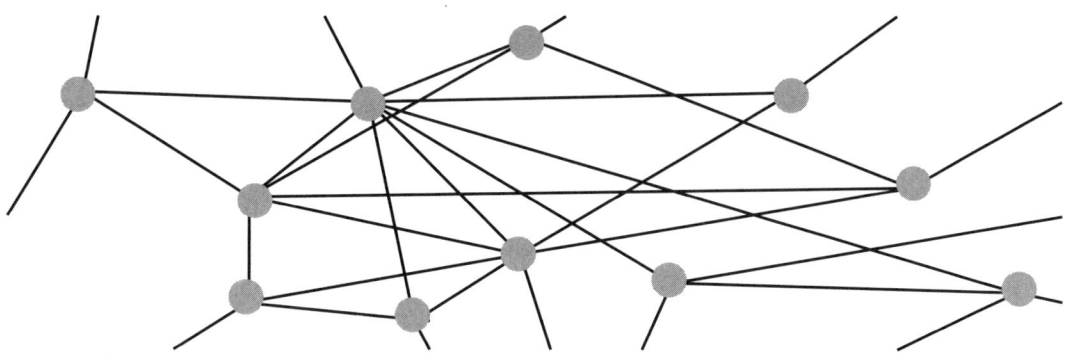

Abb. 8: Elemente eines Netzwerkes [34]

Die Knoten stellen Einheiten dar, wo eine Leistung erbracht oder erzeugt wird. Grundsätzlich entspricht ein solcher Knoten einer oder mehreren Funktionen innerhalb einer Wertschöpfungskette. Die Linien stellen die Beziehungen zwischen den Knoten dar. Dies umfasst die Logistik (Steuerungs-, Güter- und Datenflüsse), finanzielle Transaktionen und persönliche

---

[34] Quelle: eigene Darstellung

Beziehungen zwischen den Mitarbeitern. Auf diesen Linien findet keine aktive Leistungserstellung statt, es kann jedoch z.B. durch einen Reifeprozess zu einer Wertsteigerung kommen.

2.1 Definition

Es existiert eine Fülle möglicher Definitionen für Netzwerkstrukturen. Solche Strukturen sind aus verschiedensten Lebens- und Wissensbereichen bekannt. Ihre Existenz wird gleichermassen in biologischen, technischen und sozialen Systemen vermutet. Im organisatorischen Sinne stellt ein Netzwerk ein Beziehungsgefüge aus selbständigen Einheiten (Personen oder Gruppen) dar, die durch gemeinsame Werte verbunden sind.[35] Andere Definitionen gehen in dieser Hinsicht etwas weiter und beziehen den Begriff Netzwerk auf einen Verbund von Unternehmen:

> *"Ein Unternehmungsnetzwerk stellt eine auf die Realisierung von Wettbewerbsvorteilen zielende Organisationsform ökonomischer Aktivitäten dar, die sich durch komplex-reziproke, eher kooperative denn kompetitive und relativ stabile Beziehungen zwischen rechtlich selbständigen, wirtschaftlich jedoch zumeist abhängigen Unternehmungen auszeichnet."* [36]

Kooperiert wird, um Wettbewerbsvorteile zu erzielen. Betont wird auch die Stabilität der Beziehungen und das kooperative aber selbständige Agieren der Unternehmen. Andere erwähnen zusätzlich die Kombination von Prozess und Struktur:

> *"By definition, a network consists of relatively stable relationships between firms, but this does not mean that the network is rigid or a firm's position in it fixed. A network is as much a process as a structure, which both constrains firms and in turn is shaped by firms."* [37]

Als Gemeinsamkeit dieser drei Definitionen können wir die relativ stabilen Beziehungen zwischen Unternehmen als Grundlage eines Netzwerkes im organisatorischen Sinn festlegen. In der Folge wollen wir uns detaillierter mit Unternehmensnetzwerken bzw. mit der Netzwerkorganisation auseinandersetzen. Eine Portfolio-Darstellung (vgl. Abb. 9) der zwei grundsätzlichen Parameter[38] "Stabilität der Beziehungen" und "Integrationsgrad" zeigt mögliche Ausprägungen:

---

[35] vgl. Marcharzina 1995
[36] Sydow 1992
[37] Tidd 1995
[38] vgl. Weber 1996; Scholz 1994

2.1 Definition

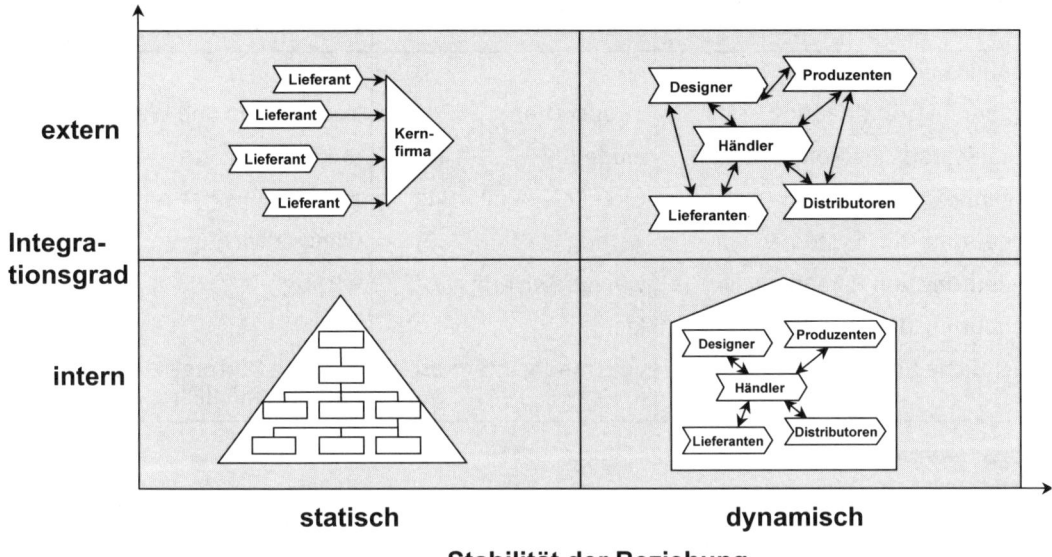

Abb. 9: Portfolio von Netzwerktypen [39]

Eine erste Unterscheidung kann gemäss dem Parameter "Besitzverhältnisse" zwischen internen und externen Netzwerken gemacht werden. Eine mögliche Definition für ein internes Netzwerk lautet wie folgt:

> "The transnational company centralizes some resources at home, some abroad, and distributes yet others among its many national operations. The result is a complex configuration of assets and capabilities that are distributed yet specialized. Furthermore, the company integrates the dispersed resources through strong interdependeces." [40]

Ein internes Netzwerk beschreibt demnach das Netz weitverzweigter Geschäftsaktivitäten einer einzigen Unternehmung. Im Gegensatz dazu stellt das externe Netzwerk ein Konglomerat von vielen eigenständigen Unternehmen dar. Eine Auflistung von Unterscheidungskriterien der beiden Formen findet sich in der Tabelle auf der nächsten Seite (vgl. Tab. 4). Es wird ersichtlich, dass bei externen Netzwerken klare Kompetenzregelungen oftmals nicht vorhanden sind, und ein Vorgehen zur Beschlussfassung muss erst bestimmt werden. Bei firmeninternen Netzwerken steht oft die globale Optimierung der weltweiten Präsenz im Vordergrund, wobei in externen Netzwerken die Beziehungen so optimiert werden müssen, dass beide Parteien profitieren. Wettbewerb und Kooperation (Win-win-Ansätze) sind Hauptmerkmale für strategische Netzwerke.

---

[39] Quelle: Brütsch 1999
[40] Bartlett & Ghosal zitiert in Suckfüll 1994

Unterscheidungskriterien	Internes Netzwerk	Externes Netzwerk
Gemeinsame Vision	ja	nein
Treibende Grundhaltung	Kooperation	Kooperation und Wettbewerb
Organisatorische Kompetenzen	eindeutig	unklar
Organisatorisches Ziel	Globale Optimierung	Win-win-Ansätze entwickeln
Bedeutung von Systemen	wichtig	weniger wichtig
Bedeutung von Personen	weniger wichtig	wichtig
Bedeutung der Autorität	klar	unklar
Rechtliche Situation	vollständig integriert	einzelne Verträge zwischen Partnern möglich

Tab. 4: Interne vs. externe Netzwerke [41]

Eine weitere Unterscheidung in statische und dynamische Netzwerke gemäss dem Parameter "Stabilität der Beziehungen" kann wie folgt charakterisiert werden: [42]

- In einem statischen Netzwerk haben nicht alle Teilnehmer dieselbe Bedeutung. Die Gesamtführung wird durch eine Unternehmung wahrgenommen und bindet die Tochtergesellschaften durch entsprechende Besitzverhältnisse und Managementvorgaben. Externe Lieferanten werden durch die dominante Stellung der Kernunternehmung gebunden. Die Abhängigkeit der oftmals Klein- bis Mittelbetriebe von der Kernfirma verunmöglicht ein opportunistisches Verlassen des Netzwerkes, was den stabilen Charakter ausmacht. In einem sich permanent verändernden Umfeld weist diese Organisationsform eine hohe Inflexibilität auf.

- Das dynamische Netzwerk (eher extern als intern) basiert auf einer sich rasch ändernden Teilnehmerstruktur. Dieses Netzwerk kann als eine firmenübergreifende Projektorganisation verstanden werden, bei der – je nach Zielsetzung und Arbeitsauftrag – die teilnehmenden Partner entsprechend ihrem Beitrag unterschiedlich kombiniert werden. Temporäre Formen der Zusammenarbeit gelten als höher entwickelt, da der ständige Partnerwechsel höhere Anforderungen bezüglich der Unternehmenskultur und der Informationstechnik verlangt.[43] Miles und Snow charakterisieren ein dynamisches Netzwerk wie folgt:

    "Thus, we expect the 21st century firm to be a temporary organization, brought together by an entrepreneur with aid of brokers and maintained by a network of contractual ties. In some [...] cases,

---

[41] Quelle: In Anlehnung an Yoshino 1995
[42] vgl. Snow et al. 1992
[43] vgl. Mertens & Faisst 1995

linkages among equals may be created by request through various brokers specializing in a particular service." [44]

Bei den dynamischen Netzwerken wird teilweise noch eine weitere Unterteilung vorgeschlagen.[45] Dies ist die Aufteilung in Netzwerke mit einem Vermittler (Broker) und solche ohne.

- *Dynamische Netzwerke mit einem Vermittler:* Der Broker hat die Aufgabe, aus einem Pool von beteiligten Firmen die beste Kombination für jedes Projekt zusammenzustellen. Die hohe Abhängigkeit vom Vermittler kann jedoch ein Nachteil sein. Diese Form kann nur funktionieren, wenn ein kleines Team sich gegenseitig vertraut und den Vermittler gemeinsam überwacht.

- *Dezentralisierte, dynamische Netzwerke:* Interessierte Unternehmen nehmen an einem Netzwerk teil und können sich an Aufträgen beteiligen, die von einer variablen Anzahl Teilnehmer abgewickelt werden. Die demokratische Verteilung der Führungsverantwortung und die geringen gegenseitigen Abhängigkeiten erlauben eine hohe Flexibilität. Jeder von ihnen kann die Verantwortung für ein Projekt im Netzwerk übernehmen. Die Leistungen werden auch gemeinsam vermarktet, so dass jede Firma das ganze Spektrum der Leistungen aller Partner anbieten kann. Teilweise werden solche Netzwerke auch als "holonic networks" bezeichnet.[46]

2.2 Merkmale und Aufgaben

Zusätzlich zu den zwei grundlegenden Elementen eines Netzwerkes (Unternehmen, Beziehungen) gibt es noch weitere typische Merkmale von Netzwerken. Generell soll bei Netzwerkstrukturen auf komplexe hierarchische Strukturen verzichtet werden, um auf diese Weise Flexibilität und Reaktionsgeschwindigkeit zu erreichen.[47] Weitere allgemeine Strukturmerkmale von Netzwerken werden von verschiedenen Autoren aufgeführt und können folgendermassen zusammengefasst werden:[48]

- intensive, kollegiale Beziehungen zwischen den Mitgliedern;
- partnerschaftliche Gruppenstruktur von untereinander gleichgestellten, weitgehend autonomen Partnern im Sinne von adhocratisch-flexiblen Arbeitsformen;

---

[44] Miles & Snow 1984
[45] vgl. Snow et al. 1992; Reinhart et al. 1996
[46] vgl. McHugh et al. 1995
[47] Scholz 1997
[48] vgl. Reiss 1996; Gilroy 1991

- weitreichender Verzicht auf Bürokratisierung und Formalisierung und minimale zentrale Koordination;
- hohes Mass an geschäftsspezifischer und informeller Kommunikation, aber geringe formelle Integration.

Diese Charakteristik zeigt, dass mit einer Netzwerkstruktur versucht wird, verschiedene Unternehmen gegenseitig zu verknüpfen und als Resultat eine Organisation zu haben, die mehr als nur die Summe der einzelnen Firmenbeiträge darstellt. Damit aber der "gemeinsam sind wir stark"-Effekt innerhalb eines Netzwerkes auftritt, müssen die folgenden Aufgaben klar definiert und brauchbar realisiert werden:[49]

- *Austausch von Geschäftsobjekten:* Netzwerkinterne Transaktionen von Geschäftsobjekten (elektronisch oder physisch), wie Aufträge, Lieferungen und Zahlungsanweisungen, müssen klar festgelegt werden und im Alltag einfach abgewickelt werden können. Als informationstechnische Unterstützung werden dazu oft Konzepte wie EDI, EMail oder Groupware (z.B. Lotus Notes) verwendet. Allerdings ergeben sich teilweise Schwierigkeiten bei der Definition der Geschäftsobjekte, weil die heutigen Standards noch nicht so weit ausgereift und verbreitet sind.

- *Gemeinsame Bewirtschaftung von Beständen und evtl. Ressourcen:* Durch die gemeinsame Bewirtschaftung von Lagern (elektronisch oder physisch) muss nicht jeder Netzwerkpartner eigene Sicherheitsbestände führen. Dies führt besonders in materialintensiven Branchen zu hohen Synergiepotentialen. Damit die Verfügbarkeit dieser Bestände jederzeit garantiert ist, müssen unter Umständen gemeinsam nutzbare Datenbanken aufgebaut werden. Die Schwierigkeit liegt hier darin, festzulegen, wieviel der Partner von den eigenen Daten oder Investitionen nutzen darf und wie diese Rechte realisiert werden können.

- *Verknüpfung der Prozesse:* Eine umfassende Betrachtung der Prozesse in einem Netzwerk macht es möglich, Prozesse als Ganzes zu sehen und zu optimieren. Das hohe Potential, das in der Optimierung der Schnittstellen (organisatorisch und technisch) zwischen den Firmen liegt, kann so genutzt werden. Die Schwierigkeit besteht hier in unterschiedlichen Unternehmenskulturen und Informationssystemen. Mit gemeinsamen Workshops und plattformübergreifenden Lösungen muss dieses Problem gezielt angegangen werden.

- *Informeller Know-how Austausch:* Ein Netzwerk erlaubt auch die Verknüpfung von "weichen" Prozessen: unternehmensübergreifende Diskussionsgruppen, Schulungsveranstaltungen, Verhandlungen. Die Bedeutung dieser "Soft"-Prozesse wird oft unterschätzt, weil oftmals ein informeller und kollegialer Informationsaustausch die Grundlage für eine erfolgreiche Zusammenarbeit ist.

---

[49] vgl. dazu auch Sieber 1996

Diese vier Punkte sind auch als Massstab für den "Ausbaustand" eines Netzwerkes zu verwenden. Der erste und der letzte Punkt können schon bald einmal angegangen werden. Kritischer wird es jedoch, wenn Einblick in die Geschäftsdaten gegeben werden soll oder wenn eine Verknüpfung von unterschiedlichen Unternehmenskulturen angestrebt wird. Als aktuelles Beispiel dazu kann die gescheiterte Fusion von Ernst & Young und KPMG zu einem Treuhand-Giganten erwähnt werden. Als Hauptgründe für das Scheitern wurden einerseits die sehr unterschiedlichen Firmenkulturen und andererseits wettbewerbspolitische Widerstände genannt. Welches dieser Argumente schlussendlich den Ausschlag gab, geht aus den Pressemitteilungen nicht klar hervor.[50]

Als Schlussfolgerung können wir daraus ersehen, dass ein ideales Netzwerk bezüglich der obigen vier Punkte eine maximale Integration erreicht, aber dennoch eine föderalistische Struktur von gleichberechtigten Partnern aufweisen soll. Die Leistungsfähigkeit eines Netzwerkes hängt sehr stark davon ab, wie gut der Austausch von Geschäftsobjekten, die Verknüpfung der Prozesse, die gemeinsame Bewirtschaftung und der informelle Austausch in der Praxis realisiert wird.

2.3 Beurteilung

Worin liegen aber nun die Vorteile von Netzwerkstrukturen? Wie aus Kapitel 1 hervorgeht, drängt die permanente Optimierung des Preis/Leistungsverhältnisses die Unternehmen zu anderen Organisationsformen. Die folgenden Überlegungen gelten für ein ideales Netzwerk. Je nach Ausbaustandard oder Zweck eines Netzwerkes kommen nicht alle Vorteile zum Tragen.

In einer sichereren Umwelt neigen Organisation allgemein dazu, formalisierter und bürokratischer zu sein als Organisationen in einer dynamischen und unsicheren Umwelt.[51] Doch in der heutigen wirtschaftlichen Situation bietet die Netzwerkstruktur folgende Vorteile:[52]

- *Flexibilität:* Eine der herausragenden Eigenschaften und oft auslösender Faktor von Unternehmensnetzwerken ist deren Flexibilität und Reaktionsfähigkeit, ohne deshalb die Nachteile von kleinen Firmen (mangelnde Marktmacht) erdulden zu müssen. Ein Netzwerk insgesamt besitzt relativ viel Slack-Potential (Schlupf), weil bei Bedarf zusätzliche Partner aufgenommen werden können oder die einzelnen Unternehmen sich neu konfigurieren.

---

[50] vgl. NZZ und Tages-Anzeiger vom 14.2.1998
[51] Khandwalla 1975
[52] vgl. Reiss 1996; Mertens & Faisst 1995; Sieber 1996

- *Kompetenz:* Eine exzellente Kombination von Kompetenzen wird erzielt, weil man zur Erfüllung der Netzwerkmission die Partner gezielt auswählen kann. Dieses netzwerkinterne Prinzip der Kompetenzkonfiguration schliesst zweitklassige Anbieter aus, auch wenn diese beispielsweise aus demselben Konzern stammen. Netzwerke bieten darüber hinaus ideale Bedingungen, um die eigenen Kompetenzen durch fremdes Know-how permanent zu verbessern. Dies ist dann wichtig, wenn die Anfangsinvestitionen in einem Markt sehr hoch sind (Markteintrittsbarrieren). Netzwerke von Unternehmen haben durch den Zusammenschluss die Chance, von bereits getätigten Investitionen zu profitieren und dadurch genügend stark zu sein, um Märkte zu bearbeiten, zu welchen jedes einzelne Unternehmen keinen Zutritt hat.

- *Effizienz:* Für eine hohe Effizienz im Netzwerk sorgen Redundanzarmut und günstige Kostenstrukturen. Durch eine relativ hohe Konzentration auf Kernfähigkeiten weist ein Netzwerk wenig Redundanz bezüglich Kompetenzen und Kapazitäten auf und die auf die Partner verteilten Fähigkeiten und Anlagen werden ebenfalls optimal genutzt. Hohe Gemeinkostenumlagen auf das Endprodukt bzw. auf die intern ausgetauschten Leistungen können vermieden werden, weil keine grosse Verwaltung aufgebaut wird.

- *Komplexitätsreduktion:* In stark hierarchisch organisierten Grossunternehmen scheint mit der Zeit eine Komplexitätsbarriere erreicht zu sein, die die gesamte Organisation lähmt. Gewachsene Beziehungs- und Entscheidungsstrukturen in solchen Hierarchien können durch eine sinnvolle Netzwerkgestaltung wieder übersichtlich und verständlich gemacht werden (vgl. Abb. 10).

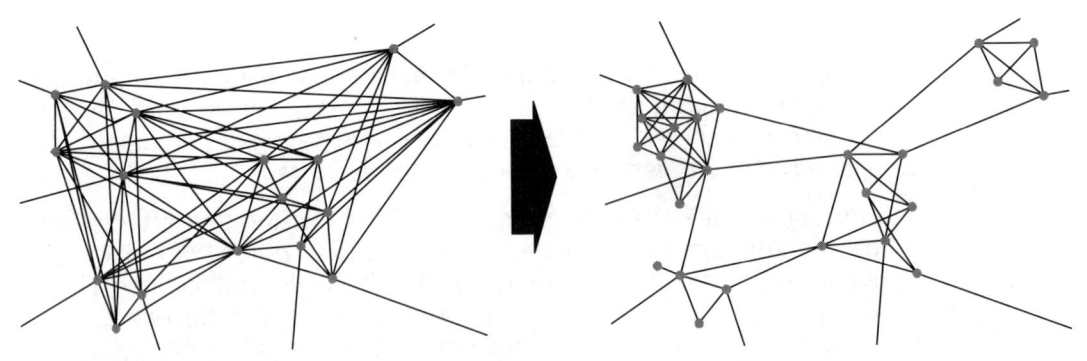

Abb. 10: Netzwerkstrukturen können die Komplexität reduzieren[53]

Netzwerkstrukturen haben natürlich auch negative Seiten.[54] Bei der Gestaltung von Netzwerken sollten diese Punkte deshalb besonders beachtet werden:

- *Geringe Sicherheit:* Netzwerke vermitteln ihren Mitgliedern eine geringe materielle und soziale Sicherheit. Verantwortlich dafür ist die Auflösung klassischer, langfristiger Vertragsformen, allen voran die konventionellen Arbeitsverhältnisse.
- *Arbeitsteilung:* Netzwerkstrukturen beinhalten eine funktionale Arbeitsteilung durch die Konzentration auf Kernfähigkeiten. Die Nachteile von innerbetrieblicher Arbeitsteilung verstärken sich massiv bei firmenübergreifender Zusammenarbeit. Durch die hohe Spezialisierung können sich existenzielle Probleme ergeben, wenn diese Fähigkeit plötzlich nicht mehr gefragt ist.
- *Personenabhängigkeit:* Netzwerkorganisationen sind sehr stark von einzelnen Personen und deren Beziehung zueinander abhängig. Eine Zusammenarbeit kann mit dem einen Verantwortlichen hervorragend verlaufen, mit seinem Nachfolger kann es sogar zum Abbruch der Geschäftsbeziehung kommen. Daher sind Netzwerke gegenüber Fluktuation sehr anfällig.
- *Überkomplexität:* Organisatorische Vernetzung birgt auch Gefahren der Überkomplexität. Sie resultieren unter anderem aus der Heterogenität der Netzwerkmitglieder, der Intransparenz der Mitgliedschaft, der Offenheit der Netze, der Dynamik der Selbstorganisation und aus der Planungsunsicherheit der Mitglieder.
- *Zu hohe Bedeutung des Netzwerkes:* Einige Nachteile einer Netzwerkorganisation zeigen sich am Beispiel der Firma Unilever. Diese Firma hat eine lange Tradition als Netzwerkunternehmen, und hat sehr viel Wert auf die Förderung der Kultur in diesem Netzwerk gelegt. In den letzten Jahren hat sich das grösste Risiko einer solchen Organisation bemerkbar gemacht: Die Angestellten waren teilweise so beschäftigt, gegenseitige Freundschaften zu pflegen, dass sie den Hauptgrund ihres Jobs aus den Augen verloren haben, nämlich Resultate zu liefern. Deshalb muss eine Netzwerkorganisation von Zeit zu Zeit wieder auf die konkreten Ziele ausgerichtet werden, um allen die Realität wieder vor Augen zu führen.

Das Aufführen von Nachteilen bedeutet leider nicht, dass ein Unternehmen tatsächlich die Wahl hat, sich für oder gegen eine Netzwerkstruktur zu entscheiden. Häufig sind in älteren Branchen die Märkte bereits stark gesättigt und die Rollen der einzelnen Firmen klar zugewiesen. Die Netzwerke als solches bestehen schon, werden aber von den Unternehmen teilweise nicht wahrgenommen und auch nicht in dieser Hinsicht optimiert. Dies zeigt auch die Feldstudie VIRTUOS (vgl. Kapitel 7). Wichtig ist in diesem Zusammenhang, dass organisatorische Netzwerke so realisiert werden, dass Schwächen möglichst von vornherein kompensiert werden

---

[53] Quelle: Schimpf 1996

[54] vgl. Reiss 1996

und das erhöhte Risiko für Mitarbeiter durch andere Gegenmassnahmen ausgeglichen wird. Diese Aspekte werden bei der Beschreibung der Implementierung nochmals aufgegriffen (vgl. Kapitel 9).

2.3.1 Netzwerkorganisationen

Wie aus dem vorhergehenden Abschnitt ersichtlich wird, geht es im Kern darum, organisatorische Einheiten zu schaffen, die auf den primären Geschäftszweck reduziert sind. Mittels einer einfachen Struktur und durchgängigen Prozessen sollen ein Maximum an Wirtschaftlichkeit erreicht, Kostensenkungspotentiale voll ausgeschöpft und innovative Produkte oder Dienstleistungen angeboten werden. Es wird klar, dass bei der Forderung nach einer solch hohen Flexibilität traditionelle Organisationsformen schnell einmal überfordert sind. Deshalb wurden in letzter Zeit einige neue Vorschläge zu dieser Thematik vorgestellt. In der Folge sollen die wichtigsten Konzepte in den Gesamtzusammenhang eingeordnet und kurz vorgestellt werden. Klassische Unternehmensformen wurden bis anhin als dauerhafte, integrierte Systeme verstanden, d.h. sie sind statisch und vollständig integriert. Aktuellere Organisationsformen in der Form von Netzwerken können ebenfalls nach den zwei Kriterien "Integrationsgrad" und "Stabilität der Beziehungen" unterschieden werden. In der folgenden Grafik sind die in diesem Kapitel näher betrachteten Organisationsformen nochmals in das Portfolio aus Abschnitt 2.1 eingetragen (vgl. Abb. 11). Die gezeigten Konzepte sollen vertieft betrachtet werden. Darunter fallen die "Strategische Allianz", das "Hollow Network", die "Keiretsu", die "Management Holding" mit konsequent am Markt ausgerichteten Profit-Centers und die "Virtuelle Organisation" (bzw. "Holonic Network").

Strategische Allianz

Strategische Allianzen sind als eine langfristige, zielgerichtete Kooperation zu verstehen, die die eigenen Schwächen durch Stärken anderer Unternehmen kompensieren wollen. So können Wettbewerbsvorteile gegenüber Konkurrenten, die ausserhalb des Netzwerkes tätig sind, geschaffen werden. Man will somit die Wettbewerbsposition von mehreren Unternehmen (nämlich denjenigen innerhalb des Netzwerkes) sichern und langfristig verbessern.[55] Ursprünglich wurde der Begriff Allianz zur Bezeichnung eines Staatenbündnisses verwendet. In Anlehnung an Grochla ist unter einer Allianz eine Unternehmensverbindung zu verstehen, in der die Erfüllung auf Mitgliederunternehmen delegierter Teilaufgaben koordiniert wird.[56] Strategische Allianzen weisen eine geringere rechtliche Integrationstiefe auf als

---

[55] vgl. Jarillo 1997; Sydow 1992,
[56] vgl. Grochla 1970

2.3 Beurteilung

z.B. eine Management-Holding. Weitere Merkmale von Strategischen Allianzen sind:[57]

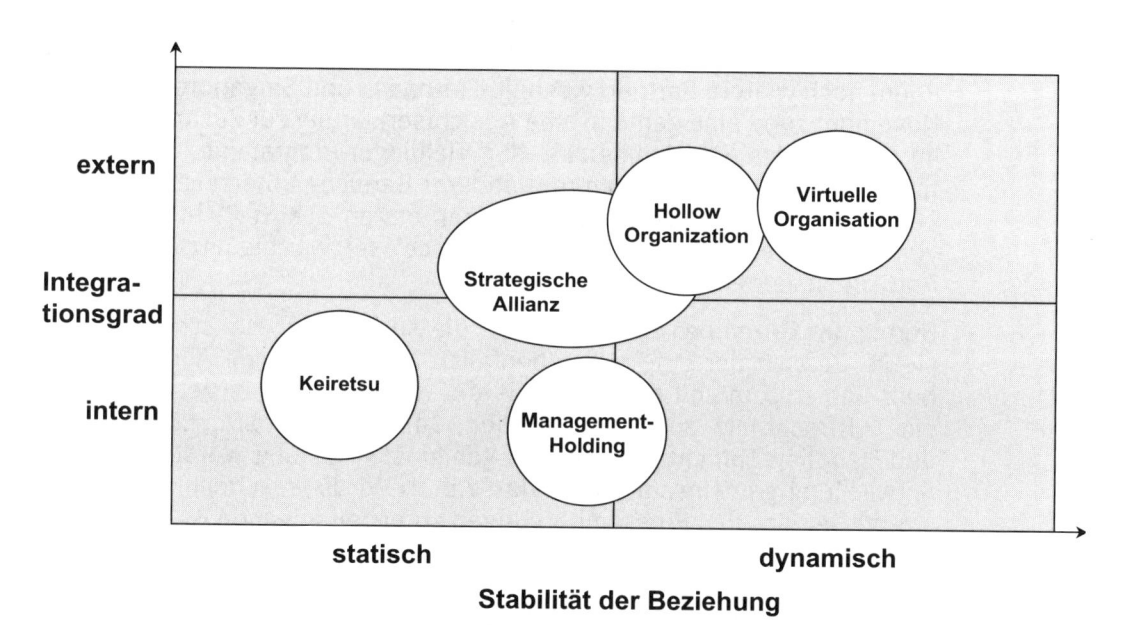

Abb. 11: Portfolio von netzwerkartigen Organisationskonzepten[58]

- Arbeitsteilung zwischen den beteiligten Unternehmen, d.h. jeder, der Partner im Netzwerk spezialisiert sich auf einzelne Prozessstufen oder auf eine bestimmte Region. Dabei werden bewusst die Ressourcen gegenseitig zur effizienten Nutzung zur Verfügung gestellt.
- Die Mitglieder bleiben trotz der engen Kooperation in allen wesentlichen Punkten rechtlich und wirtschaftlich selbständig.

Wenn die Strategische Allianz von einer zentralen Firma angeführt wird, könnte sie als dynamisches Netzwerk mit einem Broker eingestuft werden (vgl. "Hollow Network"). Falls jedoch alle Allianzpartner gleichberechtigt an der Führung beteiligt sind, so kann diese Kooperationsform teilweise Charakteristiken der Virtuellen Organisation bzw. des "Holonic Network" annehmen.

Ein aktuelles Praxisbeispiel einer Strategischen Allianz ist der Verbund mit dem Namen "Star Alliance – The airline network for Earth".[59] Die fünf Fluggesellschaften Lufthansa, United Airlines, SAS, Air Canada und Thai Airways International haben im Mai 1997 die bisher grösste, weltumspannende Airline-Allianz gegründet. Mittels einer entsprechenden Grund-

---
[57] vgl. Marcharzina 1995; Weber 1996; Schräder 1996, S.14–16
[58] Quelle: eigene Darstellung
[59] vgl. Neue Zürcher Zeitung vom 15.5.97, 25.11.97, 10.12.97; Tages-Anzeiger vom 15.5.97

satzvereinbarung (memorandum of understanding) wurde die Zusammenarbeit besiegelt, die ausdrücklich keine Vorstufe zu einer Fusion darstellt. Die Mitglieder der Allianz wollen auch keine gegenseitigen Beteiligungen eingehen. Ab Oktober 1997 ist zusätzlich die brasilianische Airline Varig in den Verbund aufgenommen worden. Die Allianz sucht im asiatischen Raum noch weitere Partner, weshalb Lufthansa und Singapore Airlines im November 1997 eine gemeinsame Absichtserklärung zur Zusammenarbeit im Bereich des Streckennetzes, der Vielflieger-Programme, des Marketings, der Bodenoperationen und anderer Bereiche unterzeichnet haben. Zur Frage, ob diese Vereinbarung einen ersten Schritt Richtung Beitritt von Singapore Airlines in die "Star Alliance" sei, war bis jetzt noch keine Antwort zu vernehmen.

Bereits im Dezember 1997 erklärten die sechs Fluggesellschaften, dass sie im Bereich der Luftfracht ebenfalls eine umfassende Allianz anstreben. Gemeinsam soll auf der Basis der Flugnetze der einzelnen Partner ein Luftfrachtnetz aufgebaut werden. Lastwagendienste, EDV-Systeme und Handling-Einrichtungen sollen gemeinsam genutzt werden und eine Entwicklung gemeinsamer Produkte z.B. in der Expressfracht wird angestrebt. Gemäss den Pressemitteilungen sprechen folgende Gründe für die enge Zusammenarbeit:

- Durch eine gegenseitige Abstimmung der Flugpläne soll der Kunde bequem über 600 Destinationen in 108 Ländern erreichen können. Vereinfachter Check-in und gemeinsame Vielflieger-Programme sollen für den Kunden weitere Anreize bieten.

Die sechs Fluggesellschaften versprechen sich durch die Zusammenarbeit, ihre Kosten im Einkauf, bei der Abfertigung, bei den Anlagen und im Marketing zu reduzieren. Weiter können die einzelnen Airlines ihre Auslastung durch eine gemeinsame Vermarktung der Flugkapazität erhöhen. Analysten sprechen von Einsparungen für 1998 von 300 Mio. Dollar. Als zusätzlichen Vorteil haben die sechs Firmen auch keine Vorbehalte von Seiten der Wettbewerbsbehörde in Brüssel oder in den USA zu erwarten, weil die "Star Alliance" den Status der Kooperation nicht überschreitet.

Hollow Network oder "Ausgehöhlte" Organisation

In einem sehr dynamischen Umfeld agiert das "Hollow Network" als Vermittler zwischen den sich verändernden Bedürfnissen des Marktes und den begrenzten Kapazitäten der Lieferanten. Das Netzwerk kauft Ideen bei Entwicklern auf, lässt die Produktion von Subkontrakt-Unternehmen ausführen und organisiert die Distribution mittels selbständiger, im Netzwerk eingegliederten Absatzmittler. Die Kernorganisation selbst betreibt keine Forschungsaktivitäten oder Produktionsstätten; sie versucht einzig durch Koordination ihres ausgedehnten Netzwerkes von

Lieferanten und Käufern die Kundenbedürfnisse zu befriedigen.[60] Diese Organisationsform ist als externes, dynamisches Netzwerk mit einem Vermittler einzuordnen.

Als Praxisbeispiel für ein "Hollow Network" kann die Firma Lewis Galoob Toys genannt werden.[61] Diese US-amerikanische Spielzeug-Unternehmung beschäftigt kaum mehr als 200 fest angestellte Mitarbeiter und vermarktet Waren von über 280 Mio Dollar (1996). Galoob kauft die Produktideen von unabhängigen Erfindern und lässt die Entwicklungsarbeit von selbständigen Ingenieursbüros durchführen. Die eigentliche Herstellung erfolgt durch Subkontrakt-Unternehmungen in Hongkong, die ihrerseits arbeitsintensive Funktionen in China ausführen lassen. Die Fertigprodukte werden durch Spediteure in die USA transportiert und dort über selbständige Vertragsrepräsentanten vertrieben. Selbst Funktionen wie Factoring und Finanzbuchhaltung werden von selbständigen Dienstleistungsunternehmungen ausgeführt. Galoob beschränkt sich im Kern auf die strategische Führung (die Rolle des Brokers) dieses Netzwerkes selbständiger Unternehmungen. Noch vor wenigen Jahren wurde Galoob von einige Beobachtern als "very alien business creature" angesehen. In der Zwischenzeit ist das Modell bereits von einigen Konkurrenten erfolgreich adaptiert worden.

Keiretsu

Die bedeutendsten organisatorischen Netzwerke in Japan, die Keiretsu, haben als historische Vorläufer die Zaibatsu, relativ straff organisierte, hierarchische Netzwerke, an deren Spitze eine Holding unter Kontrolle der Familie stand. Die heutigen Keiretsu, zu welchen jeweils eine Grossbank und ein Handelshaus gehören, lassen sich einerseits aufteilen in die industriellen (z.B. Toyota) und anderseits die traditionellen Keiretsu, die aus Zaibatsu (z.B. Mitsubishi) oder um eine Grossbank herum (z.B. Fuyo bzw. Fuji) entstanden sind. Die Keiretsu sind im allgemeinen sehr unterschiedlich, folgende Gemeinsamkeiten können jedoch aufgeführt werden:

- Technologie- und Personaltransfer zwischen den Gruppenunternehmungen;
- gemeinsame Planung und Durchführung wichtiger Investitionsvorhaben;
- zentrale Funktion des Generalhandelshauses.

Neben dem engen inneren Kreis der Keiretsu, gibt es noch ein relativ weites Netz von Zulieferanten, die oft als kleine Familienbetriebe mit niedrigem Lohnniveau arbeitsintensive Tätigkeiten übernehmen. Diese Zulieferanten sind meist stark in das Netzwerk eingebunden und von

---

[60] vgl. Piercy & Cravens 1995; Schräder 1996; Sydow 1992
[61] vgl. Snow et al. 1992; Sydow 1992; Arnold 1995

diesem extrem abhängig. Im Vergleich zu den eher partnerschaftlichen Beziehungen zwischen den Keiretsu-Unternehmen sind die Beziehungen zu den Subkontraktoren instabiler und eher auf einseitige Ausnutzung durch die Keiretsu ausgerichtet. Trotz vieler Vorteile werden in letzter Zeit die Grenzen der auf Ausbeutung der Zulieferbetriebe gerichteten, hierarchischen Organisation der Netzwerkbeziehungen sichtbar.[62]

Diese Netzwerke haben einen sehr statischen Charakter, sie integrieren die externen Zulieferanten jedoch etwas stärker als ein europäischer Konzern, auch wenn die obigen Beschreibungen an gewisse europäische Automobilkonzerne erinnern.

Management-Holding

Die Management-Holding als eine mögliche Form zur Führung eines Konzerns als Netzwerk kann wie folgt definiert werden:

> *"Die Management-Holding ist eine dezentrale Form einer divisionalen Struktur, deren geschäftsführende Bereiche rechtlich selbständige Tochtergesellschaften sind und über ein hohes Mass an wirtschaftlicher Autonomie verfügen."*[63]

Das Konzept der Management-Holding fördert demnach die Bildung dezentraler Strukturen; die Muttergesellschaft teilt den Töchtern die Ressourcen zu, koordiniert das Berichts- und Rechnungswesen, bestimmt die gemeinsame Strategie und führt das gesamte Netzwerk wie ein integriertes Unternehmen. Erfüllt eine Tochtergesellschaft ihre Ertragsziele nicht, kann sie aus der Struktur ausgeschlossen oder ersetzt werden. Die Tochtergesellschaften erarbeiten selbständig ihre Bereichsstrategie, zeichnen verantwortlich für das Tagesgeschäft und bauen ihre Fähigkeiten gezielt auf und aus.[64]

Die Organisationsform eines Konzerns mit einer Management-Holding zeichnet sich aus durch eine hohe Flexibilität, weil die Tochtergesellschaften schneller reagieren und auf lokale Gegebenheiten eingehen können. Die rechtliche Selbständigkeit der Tochtergesellschaften erleichtert die Kooperationsvereinbarungen mit externen Unternehmen. Trotzdem ist der Konzern mit einer Management-Holding im Vergleich zu den anderen vorgestellten Organisationsformen am stärksten integriert, weil die Tochtergesellschaften meist zu 100% Eigentum der Holding sind und die Aufsichtsgremien, wenn nicht sogar die Geschäftsleitung der Töchter, vorgegeben werden. Aus diesen Gründen ist die Management-Holding als relativ statisches und internes Netzwerk zu betrachten. In letzter Zeit gab es jedoch einzelne Unternehmen, die es geschafft haben, dieser Struktur dynamische Aspekte zu verleihen.

---

[62] vgl. Schräder 1996; Sydow 1992; Wüthrich & Winter 1996
[63] Weber 1996
[64] vgl. z.B. auch Sydow 1992

Virtuelle Organisation oder "Holonic Network"

Die Virtuelle Organisation bzw. das "Holonic Network" stellt die am wenigsten integrierte und zeitlich flexibelste Organisationsform dar, wobei eine räumliche und zeitliche Entkopplung und Verteilung der Wertekette entsteht. Im Sinne einer Idealvorstellung wird versucht, ein föderalistisches Netzwerk aufzubauen. Daraus resultiert eine dynamische Netzwerkorganisation, die basierend auf einem Zusammenschluss unabhängiger Kernkompetenzträger eine Integration realisiert, ohne dass konstituierende Charakteristiken notwendig wären, die bei anderen Organisationsformen normalerweise auftreten.

> "A holonic network in the commercial world is a group of businesses that, acting in an integrated and organic manner, is able to configure itself to manage each business opportunity that its customer present [...]. Physical characteristics in a commercial holonic network are [...]: First, the network is not an individual business. Second, it has an autonomous distributed management hierarchy, and therefore no apparent single leader. Third, the commercial holonic network has an autonomous distributed information system."[65]

Neben der Eigenschaft, flexibel auf Veränderungen im Umfeld zu reagieren, hat ein solches Netzwerk eine föderalistische Struktur. Das Vorhandensein eines interorganisationalen Kommunikationsnetzwerkes wird dabei meist vorausgesetzt.[66] Die Virtuelle Organisation stellt durch die vielen latenten Beziehungen ein Unternehmensnetzwerk mit enorm hohem Potential dar. Durch die hohe Flexibilität wird das Netzwerk sehr dynamisch und kann viel schneller reagieren als herkömmliche Organisationsformen. Zur Zeit ist dieses Konzept aber nicht abschliessend dokumentiert. Deshalb wird im Kapitel 4 ausführlich auf Begriffserläuterungen, Definitionen und Charakteristiken eingegangen.

2.3.2 Weitere Netzwerkkonzepte

Fraktales Unternehmen

Der Begriff "fraktal" kommt von dem bekannten Beispiel der Mandelbrotmenge. Die Fraktale zeigen immer wieder ähnliche, jedoch nie gleiche Strukturen. Übertragen auf eine Organisationsform kann das wie folgt beschrieben werden:

> "Das fraktale Unternehmen ist ein offenes System, das aus selbständig agierenden und in ihrer Zielausrichtung selbstähnlichen

---
[65] McHugh etal. 1995
[66] vgl. Scholz 1994; Weber 1996

Einheiten – den Fraktalen – besteht und durch dynamische Organisationsstrukturen einen vitalen Organismus bildet."[67]

Die zwei Prinzipien Selbstähnlichkeit und Selbstorganisation spielen dabei eine sehr wichtige Rolle. Durch Aufteilen des Unternehmens in eigenständige Fraktale und durch eine Reduktion der Prozesse wird wieder eine übersichtliche Organisation erreicht und die Verantwortung in einem sinnvollen Mass dezentralisiert. Die Leistung der Fraktale wird ständig gemessen und bewertet. Die längerfristige Ressourcenplanung und die Budgetierung erfolgen zentral.[68]

Generell ist die Idee der Dezentralisierung und der Selbstorganisation bei Unternehmensnetzwerken integriert (vgl. "Holonic Network" und Management-Holding). Die Schwierigkeit besteht darin, nicht zu viele Fraktal-Stufen aufzubauen, da so die Organisation wieder zu hierarchisch und zu schwerfällig wird. Weiter bezieht sich das Konzept eher auf die Aufbauorganisation und macht bezüglich Ausrichtung auf die Kunden und die Prozesse eher wenig Aussagen. Inwiefern das Konzept der Fraktale auf firmenübergreifende Netzwerke angewendet werden kann, wurde noch nicht untersucht. In das Portfolio von Kapitel 2.3.1 lässt sich das Konzept der fraktalen Unternehmung als interne, eher dynamische Organisationsform einordnen.

Franchising

Als Franchising wird eine Kooperation im Bereich des Marketings bezeichnet, bei welcher ein Hersteller (Franchise-Geber) mit selbständigen Handelsunternehmen (Franchise-Nehmer) auf der Grundlage eines Vertrags über den Vertrieb von Waren und Dienstleistungen zusammenarbeitet. Dabei übernimmt der Franchise-Geber die Verantwortung für die Entwicklung des Marketingkonzeptes, die überregionale Werbung, die Bereitstellung von Markennamen/-zeichen und Dekorationsmaterial sowie die Schulung der Mitarbeiter und gewährt oft dem Franchise-Nehmer einen Gebietsschutz.[69] Das Franchising erlaubt eine rasche Marktausdehnung mit geringem Kapitalrisiko und bietet mit den selbständigen Franchise-Nehmern sehr engagierte Vertriebspartner. Von der Charakteristik her führt das Franchising zu relativ statischen, externen Netzwerken.

Ein sehr bekanntes Beispiel, wie mit diesem Konzept ein grosses Netzwerk aufgebaut werden kann, ist McDonald's. Alle Dienstleistungen rund um den Betrieb eines Restaurants werden durch die ursprüngliche McDonald's Firma übernommen. Dies reicht vom Design des Restaurants und der Schulung der Mitarbeiter über die Beschaffung spezieller Maschinen und Arbeitsuniformen bis zur Lieferung von Verpackungsmaterial und Roh-

---

[67] Warnecke 1993
[68] vgl. Warnecke 1992; Kühnle 1993
[69] vgl. Gabler Wirtschafts-Lexikon 1988

stoffen.[70] Die einzelnen Unternehmer sind für den täglichen Betrieb und die Abrechnung des Restaurants verantwortlich.

Joint Venture

In der Regel werden Joint Ventures mit strategischen Absichten von zwei oder mehreren Unternehmen gegründet, wobei die Kooperationspartner zu etwa gleichen Teilen am Kapital der gemeinsamen Firma beteiligt sind. Joint Ventures dienen hauptsächlich zur Internationalisierung unter restriktiven Bedingungen eines Gastlandes oder zur Ressourcenbündelung.[71] Das hohe Integrationsmass und die langfristige Ausrichtung der Kooperation deuten auf eine statische Organisationsform hin, die sehr anspruchsvoll zu realisieren ist. Bekannte Beispiele sind Schindler und ABB, die in China Joint Ventures aufgebaut haben, um bei lokalen Projekten eine grössere Chance zu haben.

Outsourcing

Unter Outsourcing wird die Auslagerung von Tätigkeiten verstanden, die ein Unternehmen in der Vergangenheit selbst ausgeführt hat. Die Auslagerung muss nicht gleichzeitig eine örtliche Verlagerung bedeuten. Unter Umständen führen dieselben Mitarbeiter ihre Tätigkeit mit denselben Anlagen weiter. Die Verantwortung und die Pflicht zum Erbringen der vereinbarten Leistung gehen jedoch auf die Partnerfirma über. Outsourcing wird sehr oft bei EDV- oder Logistik-Dienstleistungen angewandt. Bekannte Fälle sind Firmen wie IBM oder EDS, die von Grosskonzernen die gesamte EDV übernehmen und betreiben (z.B. Sulzer Informatik). Transportfirmen wie Danzas oder Kühne & Nagel übernehmen immer öfters den gesamten internen und externen Transport in einem Konzern. Der Sinn des Outsourcing liegt in der Entlastung des Managements von der Führung von Aufgaben, die nicht zu den Kernfähigkeiten eines Unternehmens gehören. Dienstleistungen, die eine geringe Nähe zum Kerngeschäft haben und die der Markt anbietet, sind Favoriten für eine Vergabe. Die folgende Darstellung zeigt mögliche Varianten und die Attraktivität für ein Outsourcing (vgl. Abb. 12). Eine Ausgründung (Spin-Off) ist beispielsweise dort erforderlich, wo kein Marktangebot besteht. Demgegenüber ist bei relativ grosser Nähe zum Kerngeschäft eine starke Bindung der Anbieter erforderlich, weshalb unter Umständen eine Kooperation oder Beteiligung anzustreben ist.

---

[70] vgl. Jarillo 1997
[71] vgl. Schräder 1996; Sydow 1992

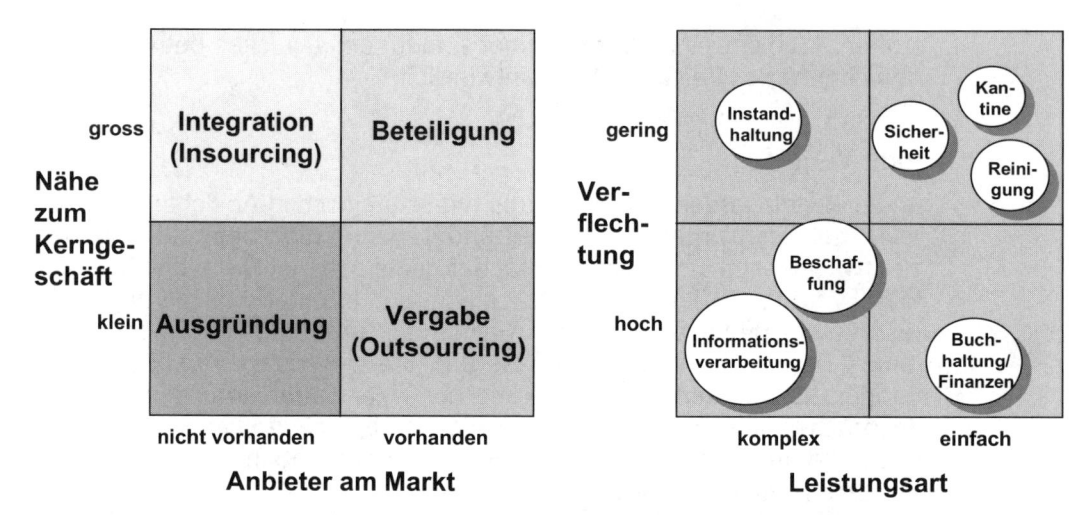

Abb. 12: Varianten und Attraktivität für das Outsourcing[72]

Bevor eine Vergabe vorgenommen wird, soll auch die Attraktivität überprüft werden. Einfache Leistungen mit einer geringen Verflechtung mit dem Unternehmen sind tendenziell besser geeignet. Wichtig ist, dass bei solchen Entscheidungen eine einseitig kostenorientierte Sicht vermieden wird, weil sie zu gravierenden Fehlern führen kann.[73] Trotz dieser Gefahr ist im momentanen Trend der Konzentration auf die Kernkompetenzen das Outsourcing das Mittel erster Wahl. Als Folge dieser verstärkten Arbeitsteilung, werden ganze Wertschöpfungsketten funktional aufgeteilt und so in gewissem Sinne standardisiert. Für die redundanzarme Bildung von Netzwerken ist dieser Schritt eine wichtige Voraussetzung.

Beim Outsourcing handelt es sich um eine längerfristige Zusammenarbeit, weshalb dieses Konzept eher als eine statische Beziehung einzustufen ist. Normalerweise haben die Firmen keine gegenseitigen Beteiligungen, so dass diese Beziehung in den externen und statischen Quadranten fällt. Generell führt Outsourcing zu einer Aushöhlung der Firma. Ein Netzwerk mit vielen Outsourcing-Partnern hat somit eine ähnliche Charakteristik wie ein "Hollow Network".

Telearbeit

Unter dem Einfluss moderner Informations- und Kommunikationstechnik und dem wachsenden Bedürfnis nach flexibleren Arbeitsstrukturen hat das Thema Telearbeit in den letzten zehn Jahren erheblich an Bedeutung gewonnen. Der Begriff selbst kann als "Arbeit unabhängig vom Firmenstandort unter hauptsächlicher Nutzung der IuK-Technik" charakterisiert werden. Etwas ausführlicher gesagt:

---

[72] vgl. Hirzel 1997
[73] vgl. Simon 1996

> *"Unter Telearbeit versteht man heute allgemein die berufliche Erwerbstätigkeit an einem Arbeitsplatz, der, mit Bildschirm ausgerüstet, betriebsorganisatorisch dezentral zu Hause oder in der Nähe des Wohnortes eingerichtet ist und eine Telekommunikationsverbindung zu einem räumlich entfernten Standort des Arbeits- oder Auftraggebers ermöglicht."*[74]

Mittelfristig wird damit gerechnet, dass ungefähr jeder zehnte Arbeitsplatz nach Hause, in Nachbarschafts- oder in Satellitenbüros ausgelagert werden kann. Die Bangemann-Kommission der EU rechnet sogar damit, dass es in der EU binnen fünf Jahren an die zwei Millionen Telearbeitsplätze geben wird. Unabhängig von den Prognosen steht jedoch fest, dass die moderne Telekommunikation in Verbindung mit der Computertechnik zu neuen Arbeitsformen führen wird. Und nicht nur die technischen Veränderungen, sondern auch die Änderungen im Bewusstsein der Menschen ermöglichen eine Öffnung der Arbeitsstrukturen. Widerstände sind heute teilweise noch beim Management zu beobachten, weil eine weit verbreitete Misstrauenskultur bewirkt, dass die Zahl der Telearbeiter namentlich bei Grossunternehmen noch verschwindend gering ist.[75]

Die Telearbeit an sich ist keine eigentliche Organisationsform, aber sie zeigt auf, dass die Dezentralisierung auch bei der kleinsten Einheit eines Arbeitsplatzes nicht halt macht. Dadurch wird die Bedeutung von Netzwerkorganisationen weiter zunehmen. Je nach Art des Arbeitsvertrages und nach Grad der Selbständigkeit des Telearbeiters führt dieses Konzept zu internen oder externen Netzwerken, die insgesamt eher dynamischen Charakter haben.

Elektronischer Markt

Der Begriff "Electronic Market" wurde durch eine Forschungsgruppe am MIT in den Jahren 1986 und 1987 bekannt.[76] Dieses Team geht dabei von einem konventionellen Markt aus und definiert den Elektronischen Markt als einen Markt, der auf Informationstechnologie basiert. Schmid präzisiert diese Definition durch ein Phasenmodell.[77] Elektronische Märkte im engeren Sinne sind Mechanismen, die die Phasen Information, Vereinbarung und Abwicklung mit entsprechenden Transaktionen unterstützen. Generell sollen Elektronische Märkte nicht einfach Abbildungen von bestehenden Strukturen darstellen, sondern durch zusätzliche Dienstleistungen (Transport, Zahlungsverkehr, ...) vervollständigt werden.

Es ist zu erwarten, dass durch die starke Verbreitung des Internets der Handel mit Konsumgütern in Zukunft zu einem erheblichen Teil elektronisch

---

[74] Schoch 1996
[75] vgl. Diebold 1996
[76] vgl. Kaufmann 1996
[77] vgl. Schmid 1995

abgewickelt wird. Für die Wertkette hat das einschneidende Folgen: die Funktion des heutigen Zwischenhändlers wird obsolet, da die Produzenten direkt an die Konsumenten liefern können. Die Güter werden dadurch massiv billiger, weil die Gewinnmarge der Händler wegfällt. Neu wird es jedoch in virtuellen Warenhäusern Vermittler geben, die Basisprodukte von Produzenten zu kundengerechten Paketen bündeln (z.B. Dauerauftrag für Zeitung mit Gipfeli jeweils um 6.30 h im Haus) und an diese vermarkten werden. Weiter können die Konsumenten einen besseren Überblick über den Markt gewinnen, haben eine grössere Auswahl und drücken so die Preise auf das Niveau des Kostenführers. Die Produzenten werden wegen der erhöhten Transparenz einen Teil der Gewinnmarge einbüssen. Auch dieses Konzept entspricht nicht direkt einer Organisationsform, unterstützt aber die Bildung von dynamischen Netzwerken mit einem Broker. Dies zeigt auch, dass Organisationsformen in Zukunft sehr stark abhängig sein werden von der entsprechenden Informatikunterstützung.

3

Virtualität

Der Begriff Virtualität[78] wird in vielen unterschiedlichen Begriffen verwendet. Zu vielen realen Objekten gibt es heutzutage auch virtuelle[79] Alternativen, was immer mehr auch im betrieblichen Umfeld bemerkbar ist. Normalerweise bezeichnet virtuell die Eigenschaft einer Sache, die zwar nicht real ist, aber doch in der Möglichkeit existiert; Virtualität spezifiziert also ein konkretes Objekt über Eigenschaften, die nicht physisch, aber doch der Möglichkeit nach vorhanden sind.[80] Ein anderer Autor erklärt virtuell mit einem Vergleich:

> *"Eine virtuelle Bibliothek besteht aus einem Konzept und nicht aus einem Ort; sie ist vielmehr eine Aktivität als ein Gebäude."*[81]

Handy weist damit auf die fehlenden physikalischen Attribute hin, die mit dem originalen Objekt verbunden sind. Weiter hebt er die Wichtigkeit des Konzeptes und der Aktivitäten hervor, die das virtuelle Objekt beinhaltet. Zur besseren Charakterisierung von virtuellen Objekten hat *Scholz*[82] ein Schema publiziert, anhand dessen die Begriffe auf echte Virtualität hin überprüft werden können. Dieses Schema umfasst folgende vier Merkmale (vgl. Abb. 13):

---

[78] vgl. Duden 1996: "innewohnende Kraft oder Möglichkeit"
[79] vgl. Duden-Lexikon 1991 und Duden 1996: "der Kraft oder Möglichkeit nach vorhanden, aber nicht aktuell wirksam; scheinbar; auch anlagemässig, schlummernd"
[80] vgl. Scholz 1994
[81] vgl. Handy 1995
[82] vgl. Scholz 1994; Scholz 1996

Virtualität

[Konstituierende Charakteristika]

[Fehlende physikalische Attribute]

[Spezielle Zusatzspezifikationen]

[Nutzeffekte]

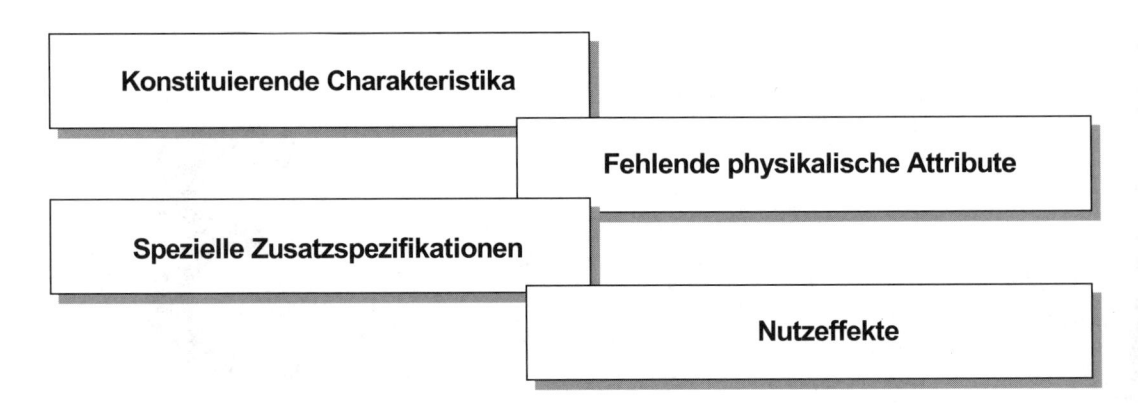

Abb. 13: Die vier Merkmale der Virtualität [83]

- *Konstituierende Charakteristika* sind Verhaltensmerkmale, die sowohl das ursprüngliche (reale) Objekt als auch seine virtuelle Realisierung aufweisen und die letztlich die Definition des Objektes ausmachen. Im Falle einer virtuellen Urlaubsreise wäre dies das Erleben fremder Regionen.
- *Physikalische Attribute:* "Virtuell" bedeutet immer das Fehlen von bestimmten physikalischen Attributen des ursprünglichen Objektes. Bei der virtuellen Urlaubsreise fehlt das Verlagern des physikalischen Standortes.
- *Spezielle Zusatzspezifikationen* sind notwendig, um im Sinne von Lösungswegen die virtuelle Realisierung zu ermöglichen. Für die virtuelle Urlaubsreise ist eine qualitativ hochwertige Computer-Animation notwendig.
- Nutzeffekte sind konkrete Vorteile, die sich aus dem Wegfall der physikalischen Attribute ergeben. Das Ergebnis bei der virtuellen Urlaubsreise ist der Wegfall der Transportkosten.

Durch die konsequente Anwendung dieser Definition und der stetigen Überprüfung der Merkmale kann vermieden werden, dass der Begriff "virtuell" als Modewort verwendet wird.

In der Folge soll nun auf einzelne Begriffe eingegangen werden, welchen die Eigenschaft "virtuell" zugeordnet werden kann. Seit einiger Zeit wird der Begriff "virtuell" nicht mehr nur in technischen Disziplinen verwendet wird, sondern auch im betrieblichen Umfeld. Daraus lässt sich folgern, dass die Virtualisierung einen eigentlichen Trend darstellt, der die heutigen Organisations- und Arbeitsformen nachhaltig verändern wird.

---

[83] Quelle: eigene Darstellung in Anlehnung an Scholz 1994

3.1 Bereich Physik

In der Physik gibt es bereits seit dem 18. Jahrhundert virtuelle Objekte.[84] In der Mechanik wird als eine Methode zur Berechnung von Ruhelagen das Prinzip der virtuellen Leistungen verwendet. Dieses Grundaxiom wurde von Bernoulli stillschweigend und von Lagrange (1788) explizit verwendet. Heute dient es als Hauptsatz der Statik zur Berechnung der Bindungskräfte, die die Lage eines Systems fixieren.

> *"Ein beliebig abgegrenztes materielles System befindet sich dann in einer Ruhelage, wenn in dieser Lage die Gesamtleistung aller inneren und äusseren Kräfte, einschliesslich der inneren und äusseren Bindungskräfte, bei jedem virtuellen Bewegungszustand des Systems null ist. Der virtuelle Bewegungszustand muss mit den inneren und äusseren Bindungen verträglich sein, ist sonst aber beliebig wählbar."* [85]

Die Grundlage ist ein virtueller Bewegungszustand, der nur in der Vorstellung existiert, jedoch die physikalischen Randbedingungen berücksichtigt. Bei statisch unbestimmten Problemen wird in analoger Weise eine virtuelle Deformationsarbeit eingeführt, um mit dem Theorem der virtuellen Arbeiten eine mögliche Lösung zu berechnen.

Im Bereich der Optik wird von einem virtuellen Bild gesprochen, wenn von einem divergierenden Strahlenbündel (Zerstreuungslinse) ein scheinbares Bild erzeugt wird, das nicht auf einem Schirm (ebene Fläche) aufgefangen werden kann. Mittels einer Sammellinse kann aber diese Bild sehr wohl sichtbar gemacht werden.

In der Quantenmechanik entstehpen in mikrophysikalischen Systemen unter vorübergehender Verletzung des Energiesatzes für äusserst kurze Zeit virtuelle Elementarteilchen und verschwinden wieder. Solche virtuellen Zustände können auf Grund der Unschärferelation für sehr kurze Zeit auftreten und sind aus dem gleichen Grund prinzipiell nicht beobachtbar.

3.2 Bereich Informatik

Im Bereich der Informatik sind die bekanntesten Vertreter virtueller Objekte der virtuelle Speicher und die virtuelle Realität (virtual reality oder kurz VR). Die Idee des virtuellen Speichers besteht darin, dass der schnelle und teure Arbeitsspeicher des Computers durch einen billigeren und langsameren Sekundärspeicher erweitert wird, ohne dass die auszuführende Anwendung etwas bemerkt. Der Vorteil liegt darin, dass

---

[84] vgl. Brockhaus 1975; Sayir & Ziegler 1982; Duden-Lexikon 1991
[85] Sayir & Ziegler 1982

zu relativ geringen Kosten eine viel höhere Speicherkapazität zur Verfügung steht, als der tatsächlich physisch vorhandene Arbeitsspeicher.

Die virtuelle Realität ist eine mittels leistungsfähigen Grafik-Computern simulierte Wirklichkeit oder künstliche Welt (auch Cyberspace), in welcher die Personen mit Hilfe technischer Geräte wie Headmounted-Display (HMD = elektronische Brille) und Dataglove (= Datenhandschuh) agieren können:

- In der elektronischen Brille werden durch zwei kleine Bildschirme künstliche Welten (z.B. Räume, Landschaften, Fahrzeuge) dargestellt. Bewegungen des Betrachters werden erfasst, um den Bildausschnitt und die Perspektive laufend anzupassen.
- Der mit Sensoren bestückte Datenhandschuh dient dazu, in der modellhaften Welt zu agieren, z.B. um einen Gegenstand zu ergreifen.

Diese Technik der virtuellen Realität wird mittlerweile in vielen Anwendungsbereichen eingesetzt wie z.B. in Computerspielen, bei Fahr- und Flugsimulatoren, in Medizin und Architektur. Ein bekanntes Anwendungsbeispiel ist die virtuelle Leiche[86], die Medizinstudenten in Anatomiekursen ohne die Verwendung eines echten menschlichen Körpers untersuchen und studieren können.

3.3 Bereich Wirtschaft

Auch im wirtschaftlichen Umfeld taucht der Begriff virtuell auf. Unter einem virtuellen Produkt[87] wird z.B. eine Leistung verstanden, die:

- möglichst zeitgleich mit dem Entstehen des Kundenwunsches realisiert wird;
- gemeinsam mit dem Kunden entwickelt wird;
- direkt auf den aktuellen Kundenbedürfnissen (individuelles Produkt) basiert.

Diese Anforderungen stellen letztlich eine konsequente Weiterführung der in Abschnitt 1.5.1 beschriebenen Leistung dar. Die aufgeführten Punkte genügen aber noch nicht, um ein virtuelles Produkt eindeutig zu definieren. Man kann sich z.B. ein Produkt aus der Versicherungsbranche vorstellen, wo der Berater mit seinem Laptop im Gespräch mit dem Kunden eine individuelle Police entwickelt und den fertigen Vertrag direkt ausdruckt. An diesem Beispiel erkennt man die Problematik des Begriffes "virtuelles Produkt", weil eine Dienstleistung bzw. Produkte, die aus

---

[86] vgl. Business 1994
[87] vgl. Davidow & Malone 1993; Scholz 1994

Information bestehen, heute schon den oben erwähnten Anforderungen genügen. Als zusätzliche Bedingung könnte man die folgenden Punkte aufführen:[88]

- Der Anbieter bietet dem Kunden die Möglichkeit, die Eigenschaften des Produktes zu erfahren, ohne dass das Objekt selbst schon existiert.
- Das Produkt entsteht zunächst beim Benutzer im Kopf, danach jedoch auch real.

Die erste Anforderung bedeutet, dass in irgendeiner Form die Möglichkeiten der virtuellen Realität (VR) genutzt werden. Die zweite Anforderung ist weniger einschränkend, denn sie besagt, dass ein Kunde am Schluss ein reales Produkt in den Händen hat. Auch diese ergänzenden Bedingungen definieren ein virtuelles Produkt nicht exakt. Man könnte sogar noch weiter gehen und behaupten, es gebe keine virtuellen Produkte, denn für den Anbieter ist es schlussendlich immer real im Moment, in dem der Kunde dafür bezahlt.

Der springende Punkt sind die fehlenden physikalischen Attribute, die mit der Definition des Begriffes "virtuell" verknüpft sind. Ein Produkt ist, seit es Dienstleistungen gibt, nicht mehr an physikalische Attribute gebunden. Die Begriffskombination "virtuell" und "Produkt" ist deshalb von Beginn an mit Definitionsschwierigkeiten behaftet und nicht zur Verwendung zu empfehlen.

Unter den Begriffen im betrieblichen Bereich taucht auch in einigen Arbeiten[89] die virtuelle Wertschöpfungskette auf. Dieser Begriff wird von der herkömmlichen Wertschöpfungskette abgeleitet, die eine Reihe von wertschöpfenden Tätigkeiten von unterschiedlichen Unternehmen verbindet und durch eine umfassende Betrachtung zu einem Gesamtoptimum führen soll. In der normalen Wertschöpfungskette wird die Information als ein den Prozess unterstützendes Element betrachtet, jedoch nicht als Beitrag zur Wertschöpfung selbst. Die Informationen werden häufig zur Überwachung oder Kontrolle verwendet, aber selten, um für den Kunden einen neuen Wert zu generieren. Hinter dem Begriff steckt nun die Idee, parallel zur traditionellen Kette eine eigenständige Wertschöpfungskette auf Informationsbasis aufzubauen (vgl. Abb. 12). Eigenständig bedeutet, dass jeder Schritt für sich eine Wertschöpfung für den End-Kunden darstellt und parallel zu den herkömmlichen Abläufen stattfindet.

---

[88] vgl. Scholz 1994
[89] vgl. Rayport & Sviokla 1995

Virtualität

Traditionelle Wertschöpfungskette

> beschaffen > produzieren > montieren > verkaufen > verteilen

Traditioneller Geschäftsprozess für den Vertrieb

> Produktmarketing > Vertrieb, Steuerung > Akquisition > Beratung > Angebotserstellung > Abschlussverhandlung > Auftragsbearbeitung > Leistungserbringung > Logistik, Versand > Rechnungsabwicklung

> Produktmarketing > Surfen > Information > Auswahl > Auftrag > Bestätigung > Rechnung > Inkasso > Leistungserbringung > Logistik, Versand

Virtueller Geschäftsprozess für den Vertrieb

> sammeln > auswählen > zusammenstellen > verkaufen > verteilen

Virtuelle Wertschöpfungskette

Abb. 14: Traditionelle und virtuelle Wertschöpfungskette[90]

> Von der Definition her ist hier die Verwendung des Begriffs "virtuell" zulässig, da man sich gut eine Wertschöpfungskette ohne das physikalische Attribut "materieller Güterfluss" vorstellen kann. Die speziellen Zusatzspezifikationen sind gegeben durch den Bedarf von leistungsfähigen Computersystemen und Softwarekomponenten, die die ganze virtuelle Wertschöpfungskette betreiben. Auch die *Nutzeffekte* treten sofort klar hervor, da der Kunde gewisse Schritte übernehmen kann und so Kosten reduziert werden.

3.4 Trend zur Virtualität

Im Sinne einer Übersicht sollen die erwähnten virtuellen Objekte in einer Tabelle zusammengestellt werden. Anhand des Vier-Merkmale-Schemas werden die einzelnen Begriffe charakterisiert und plausibilisiert (vgl. Tab. 5). Das virtuelle Produkt wurde bewusst nicht aufgeführt, da ein Produkt keine physikalischen Attribute benötigt und hier nur mit definitorischen Spitzfindigkeiten eingeordnet werden könnte.

---

[90] Quelle: Brütsch 1999

3.4 Trend zur Virtualität

Objekt	Konstituierende Charakteristika	Fehlende physikalische Attribute	Spezielle Zusatzspezifikationen	Nutzeffekte
Virtueller Bewegungszustand	Massenpunkten wird eine Geschwindigkeit zugeordnet	existiert nur in der Vorstellung, berücksichtigt Randbedingungen	Berechnungsmethode	Berechnung von statischen Systemen
Virtuelle Teilchen	Elementarteilchen mit Masse	Verletzung des Energiesatzes, nicht beobachtbar	äusserst kurzzeitiges Auftreten	Erreichen anderer Teilchenzustände
Virtueller Speicher	Speicher	nicht physisch vorhanden, sondern auf Sekundärspeicher abgebildet	Software zur Verwaltung	grösserer Primärspeicher, dadurch grössere Programme lauffähig
Virtuelle Realität	Wahrnehmung der Umgebung mit den fünf Sinnen	keine materiellen Objekte	leistungsfähige Computersysteme und Software	Erleben anderer Realitäten ohne Reisekosten
Virtuelle Wertschöpfungskette	Wertschöpfungskette	kein materieller Papier- oder Güterfluss	leistungsfähige Computersysteme und Software	Kostenersparnis, weil der Kunde gewisse Schritte selbst übernimmt

Tab. 5: Zusammenstellung der Merkmale[91]

Das Auftreten dieser virtuellen Objekte kann durch die Verknüpfung mit der Zeitachse als eine historische Entwicklung gesehen werden (vgl. Abb. 15). Die Physik war der erste Bereich, in dem dieser Begriff aufgetaucht ist. Bald hat jedoch auch die Informatik von virtuellen Objekten gesprochen. Heute gibt es, wie bereits erwähnt, auch im Bereich der Betriebswissenschaft einen Trend zur Virtualisierung, sei es in der Organisation oder in der Logistik.

Bis heute ist kein Ende des Trends abzusehen, reale Objekte durch ein virtuelles Gegenüber zu erweitern. In vielen Bereichen werden physikalische Attribute durch Information ersetzt.

Für Unternehmen bedeutet dies, dass einerseits der Spielraum grösser wird, dass aber andererseits die realen wie auch die virtuellen Objekte sinnvoll eingesetzt werden müssen. Zu dieser Thematik wurden in einer Management-Zeitschrift[92] zwei Thesen formuliert:

---

[91] Quelle: eigene Darstellung
[92] vgl. Linden 1997

Virtualität

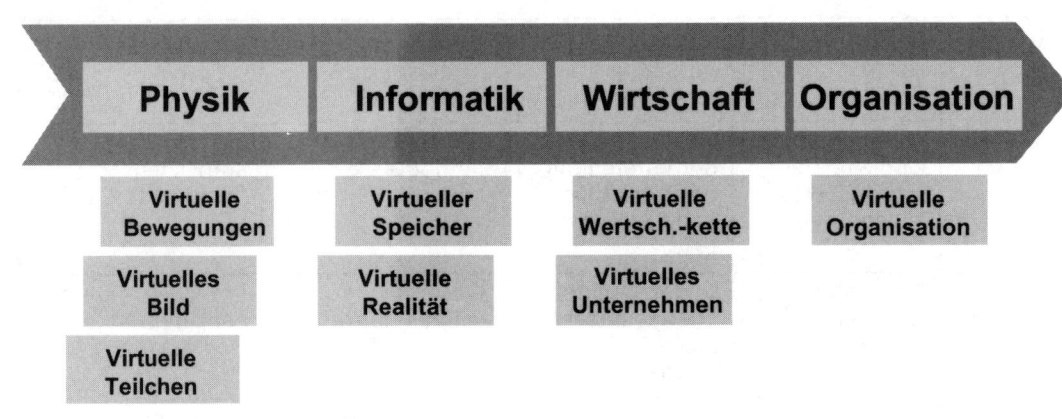

Physik | **Informatik** | **Wirtschaft** | **Organisation**

- Physik:
  - Virtuelle Bewegungen
  - Virtuelles Bild
  - Virtuelle Teilchen
- Informatik:
  - Virtueller Speicher
  - Virtuelle Realität
- Wirtschaft:
  - Virtuelle Wertsch.-kette
  - Virtuelles Unternehmen
- Organisation:
  - Virtuelle Organisation

Abb. 15: Trend zur Virtualität [93]

- Die Option, sich gegen Virtualisierung zu entscheiden, haben die meisten Unternehmen nicht mehr.
- Virtualisierung ist keine Gestaltungsoption wie eine Spartenorganisation, sondern das Dach über einer logischen Gesamtentwicklung.

Das Management eines Unternehmens muss sich deshalb sehr stark mit den neuen Trends auseinandersetzen, um zu entscheiden, inwiefern die eigene Wettbewerbsfähigkeit durch Virtualisierung und mit virtuellen Objekten ausgebaut werden kann.

---

[93] Quelle: eigene Darstellung in Anlehnung an Brütsch 1999

Virtuelles Unternehmen

Als die zur Zeit am wenigsten konkretisierte Form eines Netzwerkes soll das virtuelle Unternehmen näher erläutert werden. In Abschnitt 2.1 wurde bereits die Vision von *Miles & Snow* erwähnt. Das zentrale Ziel der neuen Trends bezüglich Organisationsformen ist die Schaffung von organisatorischen Einheiten, die auf den primären Geschäftszweck reduziert sind. Durch Einfachheit in Strukturen und Prozessen sollen ein Maximum an Wirtschaftlichkeit erreicht, Kostensenkungspotentiale radikal ausgeschöpft und innovative Leistungen entwickelt und angeboten werden. Mit vielen Kombinationsmöglichkeiten innerhalb eines Kompetenz-Netzwerkes soll eine hohe Flexibilität gesichert werden.

Es wird sofort klar, dass traditionelle Organisationsformen bei solchen Anforderungen an Grenzen stossen. Die Bewegung in Richtung schlanke, flexible Netzwerkorganisation mit "fliegenden" Allianzen kann in dieser Situation weiterhelfen, bringt allerdings auch neue Problemkreise wie z.B. Identifikations- und Motivationsprobleme mit sich. Dies führt dazu, in virtuellen Organisationsformen einen Hoffnungsträger für die anstehenden Aufgaben zu sehen:[94] Denn hier lassen sich schlagartig neue Organisationsstrukturen mit minimalen Aufbaukosten zusammenstellen.

4.1 Die virtuelle Organisation

In der aktuellen Literatur aus Forschung und Praxis gibt es sehr viele Definitionen zum Thema virtuelle Organisation. Jede Definition setzt einen

---

[94] vgl. Scholz 1997

etwas anderen Schwerpunkt, und manchmal macht es den Anschein, als existiere keine einheitlich gültige Beschreibung. Mit Hilfe der aussagekräftigsten Definitionen ist es jedoch möglich, einige Gemeinsamkeiten zu ermitteln.

Die Definition von *Goldmann et al.* weist darauf hin, dass es sich bei der virtuellen Organisation um ein strategisches Konzept zur Organisationsgestaltung handelt, was die Bedeutung des Konzeptes bestätigt und auch meiner Meinung entspricht.

> *"The virtual organization is a dynamic organizational tool; it is at once neither temporary nor permanent. Designed to be opportunity-based, the virtual organization is a pragmatic organizational tool for the competitors who are seeking a strategic concept to use in an environment of change and uncertainty."* [95]

Aus diesem Zitat geht auch hervor, dass die Dynamik und das Reagieren auf kurzfristige Marktchancen eine zentrale Rolle spielen. Zur besseren Unterscheidung der Begriffe "virtuelle Organisation" und "virtuelles Unternehmen" sollten bei der Definition einer virtuellen Organisation keine wirtschaftlichen Aspekte oder Kundenaufträge im Vordergrund stehen. Die virtuelle Organisation und das virtuelle Unternehmen haben einige Gemeinsamkeiten, eine klare Abgrenzung hat aber noch nicht stattgefunden. Dynamik, Flexibilität und die Form eines Netzwerks sind einige dieser gemeinsamen Charakteristiken. Ein Unternehmen hat jedoch in der Regel ein wirtschaftliches Ziel; die Organisation hingegen ist ein allgemeinerer Begriff und beschreibt soziale Gemeinschaften mit einem Ziel, das nicht näher spezifiziert ist.

Eine virtuelle Organisation kann eigentlich als zielbewusst koordinierte Tätigkeiten von mehreren Parteien – ohne unnötige physikalische Attribute wie Gebäude, Rangordnungen usw. – betrachtet werden. Das Ergebnis ist eine äusserst flexible, dynamische Netzwerkstruktur, die sehr schnell auf Marktchancen reagieren kann. Anhand des Vier-Merkmal-Schemas soll die virtuelle Organisation charakterisiert und die Abgrenzung zum herkömmlichen Begriff der Organisation vorgenommen werden (vgl. Tab. 6).

Aus dieser Charakterisierung geht hervor, dass sich hinter der virtuellen Organisation nicht nur eine virtualisierte bzw. entmaterialisierte Organisation verbirgt, sondern ein zielorientiertes, flexibles Konzept, das sehr schnell auf Veränderungen im Umfeld zu reagieren vermag.

---

[95] Goldmann et al. 1995

Merkmal	Ausprägung bei der virtuellen Organisation
Konstituierende Charakteristika	• zielbewusst koordinierte Tätigkeiten von mehreren Parteien (einzelne Personen, Firmen, Institute, Verbände, ...)
Fehlende physikalische Attribute	• keine herkömmliche Organisationsstruktur • keine für diese Organisation typischen Gebäude • keine Organisationszentrale
Spezielle Zusatzspezifikationen	• Vertrauensbasierte Beziehung zwischen ausgewählten Partnern mit spezifischen Kernkompetenzen • Aufteilung, Dezentralisierung der Kompetenzen auf die Partner • Ausgereifte Informations- und Kommunikationstechnologie zur Verbindung der einzelnen Einheiten
Nutzeffekte	• Geschwindigkeit (kurze Reaktionszeit auf Veränderungen im Umfeld) • Flexibilität (hohe Anpassungsfähigkeit bezüglich geforderter Fähigkeiten)

Tab. 6: Vier Merkmale der virtuellen Organisation[96]

4.2 Das virtuelle Unternehmen

Der Begriff virtuelles Unternehmen ist im betrieblichen Bereich als erstes kreiert worden, noch bevor über virtuelle Organisationen geschrieben wurde. Dies ist mit ein Grund für die teilweise etwas konfusen Definitionen. In diesem Abschnitt sollen nur die prägnantesten Vertreter vorgestellt werden, da man unzählige Seiten füllen könnte mit Definitionen. Als klares Unterscheidungsmerkmal gilt das bereits erwähnte wirtschaftliche Ziel von virtuellen Unternehmen. In einem ersten Artikel zu dieser Thematik charakterisiert Byrne das virtuelle Unternehmen folgendermassen:

> "a temporary network of companies that come together quickly to exploit fast-changing opportunities. In a virtual corporation, companies can share costs, skills and access to global markets, with each partner contributing what it's best at." [97]

In dieser ersten Umschreibung wird bereits von einer zielorientierten Zusammenarbeit – Nutzen von kurzfristigen Chancen – gesprochen. Weiter erwähnt der Autor, dass jeder Partner das dazu beiträgt, was er am Besten kann. Es werden ebenfalls einige Nutzeffekte erwähnt, wie z.B. das Teilen von Kosten, Fähigkeiten und globalem Marktzugang. Einige Punkte des Vier-Merkmale-Schemas können somit ausgefüllt werden. Einzig bei den

---

[96] Quelle: eigene Darstellung als Erweiterung von Scholz 1994
[97] Byrne 1993

fehlenden physikalischen Attributen fehlen noch Überlegungen. Die folgende Definition geht in dieser Hinsicht etwas weiter:

> *"The virtual corporation is a temporary network of independent companies, suppliers, customers, even erstwhile rivals – linked by information technology to share skills, costs and access to one another's markets. It will have neither central office nor organization chart. It will have no hierarchy, no vertical integration.... In the concepts purest form, each company that links up with others to create a virtual corporation will be stripped to its essence. It will contribute only what it regards as its core competencies"* [98]

Hier wird erwähnt, dass kein zentrales Verwaltungsbüro und kein Organigramm notwendig sind. Auf Hierarchien mit vielen Stufen oder auf vertikale Integration kann verzichtet werden. Als Zusatzinstrument wird die Informationstechnologie aufgeführt. Bald darauf wurde im Rahmen eines internationalen Forschungsprojektes auch für den deutschsprachigen Raum eine Definition entworfen. Sie hebt die rechtliche Unabhängigkeit und ein gemeinsames Geschäftsverständnis hervor.

> *"Eine virtuelle Unternehmung ist eine Kooperationsform rechtlich unabhängiger Unternehmen, Institutionen und/oder Einzelpersonen, die eine Leistung auf der Basis eines gemeinsamen Geschäftsverständnisses erbringen. Die kooperierenden Einheiten beteiligen sich an der Zusammenarbeit vorrangig mit ihren Kernkompetenzen und wirken bei der Leistungserstellung gegenüber Dritten wie ein einheitliches Unternehmen. Dabei wird auf die Institutionalisierung zentraler Managementfunktionen zur Gestaltung, Lenkung und Entwicklung des virtuellen Unternehmens durch die Nutzung geeigneter Informations- und Kommunikationstechnologien weitgehend verzichtet."* [99]

Ebenfalls erwähnt sind die Beteiligung mit Kernkompetenzen und der Verzicht auf zentrale Managementfunktionen. Ein weiterer sehr wichtiger Aspekt ist die Konfiguration und das Management eines möglichst optimalen Geschäftsprozesses.

> *"Each configuration of process capabilities within the holonic network is called a virtual company. By combining the core competencies of many individual companies within the network, each virtual company is more powerful and flexible than the participating members alone could be. Each company in a virtual company is chosen because of its process excellence. ...The virtual company creates the best core business process possible and manages the critical path in real time."* [100]

---

[98] Davidow & Malone 1992
[99] Arnold et al. 1995
[100] McHugh et al. 1995

4.2 Das virtuelle Unternehmen

Diese Definition betont die Konfiguration eines optimalen Geschäftsprozesses und die hohe Flexibilität, die virtuelle Unternehmen in einem Netzwerk aufweisen. Mit den vorliegenden Merkmalen kann nun wieder das Vier-Merkmal-Schema ausgefüllt werden (vgl. Tab. 7).

Merkmal	Ausprägung beim virtuellen Unternehmen
Konstituierende Charakteristika	• zielbewusst koordinierte Tätigkeiten von mehreren Parteien (einzelne Personen, Firmen, Institute, Verbände, ...) • Wirtschaftliches Ziel (Gewinn erwirtschaften)
Fehlende physikalische Attribute	• keine herkömmliche Organisationsstruktur für ein Unternehmen • keine für ein Unternehmen typischen Gebäude • keine Unternehmenszentrale • Vermeiden zentraler Stabsfunktionen • keine Rechtsform (Postulat: vgl. Kapitel 5)
Spezielle Zusatzspezifikationen	• Vertrauensbasierte Kooperation von ausgewählten Partnern mit spezifischen Kernkompetenzen • Aufteilung, Dezentralisierung der Kompetenzen auf die Partner • Ausgereifte Informations- und Kommunikationstechnologie zur Verbindung der einzelnen Einheiten • Wirken gegenüber dem Markt wie ein einheitliches Unternehmen
Nutzeffekte	• Geschwindigkeit (kurze Concept-to-Cash-Zeit) • Flexibilität (Anpassungsfähigkeit bzgl. geforderter Fähigkeiten) • Teilen von Infrastruktur, Risiko, Kosten und Marktzugängen • Konfiguration eines optimalen Geschäftsprozesses (Optimierung der firmenübergreifenden Wertschöpfungskette) • Verlagerung vom Produktverkauf zum Verkauf von Lösungen

Tab. 7: Vier Merkmale der virtuellen Unternehmung[101]

Scholz hat dies bereits gemacht, hat aber gewisse Punkte, die auch aus den obigen Zitaten hervorgehen, nicht einbezogen.

Beim virtuellen Unternehmen fällt die Tabelle etwas länger aus. Als zusätzlicher Punkt bei den konstituierenden Charakteristika kommt ein wirtschaftliches Ziel hinzu. Dies unterscheidet grundsätzlich Unternehmen von Organisationen, denn erstere versuchen, ihre Produkte im Markt zu plazieren und einen Gewinn zu erwirtschaften, damit der Fortbestand der Firma gewährleistet ist. Bei den fehlenden physikalischen Attributen können hier dieselben Punkte aufgeführt werden, wie bei der virtuellen Organisation. Das Fehlen einer Rechtsform ist ein Postulat und wird in

---

[101] Quelle: eigene Darstellung in Anlehnung an Scholz 1994

Kapitel 5 eingehend diskutiert. Bei den speziellen Zusatzspezifikationen kommt noch das einheitliche Auftreten am Markt hinzu. Ein Unternehmen muss sich – im Gegensatz zur Organisation – auf bestimmte Kundengruppen ausrichten und im Markt erkennbar sein. Bei den Nutzeffekten bezieht sich die Geschwindigkeit auf die Entwicklung neuer Produkte vom Konzept bis zur Markteinführung. In vier zusätzlichen Bereichen treten Optimierungseffekte auf. Infrastruktur, Risiko, Kosten und Marktzugänge können gemeinsam getragen und aufgeteilt werden. Das virtuelle Unternehmen ist die Grundlage zur Konfiguration eines optimalen Geschäftsprozesses und bietet die Möglichkeit, die Wertschöpfungskette firmenübergreifend zu optimieren (vgl. obige Definition). Ein weiterer Nutzen besteht darin, dass ein virtuelles Unternehmen eine umfassende Leistung anbieten kann. Es werden somit nicht nur Produkte verkauft, sondern Problemlösungen für den Kunden angeboten. Die Ziele eines virtuellen Unternehmens ergeben sich ebenfalls aus dieser Darstellung. Um das wirtschaftliche Ziel möglichst gut zu erreichen, wird versucht, möglichst alle Nutzeffekte und Optimierungspotentiale auszuschöpfen.

An dieser Stelle ist es nun an der Zeit, den Zusammenhang zwischen einem Unternehmensnetzwerk und dem virtuellen Unternehmen näher zu erläutern. Das virtuelle Unternehmen benötigt im Hintergrund ein strategisches Netzwerk, das als eine Art Brutstätte für neue Kooperationen dient. Diesen Zusammenhang verdeutlicht das folgende Zitat:

> "The holonic network is more than just a business association within which virtual companies can form. It is a business system in which information is known to all the participants. Companies respond with their core competencies to the opportunities presented in a real time basis to create a virtual company to respond to any customer requirement." [102]

Die nächste Definition von Weber ist meines Erachtens sehr treffsicher formuliert und präzisiert durch den Begriff "latent vorhanden" die potentiellen Möglichkeiten eines strategischen Netzwerkes mit virtuellen Unternehmen am besten.

> "Virtualität impliziert zugleich eine spezielle Form eines unsichtbaren strategischen Netzwerkes, dessen gesamtes, weitverzweigtes Beziehungsgefüge zwischen den Partnern latent – sprich dauerhaft, aber nicht immer aktiviert – vorhanden ist, dessen konkrete Gestalt sich jedoch problem- und fallspezifisch ändern kann, indem ein Teil eines Beziehungsgefüges ad hoc aktiviert wird." [103]

Diese Aktivierung von bestehenden Beziehungen ermöglicht es dem virtuellen Unternehmen, viel schneller und trotzdem intensiv mit Partnern zu kooperieren. Eine Vertrauenskultur benötigt einige Zeit, um zu entstehen,

---

[102] McHugh etal. 1995
[103] Weber 1996

4.2 Das virtuelle Unternehmen

so dass eine längerfristigere strategische Kooperation die bessere Grundlage darstellt. Die Flexibilität andererseits wird durch kurzfristige Bündelung von Kompetenzen in zeitlich begrenzten virtuellen Unternehmen erreicht. Die Einbettung des virtuellen Unternehmens in ein strategisches Netzwerk verdeutlicht die folgende Grafik (vgl. Abb. 16):

Strategisches Netzwerk
- ○ Investoren
- □ Forschungsinstitute
- ⬠ Kernkompetenzen
- ⬭ Integrator
- ↔ Vertrauensbeziehung

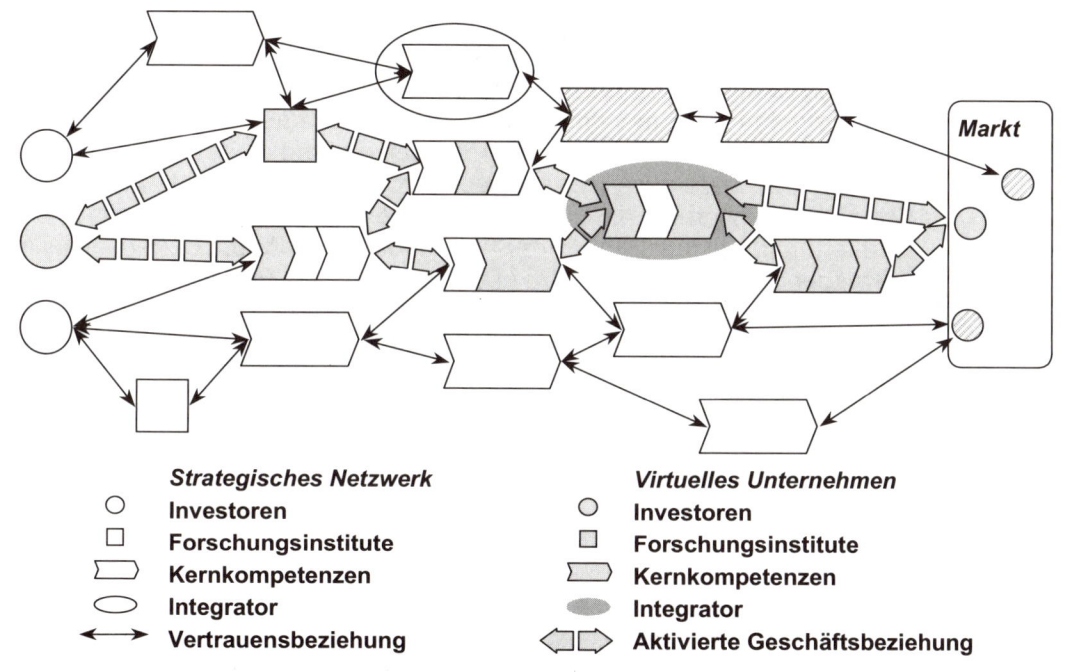

Virtuelles Unternehmen
- ○ Investoren
- □ Forschungsinstitute
- ⬠ Kernkompetenzen
- ⬭ Integrator
- ⇦⇨ Aktivierte Geschäftsbeziehung

Abb. 16: Virtuelles Unternehmen innerhalb eines strategischen Netzwerkes[104]

Das strategische Netzwerke beruht auf einer zielgerichteten Kooperation zwischen Geldgebern, Instituten, Kompetenzen von Unternehmen und Integratoren (d.h. Vermittler zwischen den Unternehmen oder Organisatoren mit Marketingfunktionen). In diesem Netzwerk wird keine Leistung generiert, sondern eine Vertrauenskultur aufgebaut und gepflegt. Das virtuelle Unternehmen wird bei Bedarf aus einzelnen Netzwerkteilnehmern gebildet. Ausgangspunkt ist meistens ein Integrator, der den Einsatz und die Leistungen der anderen Teilnehmer koordiniert. Das neu gebildete Unternehmen erzeugt eine konkrete, kundenspezifische Leistung, solange ein Markt dafür existiert. Am Ende des Leistungslebenszyklus löst sich das Unternehmen wieder auf, und jeder Netzwerkteilnehmer ist wieder frei für neue Aufträge.

Im später erwähnten Projekt Effi-Bau wird das virtuelle Unternehmen, analog dem Verständnis in diesem Abschnitt, in zwei Elemente – das

---

[104] Quelle: Brütsch & Frigo-Mosca 1996; Brütsch 1998

Netzwerk und die operative Projektzusammenarbeit – unterschieden.[105] Die Bezeichnungen sind dort jedoch etwas anders gewählt. So erhält das eher statische Netzwerk, das im Hintergrund wirkt, den Namen "Virtuelle Unternehmung". Die flexiblen und kurzfristig aufgebauten Kooperationen werden als Projekte bezeichnet.

4.3 Grad der Virtualisierung

Zur Beurteilung des Grades der Virtualisierung eines Unternehmens hat *Venkatraman* ein Modell aufgestellt.[106] *Sieber* hat dieses Modell in seiner Arbeit übernommen, mehrere Unternehmen anhand dieses Rasters eingestuft und den Zweck des Modells bestätigt.[107] Nach den Vorstellungen von *Venkatraman* werden durch die Virtualisierung drei Hauptbereiche der Wertkettenüberlegung von *Porter*[108] verändert (vgl. Abb. 16). Jeder dieser interdependenten Vektoren wird in drei evolutionäre Phasen unterteilt. Der Autor betrachtet dabei jedoch nur Änderungen, die durch Informationssysteme ermöglicht werden, weil für ihn der Technikeinsatz ein Erfolgsfaktor darstellt. Auf Grund seiner funktionalen Sichtweise des Organisationsbegriffes teilt *Venkatraman* das Organisieren der Virtualität in die drei Vektoren auf:

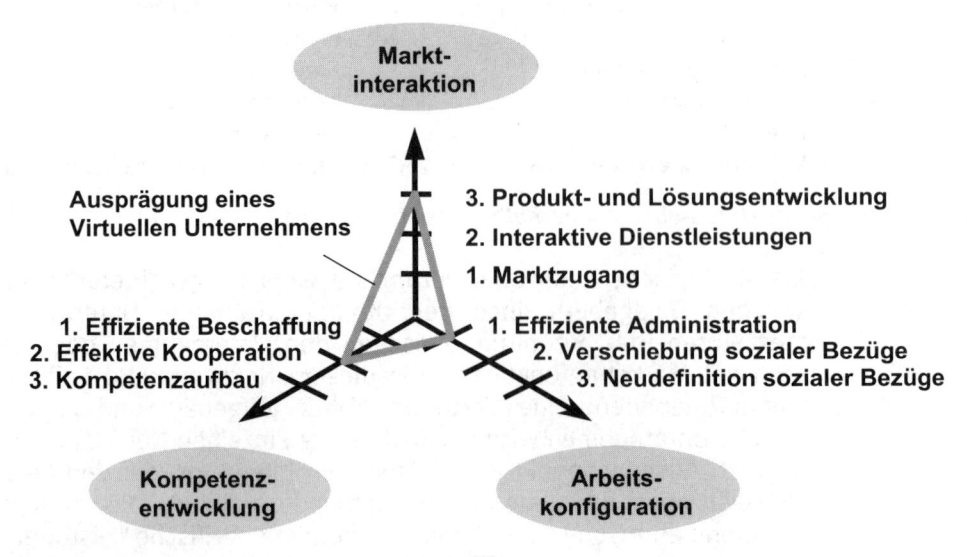

Abb. 17: Virtuelles Unternehmen in 3 Dimensionen[109]

---

[105] vgl. SBK 1998
[106] vgl. Venkatraman & Henderson 1996
[107] vgl. Sieber 1998
[108] vgl. Porter 1989
[109] Quelle: eigene Darstellung in Anlehnung an Venkatraman & Henderson 1996

- Marktinteraktion
- Kompetenzbildung
- Konfiguration von Arbeitsleistungen und Geschäftsprozessen

Marktinteraktion

Der erste Vektor betrifft die Beziehungen zwischen Unternehmen und Konsument. Je nach Grad der Virtualität ändert sich die Art der Interaktion. Zunehmend sorgen auf absatzmarktlicher Seite Informations- und Kommunikationssysteme (IKS) für die Möglichkeit, Angebote gemeinsam mit anderen Unternehmen für die bestmögliche Bedürfnisbefriedigung anzubieten (Mass Customization, Vertriebspartnerschaften, EDI mit Kunden). Angefangen beim einfachen Marktzugang, der durch reine Tauschbeziehungen für den Absatz von Gütern und Dienstleistungen genutzt wird (*Marktzugang*), kommunizieren zunehmend Vertreter aller Wertkettenstufen mit den Kunden. Dadurch entsteht intensive Interaktion mit Schlüsselkunden, aber auch mit anonymen Kleinkunden, und ein besseres Verständnis der Marktbedürfnisse, was die proaktive Produktentwicklung möglich macht (*Interaktives Dienstleistungsgeschäft*). Dies ist vor allem in Märkten nicht selbstverständlich, in denen die Produktentwicklung und die Produktion durch mehrere Handelsstufen vom Kunden getrennt sind. Aufbauend auf verbesserten Marktkenntnissen bezieht ein Lieferant die Kunden in seine Leistungserstellung ein und versucht, mittels Partnerschaften die Probleme seiner Kunden zu lösen. Ziel ist nicht mehr nur die verbesserte Rückkopplung vom Kunden bis zur Basis der Wertaktivitäten (Forschung und Entwicklung), sondern die aktive Mitarbeit bei der Leistungserstellung (*Produkt- und Lösungsentwicklung*).

Kompetenzbildung

Der zweite Vektor konzentriert sich auf die Beziehung zwischen Unternehmen und Lieferant und ordnet die unterschiedlichen Beschaffungsformen ein. Dabei wird der Blick über den Zukauf von Rohstoffen und Halbfabrikaten hinaus auf die Einbindung fremder Ressourcen in den Leistungserstellungsprozess ausgeweitet. Was Anfangs die Auswahl der besten Lieferanten (*Effiziente Beschaffung*) ist, entwickelt sich durch Outsourcing-Entscheide, durch langfristige Ausrichtungen auf Kernkompetenzen und über Kooperationen zu tieferen Investitionen (*Effektive Kooperation*). Eine der noch wenig diskutierten Fragestellungen ist jene nach der Übertragbarkeit von Kompetenzen. Ein Unternehmen, das in einer Partnerschaft von gemeinsamen Ressourcen profitiert, muss sich gegen die Übertragung ihrer eigenen Kernkompetenz auf den Partner wehren können, versucht aber ggf. gleichzeitig, durch die Partnerschaft neue Kompetenzen zu akquirieren (*Kompetenzaufbau*).

Konfiguration von Arbeitsleistungen und Geschäftsprozessen

Die Veränderung hierarchischer Systeme zur effizienteren Gestaltung von Geschäftsabläufen ist im Rahmen des BPR-Ansatzes breit diskutiert worden. Virtualität beginnt auf der Achse der internen Verarbeitung bei effizienten Abläufen (*Effiziente Administration*) und sorgt im zweiten Schritt für die Dezentralisierung von Entscheidungskompetenzen. IKT-Systeme ermöglichen den Mitarbeitern den Zugriff auf Daten, die ihnen autonome Entscheidungen erlauben, wodurch sich ihre Selbständigkeit erhöhen kann (*Verschiebung sozialer Bezüge*). Kann sich selbständiges Arbeiten zur rechtlichen Unabhängigkeit von organisatorischen Einheiten im Unternehmen entwickeln, so entsteht die Möglichkeit, dass sich jedes Element zu einem Experten entwickelt und z.B. in Form von Einzelpersonen oder Profit Centers auf "eigene Rechnung" am Wertschöpfungsprozess teilnimmt. Damit wird das Unternehmen als hierarchisches System aufgelöst (*Neudefinition sozialer Bezüge*).

Durch die Abbildung der drei Virtualisierungspotentiale auf drei Achsen ist es möglich, im Beschreibungsmodell das Profil eines Unternehmensnetzwerkes bzw. virtuellen Unternehmens aufzuzeichnen. Sofort wird klar, dass ein Profil mit maximaler Ausprägung in allen drei Dimensionen nicht von einem einzelnen Unternehmen erreicht werden kann. Am besten zeigt sich dies auf der Achse "Marktinteraktion": Will ein Unternehmen kundenindividuelle Lösungen anbieten, so kann es dies nur in seltenen Fällen allein. Es muss fremde Leistungen miteinbeziehen und den Kunden am Entwicklungs- und Konfigurationsprozess beteiligen. Bei zunehmender Virtualität wechselt somit der Untersuchungsgegenstand in diesem Modell vom Unternehmen zum Netzwerk.

Aufbauend auf den erläuterten Grundlagen zur virtuellen Organisation wird im folgenden Abschnitt eine Konzeptbeurteilung durchgeführt. Dabei wird das virtuelle Unternehmen innerhalb eines strategischen Netzwerkes als ein integriertes Konzept betrachtet.

4.4 Konzeptbeurteilung

Die Beurteilung des integrierten Konzeptes "virtuelles Unternehmen innerhalb eines Netzwerkes" soll in drei Schritten erfolgen. Zuerst wird eine Abgrenzung zu anderen Netzwerkorganisationen vorgenommen. Anschliessend sollen in einem zweiten Abschnitt die Vor- und Nachteile detailliert zusammengestellt werden. Zum Schluss werden die Problemfelder den relevanten Aspekten einer Organisation zugeordnet, um für die Gestaltungsempfehlungen die nötigen Grundlagen bereitzustellen.

4.4 Konzeptbeurteilung

4.4.1 Abgrenzung zu anderen Organisationsformen

Zum Aufzeigen der Unterschiede zwischen den unterschiedlichen Organisationsformen werden die "Strategische Allianz", das "Hollow Network", der Konzern, das Konsortium und das "Joint Venture" beigezogen (vgl. Tab. 8 und 9).

Organisationsform	Definition	Management & Organisation	Vertragliche Bindung	Ressourcen
Joint Venture	Gründung einer neuen Firma durch zwei oder mehr Partner, die ihre Mittel und Erfahrungen zum Betrieb einbringen und in etwa gleichen Anteilen an der gemeinsamen Firma beteiligt sind.	Von den Partnern eingesetztes, eigenständig agierendes Management, geringe interorganisationale Kommunikation. Die neue Firma hat eine eigenständige Unternehmensidentität und -kultur.	Formal geschlossen und auf Dauer angelegter Joint-Venture-Vertrag. Das Untenehmen wird gemeinsam kontrolliert und die Ergebnisse geteilt.	Die in das neue Unternehmen eingebrachten Beiträge der Venture-Partner werden unmittelbarer Bestandteil des neuen Unternehmens.
Strategische Allianz	Partnerschaft zwischen Wettbewerbern zur Ergänzung des Angebotes (horizontal) oder entlang der Wertschöpfungskette (vertikal)	Institutionalisierte Kommunikationswege. Beibehaltung der eigenen Organisationsstruktur, Unternehmensidentität und -kultur	Formal geschlossen, eher langfristig orientierter Kooperationsvertrag	Know-how- und Technologie-Transfer, Überwinden von Markteintrittsbarrieren
Hollow Network	Dynamisches Netzwerk von Firmen, das von einer einzelnen Firma koordiniert wird. Permanente Anpassung an Kundenbedürfnisse	Die zentrale Firma übernimmt die Rolle der strategischen Führung und des Brokers. Jede Kommunikation läuft über die zentrale Firma.	evtl. Subkontraktor-Verträge, sonst offen	Nutzung sich ergänzender Ressourcen durch Outsourcing von Entwicklung, Produktion, Distribution, Logistik, Buchhaltung, Inkasso
Konzern (Mgmt-Holding oder Keiretsu)	Geschäftsführende Gesellschaften als rechtl. selbständige Töchter einer Holding	Holding bestimmt die Strategie, teilt Ressourcen zu und überprüft die Ertragsziele.	Hoher Integrationsgrad durch finanzielle Beteiligungen und formale Kooperationen	Know-how- und Technologie-Transfer, Nutzung gemeinsamer Ressourcen

Tab. 8: Abgrenzung zu anderen Organisationsformen

Organisa-tionsform	Definition	Management & Organisation	Vertragliche Bindung	Ressourcen
Konsortium	Vertragliche Zusammenarbeit meist auf ein einzelnes Projekt beschränkt (oft in der Baubranche)	Projektmanagement, keine firmenübergreifende Leitung. Projektorganisation mit Schaffung einer eigenen Projektkultur	Formal geschlossen, nur für die Dauer des Projektes angelegter Kooperationsvertrag (einfache Gesellschaft)	Ziel ist in erster Linie die Nutzung sich ergänzender Ressourcen ohne Know-how- und Technologie-Transfer
Virtuelles Unternehmen innerhalb eines strategischen Netzwerkes	Dynamisches Netzwerk, das sich aufgrund spezieller Kundenbedürfnisse konfiguriert.	Formelle und informelle Kommunikation, Führungsaufgaben unter Partnern aufgeteilt, Vertrauenskultur.	Offen, mündliche oder elektronische Verträge. Dauert solange, wie ein Markt besteht.	Nutzung sich ergänzender Ressourcen durch zusammenbringen der besten Kompetenzen aus dem Netzwerk.

Tab. 9: Abgrenzung zu anderen Organisationsformen[110]

Wenn man für die einzelnen Organisationsformen ein Organigramm aufzeichnet, kann man ebenfalls deutliche Unterschiede feststellen (vgl. Abb. 16):

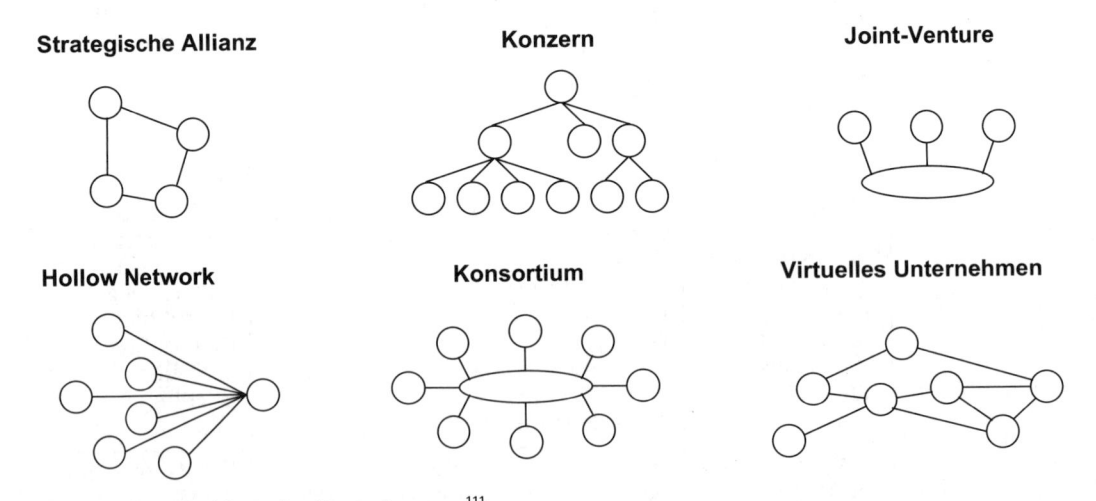

Abb. 18: Unterschiede im Organigramm[111]

Die strategischen Allianz stellt ein Netzwerk von gleichberechtigten Partnern dar. Der Konzern ist dagegen klar hierarchisch organisiert, auch wenn

---

[110] Quelle: eigene Darstellung in Anlehnung an Scholz 1994 und Mertens & Faisst 1995
[111] Quelle: Brütsch 1999

4.4 Konzeptbeurteilung

die Tochtergesellschaften rechtlich unabhängig sind. Auch beim Joint-Venture ist die gemeinsame Firma hierarchisch untergeordnet.

Ein "Hollow Network" ist auch eher hierarchisch, jedoch auf den Markt ausgerichtet. Jede Firma hat dort eine direkte Verbindung zum Kopf des Netzwerkes. Ein Konsortium gründet eine gemeinsame Gesellschaft für einen Projektauftrag und bildet ein Netzwerk von gleichberechtigten Partnern. Das virtuelle Unternehmen formiert sich aus einem bestehenden Netzwerk, wobei jeder beteiligte Partner seine Kompetenzen einbringt. Die Rechtsform wird in einem späteren Abschnitt diskutiert.

4.4.2 Vorteile von virtuellen Unternehmen

In diesem Abschnitt sollen die spezifischen Vorteile eines virtuellen Unternehmens diskutiert werden. Alle Punkte, die nicht direkt ein wirtschaftliches Ziel unterstützen (z.B. erweiterter Marktzugang), gelten auch für die virtuelle Organisation. Zu erwähnen ist an dieser Stelle der Zusammenhang zur Beurteilung von Netzwerkorganisationen (vgl. Abschnitt 2.3). Um die Vorteile besser beschreiben zu können, wird auf den Erfolgsfaktoren im Markt (vgl. Abb. 6) und auf den bereits erläuterten Vorteilen von Netzwerkorganisationen aufgebaut.

- *Konfiguration eines optimalen Geschäftsprozesses*: Der Hauptnutzen eines virtuellen Unternehmens liegt darin, je nach Marktanforderungen und -veränderungen das entsprechende Optimum eines Geschäftsprozesses zu konfigurieren. Dadurch kann auch ein Optimum zwischen funktionaler Spezialisierung und reiner Prozessorientierung erreicht werden. Als Folge dieses Vorteils wird eine sehr hohe Flexibilität, eine kurze Anpassungszeit und eine schnelle Auftragsabwicklung erreicht. Eine Reduktion der Transaktionskosten kann erreicht werden, wenn innerhalb des Netzwerkes bereits gute Beziehungen bestehen. Bei einer auftretenden Marktchance können so die Anbahnungs-, Vereinbarungs- und Kontrollkosten deutlich reduziert werden.

- *Kombination von sich ergänzenden, erstklassigen Kernkompetenzen*: Je nach Veränderungen im Markt können bestimmte Fähigkeiten ergänzt oder aufgebaut werden. Durch die Kombination von erstklassigen Kompetenzen kann eine Firma zusammengestellt werden, die auf jedem relevanten Gebiet Höchstleistungen erbringen kann. Dies führt neben einer erhöhten Flexibilität zu einer Erweiterung des Angebotes. Eine einzelne Firma in diesem Netzwerkunternehmen verkauft nicht mehr nur ihr Produkt, sondern kann eine umfassende Leistung oder Problemlösung anbieten. Diese Gesamtleistung wird gemeinsam von den Mitgliedern des virtuellen Unternehmens erbracht. Dieser Vorteil bewirkt eine Erweiterung und eine Individualisierung der Leistung.

- *Teilen von Ressourcen und Risiken*: Infrastruktur, Kapital, F&E oder Markennamen können gemeinsam genutzt werden. Gegenseitige strategische Vorteile ergeben sich auch beim Austausch von Know-how, Technologien und Marktkontakten. So können Firmen z.B. Investitionen gemeinsam planen oder neue Märkte erschliessen, in welchen eine einzelne Firma aufgrund der hohen Markteintrittsbarrieren keine Chance hätte. Die Folge davon ist, dass auch kleinere Betriebe die kritische Grösse in Bezug auf Finanzkraft, geographische Verbreitung und Unternehmensgrösse erreichen können. Alle diese Massnahmen bewirken, dass Ressourcen effizienter eingesetzt werden, woraus sich eine Kosteneinsparung ergibt. Durch auftretende Synergien ergeben sich weitere Spareffekte. Als weiterer Punkt können auch Risiken gemeinsam getragen werden. Bei Marktunsicherheiten oder bei Kapazitätsüberlastungen reduziert eine Aufteilung das Risiko für die einzelne Firma. Dies hat ebenfalls Auswirkungen auf die Kosten, da z.B. geringere Sicherheitsmargen eingerechnet werden müssen.

Zur Übersicht, wie diese drei Vorteile auf die Erfolgsfaktoren wirken, sind die Beziehungen in Abb. 19 graphisch dargestellt.

Die Möglichkeit, einen optimalen Geschäftsprozess zu konfigurieren, wirkt sich stark auf die Effizienz aus. Bezüglich Menge, Qualität, Zeit und Flexibilität kann möglichst exakt auf die Kundenbedürfnisse eingegangen werden, so dass keine hohen Zusatzkosten entstehen. Die Kombination von Kernfähigkeiten erlaubt, eine umfassende Leistung anzubieten. Weiter wird durch die Selektion von erstklassigen Fähigkeiten auch die Qualität der Leistung positiv beeinflusst. Ressourcen gemeinsam zu nutzen bringt vor allem Vorteile im Kostenbereich.

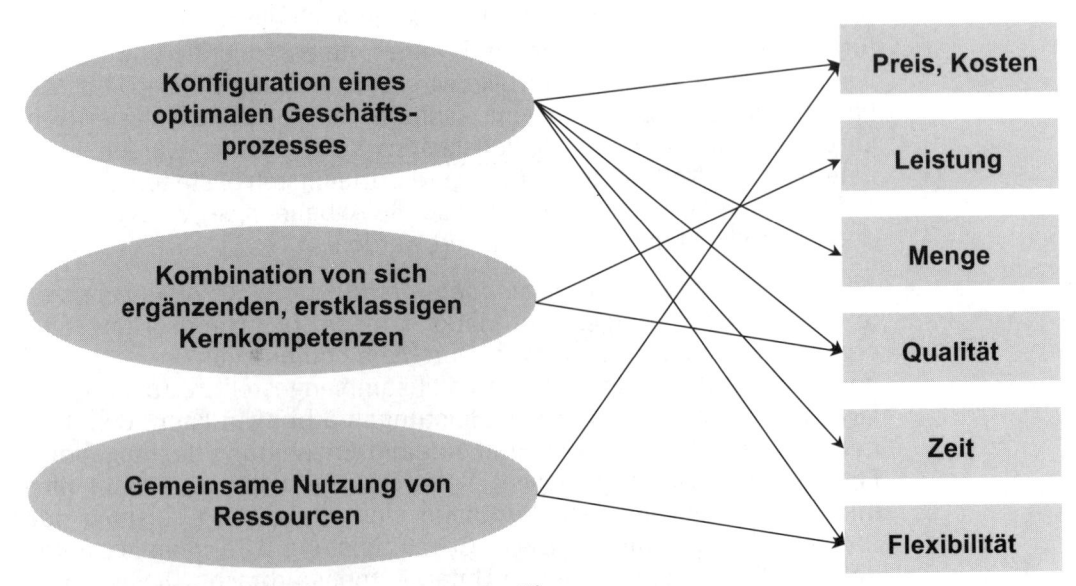

Abb. 19: Vorteile von virtuellen Unternehmen[112]

---

[112] Quelle: Brütsch 1999

Diese Nutzeffekte können zur Zeit nur ungenau in empirischen Studien untersucht werden und stellen deshalb Idealvorstellungen dar, in welcher Hinsicht heutige Unternehmen noch weiter optimiert werden können.

4.4.3 Problemfelder bei virtuellen Unternehmen

Für das virtuelle Unternehmen ergeben sich dieselben Schwachstellen wie für Netzwerkorganisationen im allgemeinen: Geringe Sicherheit, Arbeitsteilung, Personenabhängigkeit und Überkomplexität. Weitere Problemfelder können in all jenen Bereichen auftreten, in denen bereits heute in Unternehmen Schwierigkeiten bestehen. Führungsschwäche, Aufbauschwierigkeiten, Abteilungsdenken, gegenseitige Abhängigkeiten oder Bürokratisierung haben bei virtuellen Unternehmen sehr viel stärkere und schlimmere Auswirkungen. In der Folge werden einzelne Schwierigkeiten aufgelistet und anschliessend zu Problembereichen zusammengestellt.

- *Beachtung der Voraussetzungen*: Schwierigkeiten können sich ergeben, wenn voreilig gehandelt wird. Vereinbarungen sollten erst getroffen werden, wenn das eigene Unternehmen und die Mitarbeiter zu einer Kooperation fähig und willens sind, wenn sich die Partner optimal ergänzen und wenn gemeinsame Ziele verfolgt werden.[113] Bereits bei der Konzeption sollte berücksichtigt werden, dass für alle Beteiligten ein Vorteil resultiert.

- *Partnersuche*: Bei der Suche eines oder mehrerer Partner in oder ausserhalb des Netzwerkes kann viel Zeit verstreichen. Dieser Schritt sollte deshalb methodisch und informationstechnisch unterstützt werden.[114]

- *Pflege der Kernkompetenzen*: Eine ernsthafte Gefahr stellt die Vernachlässigung des Aufbaus und der Pflege von neuen und bestehenden Kernkompetenzen dar.[115] Eine Kooperation stellt keine Abnahmegarantie dar, was bedeutet, dass die eigenen Fähigkeiten ständig weiterentwickelt werden müssen.

- *Know-how-Verlust*: Bei Fähigkeiten, die nicht zu den Kernkompetenzen zählen, besteht die Gefahr des Kontroll- und Know-how-Verlustes (Bsp.: Informatikoutsourcing). Weiter sind Technologien und Wissen in engen Kooperationen weniger gut geschützt.[116]

- *Vertrauenskultur*: Der Aufbau und die Existenz einer Vertrauenskultur innerhalb einer virtuellen Organisation wird von vielen Autoren als Erfolgsfaktor gesehen.[117] Tatsächlich ist dort Vertrauen notwendig, wo

---

[113] vgl. Ott 1996
[114] vgl. Hoffmann et al. 1996
[115] vgl. Schräder 1996
[116] vgl. Schräder 1996
[117] vgl. Ott 1996; Scholz 1997; Schräder 1996; Sydow 1996

die Kontrollmöglichkeiten an Grenzen stossen. Das Handeln der beteiligten Partner bestimmt dabei die Intensität des Vertrauens. Beim Aufbau von kurzfristigen Kooperationen entsteht jedoch ein Widerspruch zur relativ zeitintensiven Implementierung einer Vertrauenskultur.[118] Dieser Widerspruch birgt die Gefahr eines plötzlichen Zerfalls bzw. anderer möglicher Folgen von Kulturkonflikten. Bei der Gestaltung von virtuellen Unternehmen kommt deshalb dem Vertrauen eine zentrale Rolle zu.

- *Koordination durch informelle Kontakte*: Durch den Wegfall der räumlichen Nähe der einzelnen Mitarbeiter oder Teams bei virtuellen Organisationen entfällt die Möglichkeit, sich über informelle Kontakte zu koordinieren.[119] Im informationstechnischen Bereich sind deshalb entsprechende Hilfsmittel nötig.

- *Arbeitsverhältnis*: Durch die Auflösung der konventionellen Unternehmensstrukturen kommt es auch zu einer Lockerung des klassischen Arbeitsverhältnisses. Es wird vermehrt in Form von Projekten gearbeitet, viele arbeiten als freie Mitarbeiter oder Subunternehmer.[120] Den Mitarbeitern kann nicht mehr die frühere Sicherheit geboten werden. Durch die weniger starke Bindung der Mitarbeiter zur Firma kann es unter Umständen zu unerwartetem Know-how-Verlust kommen.

- *Kommunikation:* Wenn die räumliche Nähe nicht gegeben ist, so erhält die Kommunikation einen deutlich höheren Stellenwert. Verstärkt muss darauf geachtet werden, klare Ziele zu setzen, Missverständnisse zu vermeiden und informelle Kontakte zu pflegen. Laufend müssen dabei auch die neuen Medien (Videokonferenz, Voice- und EMail) sinnvoll integriert und genutzt werden.

- *Identitätsfindung der Mitarbeiter*: Die Identifikation mit dem Unternehmen und die Identität der Mitarbeiter basiert verstärkt auf einzelnen Aufgaben und nicht mehr auf Statussymbolen.[121] Dies erfordert jedoch von den Mitarbeitern eine höhere Sozialkompetenz, was das Unternehmen evtl. durch Schulungsmassnahmen unterstützen muss.

- *Flexibilität der Mitarbeiter*: Menschen sind nicht so hochgradig umstellungsfähig wie Maschinen und benötigen Übergangszeiten.[122] Um eine hohe Flexibilität zu erreichen, müssen die Mitarbeiter in Arbeitstechnik und Projektmanagement ausgebildet werden. Ansonsten wird die angestrebte organisatorische Flexibilität nicht erreicht.

---

[118] vgl. Scholz 1994; Scholz 1994b
[119] vgl. Scholz 1996
[120] vgl. Reiss 1996b
[121] vgl. Scholz 1996
[122] vgl. Reiss 1996b

- *Organisatorische Machbarkeit*: Zur Zeit liegen noch keine grösseren empirischen Studien aus der Praxis vor, inwiefern das Aufbauen und Betreiben einer virtuellen Organisation machbar ist. Gestaltungsempfehlungen sollten deshalb mögliche organisatorische und personelle Randbedingungen berücksichtigen.[123]

- *Machtverhältnisse*: In einer virtuellen Organisation sollte die Macht gleichmässig unter den Partnern aufgeteilt sein. Fehlende Kompetenzregelungen und ungenaue Controlling-Instrumente können zu schwerwiegenden Differenzen führen.[124]

- *Finanzen*: Im Bereich der Finanzen gibt es noch einige weisse Stellen. So sollten z.B. bei einer Kooperation der eingebrachte Leistungsanteil eines Teilnehmers und die effektiven Transaktionskosten bekannt sein, damit der gemeinsame Gewinn entsprechend aufgeschlüsselt werden kann.[125] Auch in diesem Bereich entstehen ansonsten langwierige Diskussionen.

- *Rechtliche Absicherung*: Virtuelle Strukturen mit der geltenden Rechtsordnung zu beschreiben ist schwierig, und insofern harren einige rechtliche Fragen ihrer Klärung. Um nur einige Punkte anzusprechen: Wichtig sind beispielsweise urheberrechtliche Fragen, Haftungsfragen oder die Wahl der Gesellschaftsform.

- *Wirksamkeit der Vorteile*: Die erwähnten Schwierigkeiten können dazu führen, dass die aufgelisteten Vorteile einer virtuellen Organisation nicht oder nur abgeschwächt zum Tragen kommen. Bei der Gestaltung ist deshalb besonders auf konsequente Umsetzung und die Nachhaltigkeit der organisatorischen und informationstechnischen Massnahmen zu achten.

4.4.4 Schlussfolgerungen

Mögliche Lösungen für alle erwähnten Problembereiche aufzuzeigen, würde den Rahmen dieses Buches sprengen. Zwei besonders heikle Punkte sollen jedoch weiter vertieft werden.

- *Recht*: Unklarheiten bei rechtlichen Aspekten führen in mehreren Bereich zu Problemen. Stark beeinträchtigt werden die Machtaufteilung, die Finanzen und die juristische Sicherheit. Weiter kann es aber auch negative Auswirkungen auf das Arbeitsverhältnis, die Vertrauenskultur oder das Know-how haben.

---

[123] vgl. Reiss 1996b; Scholz 1994
[124] vgl. Goeggel & Brütsch 1997
[125] vgl. Braun 1997; Hoffmann et al. 1996; Mertens & Faisst 1995

- *Gestaltung:* Kritischer Faktor für das Funktionieren eines virtuellen Unternehmens ist der Aspekt der Gestaltung und des Aufbaus. Dies kann z.B. in Analogie zum Hausbau gefolgert werden; wenn ein Haus schlecht konstruiert worden ist, muss man später mit den Folgen leben. Je besser die Voraussetzungen beachtet, die Kompetenzen ausgewählt, die Prozesse und Kultur gestaltet und die Flexibilität der Mitarbeiter berücksichtigt werden, desto besser wird eine virtuelle Organisation gestaltet und betrieben werden können.

In einem dynamischen Umfeld ist die Konfiguration eines optimalen Geschäftsprozesses sicher der Wunsch jedes Unternehmens. Die Kombination von erstklassigen Fähigkeiten ermöglichen es einer Firma, umfassende und qualitativ hochstehende Leistungen zu erbringen. Auch die gemeinsame Nutzung von Ressourcen klingt verlockend, weil dies schon immer Einsparungspotential vermutet wurde. Die Virtualisierung von Organisationen und Unternehmen scheint somit ein vielversprechender Weg zu sein, um in einem immer dynamischeren Umfeld zielgerichtet zu agieren.

5

Rechtliche Aspekte

Die Rechtswissenschaft hat sich bis heute noch sehr wenig mit Fragen bezüglich des virtuellen Unternehmens beschäftigt, da das Konzept relativ neu ist. Literaturrecherchen führten zu drei deutschsprachigen Artikeln, die sich mit rechtlichen Fragen des virtuellen Unternehmens befassen.[126] Im Rahmen des Forschungsprojektes VIRTUOS wurden deshalb die rechtlichen Aspekte in einer interdisziplinären Semesterarbeit[127] weiter vertieft. Die folgenden Überlegungen stützen sich im wesentlichen auf die Ausführungen in dieser Arbeit.

Scholz wies als erster auf den Regelungsbedarf im rechtlichen Bereich hin.[128] In seinem Konzept führt er aus, dass das "physikalische Attribut" eines gemeinsamen juristischen Daches bei einem virtuellen Unternehmen nicht vorliegt (vgl. Tab. 7). Dies ist jedoch realitätsfremd, da jedes Unternehmen, auch wenn es sich selbst keine juristische Gesellschaftsform gibt, in der Schweiz als einfache Gesellschaft im Sinne von OR 530 ff. behandelt wird[129] und demzufolge über ein gemeinsames juristisches Dach verfügt. Dies ergibt einige Inkonsistenzen in den Ausführungen von Scholz und führt dazu, dass auf Probleme hingewiesen wird, die durch die Gesellschaftsform bereits geregelt werden.

Nach *Müthlein* ist es das Ziel eines virtuellen Unternehmens, "dass die einzelnen beteiligten Unternehmen sich zwar zur Entwicklung, Produktion und Vertrieb eines Produktes mit Teilen ihrer Ressourcen zusammen-

---

[126] Müthlein 1995; Sommerlad 1996; Scholz 1994b
[127] Scagnet 1998
[128] Scholz 1994b
[129] oder in Deutschland wie eine Gesellschaft bürgerlichen Rechts gemäss §§ 705 ff. BGB

schliessen. Im übrigen bleiben sie jedoch unabhängig und in ihren Kerngebieten oder als Partner in anderen virtuellen Unternehmen weiter tätig."[130] Alle drei Artikel[126] skizzieren kurz die wichtigsten Problembereiche im rechtlichen Bereich:

- Welche Rechtsform hat das virtuelle Unternehmen und welche Rechtsform soll es wählen?
- Wie sieht es im Bereich elektronischer Verträge und Datenschutz aus?
- Wie steht es um die Haftung des virtuellen Unternehmens?
- Welche Anforderungen ergeben sich aus dem Arbeitsrecht?
- Was ist im Zusammenhang mit dem Urheber- und Patentrecht zu beachten?

Im Zentrum steht dabei die Frage nach der Gesellschaftsform, da sich mit deren Wahl auch andere Problempunkte klären werden (z.B. Haftungsfragen). Die anderen offenen Fragen werden ebenfalls erläutert, unter besonderer Berücksichtigung der Situation in der Schweiz.

5.1 Gesellschaftsform

Wie bereits erwähnt, ist die Frage nach der Rechtsform eines virtuellen Unternehmens von grundlegender Bedeutung. Bis zum jetzigen Zeitpunkt existiert das typische virtuelle Unternehmen nicht. Es stellt sich auch nicht in Form eines neuen juristischen Gesellschaftstyps dar. Vielmehr sind es Nutzenaspekte und fehlende physikalische Attribute, die das virtuelle Unternehmen als eine mehr oder weniger stark flexibilisierte Variante von einem herkömmlichen Unternehmen unterscheiden. Grundsätzlich ist daher jede angewendete Gesellschaftsform auch für ein virtuelles Unternehmen möglich. Aus den erwähnten Vorteilen

- Konfiguration eines optimalen Geschäftsprozesses,
- Kombination von sich ergänzenden, erstklassigen Kernkompetenzen und
- Teilen von Ressourcen und Risiken

ergibt sich, dass es sich um eine firmenübergreifende Kooperation handelt. Es kann somit davon ausgegangen werden, dass zwischen den zusammenarbeitenden Parteien ein Vertrag gemäss Obligationenrecht (OR 1)[131] ausdrücklich oder stillschweigend abgeschlossen ist. Weiter ist anzunehmen, dass virtuelle Unternehmen aufgrund ihrer Ziele (Schnelligkeit und Flexi-

---

[130] Müthlein 1995

[131] Texte des OR aus Giger 1993 und werden in gängiger Kurzform (z.B. OR 1) referenziert

bilität) ein möglichst wenig formales Gebilde anstreben.[132] Kooperationen, die sich aufgrund von Zeitersparnissen (z.B. Verzicht auf einen Eintrag ins Handelsregister) selbst kein Rechtskleid geben, werden vor dem Gesetz als einfache Gesellschaft behandelt.[133] Aus diesem Grund wird zuerst auf die einfache Gesellschaft eingegangen. Anschliessend werden andere mögliche Gesellschaftsformen überprüft.

5.1.1 Einfache Gesellschaft

In der Schweiz ist nach geltendem Gesetz eine einfache Gesellschaft wie folgt definiert:

> *"Gesellschaft ist die vertragsmässige (OR 1) Verbindung von zwei oder mehreren Personen zur Erreichung eines gemeinsamen Zwecks mit gemeinsamen Kräften und Mitteln. Sie ist eine einfache Gesellschaft im Sinne dieses Titels, sofern dabei nicht die Voraussetzungen einer andern durch das Gesetz geordneten Gesellschaft zutreffen."* [134]

Dass virtuelle Unternehmen eine Gesellschaft bilden, steht demzufolge ausser Zweifel, weil es sich dabei um einen Zusammenschluss von juristischen Personen handelt, welche einen gemeinsamen Zweck verfolgen, nämlich das Erzeugen bzw. Anbieten einer Leistung mit gemeinsamen Mitteln unter Einbringung ihrer jeweiligen Kernkompetenzen. Die folgenden Ausführungen beziehen sich auf den Fall, dass sich Unternehmen ohne explizite Regelung zu einem virtuellen Unternehmen zusammenschliessen, was bedeutet, dass die vorhandenen Regelungen des Gesetzes zur Anwendung kommen.

Innenverhältnis

Das Innenverhältnis beschreibt Vorgänge, die innerhalb einer Gesellschaft stattfinden. Dabei werden Beitrag, Gewinn- und Verlustaufteilung, Beschlussfassung und Geschäftsführung geregelt.

- *Beschlussfassung*: Gesellschaftsbeschlüsse sind einstimmig zu fassen.[135] Dies führt zwar zu einer höheren Akzeptanz eines Entscheides, allerdings sind dafür meist längere Verhandlungen nötig. Eine solch zeitintensive Beschlussfassung widerspricht jedoch dem Ziel von Schnelligkeit und Flexibilität eines virtuellen Unternehmens.

---

[132] vgl. Sommerlad 1996
[133] CH: einfache Gesellschaft OR 530 ff.; D: Gesellschaft bürgerlichen Rechts (GbR) gemäss §§ 705 ff. BGB
[134] OR 530
[135] vgl. OR 534 Abs.1

- *Geschäftsführung*: Die Geschäftsführung steht gemäss Gesetz allen Gesellschaftern zu, falls nichts anderes vereinbart wurde (OR 535). Diese Regelung ist jedoch zu weit gefasst und verursacht eine unklare Zuteilung der Kompetenzen. *Müthlein* schlägt deshalb vor, dass mindestens dieser Punkt vertraglich geregelt wird.[136]

- *Beitrag und gegenseitige Loyalität*: Jeder Gesellschafter ist verpflichtet, einen Beitrag zu leisten. Wenn nichts anderes vereinbart ist, so sind diese Beiträge gleich hoch (OR 531). Weiter besteht ein Konkurrenzverbot unter den Gesellschaftern (OR 536), was zusammen mit der Pflicht zur Gewinnteilung (OR 532) und dem Recht zur Einsicht in die Akten (OR 541) einen Ausdruck der allgemeinen Pflicht der Gesellschafter zur Loyalität darstellt. Einerseits kommt diese Pflicht zur Loyalität dem wiederholt geäusserten Vertrauensprinzip entgegen, auf dessen Basis die Zusammenarbeit im virtuellen Unternehmen funktionieren soll.[137] Zum anderen ist jedoch ein absolutes Konkurrenzverbot aus wirtschaftlichen Gründen für einzelne Unternehmen nicht einzuhalten.

- *Gewinn- und Verlustaufteilung*: Jeder Gesellschafter hat gleichen Anteil an Gewinn und Verlust, und zwar ohne Rücksicht auf die Art und Grösse seines Beitrages (OR 533). Diese Vorschrift ist ebenfalls nicht ganz realistisch, da es bei gemeinsam auszuführenden Aufträgen nicht möglich ist, dass alle Unternehmen genau denselben Beitrag leisten, und auch nicht anzunehmen ist, dass Unternehmen bereit sein werden, mehr in die Gesellschaft zu investieren, als sie zurückerhalten. Hier wird eine innovative Methode zur Leistungsmessung benötigt, damit eine solide Basis zur Gewinn- bzw. Verlustaufteilung besteht.

Aussenverhältnis

Im Aussenverhältnis wird die Stellung gegenüber Dritten geregelt. Der wichtigste Unterschied zu den anderen Gesellschaftsformen besteht darin, dass die einfache Gesellschaft keine eigene Rechtspersönlichkeit hat, weil sie nicht im Handelsregister eingetragen wird (ZGB 52), d.h. es fehlen ihr Rechts- und Parteifähigkeit, jedoch auch Handlungs-, Prozess- und Betreibungsfähigkeit, und sie hat keinen Firmensitz. Dies macht die einfache Gesellschaft zu einem im wirtschaftlichen Alltag denkbar ungeeigneten Gebilde, was insofern nicht erstaunt, als sie dazu ja auch nicht gedacht war. Wenn an einer einfachen Gesellschaft, die ein solches Unternehmen führt, nur natürliche Personen beteiligt sind, ist dies insofern kein Problem, als die einfache Gesellschaft dann ohne weiteres zu einer Kollektivgesellschaft (nach OR 552 ff.) wird. Da aber eine Kollektivgesellschaft (gemäss OR 552 Abs. 1) nur aus natürlichen Personen

---

[136] vgl. Müthlein 1995
[137] vgl. z.B. Handy 1995; Schräder 1996; Scholz 1997; Sydow 1996

besteht, kann diese Lösung im Falle eines virtuellen Unternehmens, das immer einen Zusammenschluss mehrerer Unternehmen darstellt, nicht in Betracht kommen.

Die Gesellschafter haften primär, unbeschränkt und solidarisch für die Schulden der Gesellschaft.[138] Diese Lösung ist weder für die Gläubiger noch für die Gesellschafter wünschenswert, da es bei einem Auftrag schnell um grössere Summen gehen kann. Wenn die einzelnen Gesellschafter wie erwähnt haften, kann dies bedeuten, dass diese zwar ruiniert werden, die Schuld aber trotzdem nicht gedeckt werden kann.

Gesellschafterwechsel

Virtuelle Unternehmen sind eine dynamische Kooperationsform, d.h. dass aus dem Netzwerk mehrere Partner ausgewählt werden und zusammenarbeiten. Während der Kooperation kann es aber auch vorkommen, dass Mitglieder austreten oder neue Partner einsteigen. Im Gesetz sind im Rahmen der Erläuterungen der einfachen Gesellschaft zwei relevante Regelungen enthalten:

- Sofern auch nur ein Gesellschafter ausscheidet, muss die Gesellschaft liquidiert werden;[139]
- Kein Gesellschafter kann ausgeschlossen werden.

Es wird klar, dass die minimalen Regelungen der einfachen Gesellschaft zu eng sind für ein virtuelles Unternehmen. Auch hier wird die angestrebte Flexibilität deutlich reduziert.

Schlussfolgerungen

Aus den Ausführungen wird klar, dass die einfache Gesellschaft als Rechtsform für ein virtuelles Unternehmen bestenfalls zur Regelung des Innenverhältnisses geeignet ist. Viele der genannten Probleme wie Einstimmigkeit der Gesellschaftsbeschlüsse, Gewinn- und Verlustaufteilung, Ausschluss eines Gesellschafters, Fortsetzung der Gesellschaft bei Ausscheiden eines Gesellschafters usw. lassen sich jedoch per Gesellschaftsvertrag lösen. Sofern Unternehmen tatsächlich die Form der einfachen Gesellschaft für ihr virtuelles Unternehmen wählen, empfiehlt sich dringend zumindest der Abschluss eines expliziten Gesellschaftsvertrages.[140] Im Interesse der Verkehrssicherheit – des Schutzes von Dritten, aber auch des Schutzes der Gesellschafter selbst – erscheint die Klärung von Haftungsfragen zudem als unabdingbar.

---

[138] vgl. OR 544 Abs. 3
[139] vgl. OR 545 Abs. 1 Ziff. 2
[140] vgl. auch Müthlein 1995

5.1.2 Andere Gesellschaftsformen

Als weitere mögliche Gesellschaftsformen werden der Verein und die Genossenschaft erläutert. Einige kurze Überlegungen klären auch die Eignung von Kommandit- und Kapitalgesellschaften.

Der *Verein* kann sehr schnell gegründet werden und weist im Unterschied zur einfachen Gesellschaft eine eigene Rechtspersönlichkeit auf.[141] Für Vereinsschulden haftet ausschliesslich das Vermögen des Vereins, und es ist ihm gestattet, ein kaufmännisches Unternehmen zu führen. Da der Verein für nichtwirtschaftliche Zwecke gedacht ist, stellt sich die Frage, ob sich ein virtuelles Unternehmen überhaupt als Verein organisieren dürfte. Anzumerken ist dazu, dass die Gerichtspraxis Vereinigungen duldet, die in der Form des Vereins organisiert sind und sich im Interesse ihrer Mitglieder in den Wirtschaftsprozess einschalten. Die Voraussetzung ist jedoch, dass sie kein kaufmännisches Unternehmen betreiben. Die Praxis ist also, den ideellen Zweck des Vereins betreffend, nicht allzu strikt. Das weiter unten besprochene Netzwerk der virtuellen Fabrik Euregio Bodensee hat sich denn auch in der Form eines Vereins zusammengeschlossen.

Für ein virtuelles Unternehmen ist weiter die *Genossenschaft* sehr geeignet: Sie ist eine personenbezogene Gesellschaft, welche in der Hauptsache die Förderung oder Sicherung bestimmter wirtschaftlicher Interessen ihrer Mitglieder in gemeinsamer Selbsthilfe bezweckt.[142] Auch bei einem virtuellen Unternehmen geht es um die Sicherstellung bestimmter wirtschaftlicher Interessen der Mitglieder, und bei einer regionalen Kooperation könnte durchaus die Idee einer gemeinsamen Selbsthilfe vorhanden sein. Weil die Zielsetzung grundsätzlich wirtschaftlichen Gesichtspunkten entspricht, kann die Genossenschaft ein kaufmännisches Unternehmen führen. Es kann, muss aber kein Grundkapital vorhanden sein, was die Initialkosten für das virtuelle Unternehmen minimal hält. Für Schulden der Gesellschaft haftet ausschliesslich das Gesellschaftsvermögen. Als Nachteil einer Genossenschaft kann angeführt werden, dass zur Errichtung mindestens sieben Personen erforderlich sind und sie erst mit dem Eintrag ins Handelsregister die Rechtspersönlichkeit erlangt.

Die *Kommanditgesellschaft* ist grundsätzlich ungeeignet für virtuelle Unternehmen, da sie zwei verschiedene Kategorien von Mitgliedern mit unterschiedlichen Rechten und Pflichten aufweist, was dem Grundgedanken des virtuellen Unternehmens als einem gleichberechtigten Zusammenschluss zuwiderläuft.[143]

Die zumindest teilweise *kapitalbezogenen Gesellschaften* (AG, GmbH, Kommanditaktiengesellschaft) sind insofern nicht besonders geeignet für

---

[141] vgl. Zivilgesetzbuch (ZGB) Art. 60, 61, 71
[142] vgl. OR 828 bis OR 926
[143] vgl. OR 594, 599, 600, 601

virtuelle Unternehmen, als die Startkosten wegen des verlangten Grundkapitals relativ hoch und die Gründung langwierig sein kann. Dies trifft übrigens auf alle Gesellschaften zu, die sich im Handelsregister eintragen lassen, da dort genau geprüft wird, ob die Voraussetzungen für die Gründung gegeben sind.

Als Schlussfolgerung ergibt sich, dass eine Genossenschaft sehr wohl geeignet ist, ein virtuelles Unternehmen aufzubauen. Einzige Schwierigkeit ist dort die minimale Teilnehmerzahl von sieben Mitgliedern. Auch der Verein wäre grundsätzlich eine mögliche Rechtsform, dort ergibt sich jedoch eine gewisse Rechtsunsicherheit, weil noch kein Präzedenzfall vorliegt. Die Kapitalgesellschaften sind wegen des hohen finanziellen, zeitlichen und administrativen Aufwands nicht besonders geeignet.

5.2 Weitere rechtliche Fragen

5.2.1 Elektronische Datenübermittlung

Ziel virtueller Unternehmen ist es, schneller reagieren zu können als konventionelle Unternehmen. Dabei kommen Netzwerke zur elektronischen Datenübermittlung zum Einsatz, wodurch sich folgende Problemen ergeben:

- Elektronisch übermittelte Verträge genügen der einfachen Schriftlichkeit (OR 13 bis 15) nicht. Verträge, welche gesetzlich oder vertraglich eine bestimmte Form erfordern, können nicht elektronisch abgeschlossen werden und sind wegen Formmangels nichtig. Es wird jedoch daran gearbeitet, elektronische Unterschriften zertifizieren zu lassen, was dieses Problem lösen könnte.[144]

- Für elektronische Aufträge müssen spezielle Rahmenvereinbarungen getroffen werden, damit die einzelnen Teilaufträge abgesichert sind. Bei etwaigen Unklarheiten muss möglichst schnell reagiert werden, da die Auftragsabwicklung in der Regel zeitkritisch ist. Es empfiehlt sich in solchen Situationen die Einrichtung einer Schiedsstelle, damit der Fall schnell beurteilt und geregelt wird.

- Virtuelle Unternehmen wollen ihre Technologien und ihr Know-how untereinander austauschen. Dazu kann es nötig sein kann, dass die kooperierenden Unternehmen sich gegenseitig Zugang zu Daten gewähren. Hier stellen sich u.a. Probleme der Geheimhaltung, und zwar von Personendaten der Angestellten des jeweiligen Unternehmens, wie auch von Daten Dritter, nicht am Unternehmen Beteiligter,

---

[144] vgl. NZZ Nr. 105 vom 8.5.98

mit welchen beispielsweise Geheimhaltungsvereinbarungen getroffen wurden.[145] Dieses Problem muss hauptsächlich technisch gelöst werden, und zwar so, dass keine rechtlichen Regelungen verletzt werden (z.B. mit entsprechenden Zugangshierarchien).

5.2.2 Haftung

Wer gegenüber Dritten haftet, bestimmt sich nach der gewählten Gesellschaftsform.[146] Schwieriger ist die Frage zu beantworten, wie Konflikte im Innenverhältnis der Gesellschaft geregelt werden: Gesetzt der Fall, ein Mitglied des virtuellen Unternehmens kann einem Dritten zur vereinbarten Zeit das vereinbarte Produkt nicht liefern, und dies ist nur darauf zurückzuführen, dass ein anderes Mitglied des virtuellen Unternehmens in Verzug geraten ist. Es stellt sich hier die Frage nach der Konfliktregelung innerhalb des Unternehmens, denn das letzte Glied der Kette ist bestimmt nicht bereit, aus Solidarität gegenüber seinem Mitgesellschafter den Schaden alleine zu tragen. Um das Funktionieren des virtuellen Unternehmens zu gewährleisten und das gegenseitige Vertrauen zwischen den Mitgliedern nicht allzu stark zu strapazieren, sind diesbezügliche Regelungen unumgänglich. Auch in diesem Fall könnte eine Schiedsstelle, die von allen Partnern akzeptiert ist, zum Einsatz kommen.

5.2.3 Arbeitsrecht

Wenn sich Unternehmen für kurze Zeit zu einem virtuellen Unternehmen zusammenschliessen, stellt sich die Frage, ob der Arbeitgeber der beteiligten Personen die ursprünglichen Unternehmen oder aber das virtuelle Unternehmen ist. Da der Zusammenschluss kurzfristiger Natur ist, wird vermutlich in den meisten Fällen das Arbeitsverhältnis beim ursprünglichen Unternehmen bleiben. Dieses wird die entsprechenden Arbeitnehmer dem virtuellen Unternehmen, einem Einsatzbetrieb, zur Verfügung stellen, wobei mit grosser Wahrscheinlichkeit die Weisungsbefugnis gegenüber dem Arbeitnehmer auf das virtuelle Unternehmen übergehen wird. Dieser Vorgang entspricht der Definition von Personalverleih in Art. 26 AVV, womit das Arbeitsvermittlungsgesetz Geltung hat. Es dürfte sich allerdings dabei nur um die nicht bewilligungspflichtige Variante des Personalverleihs handeln, also um das gelegentliche Überlassen von Arbeitnehmern. Dazu muss der Zweck des Arbeitsvertrages zwischen ursprünglichen Unternehmen und Arbeitnehmer darin liegen, hauptsächlich unter der Weisungsbefugnis des Arbeitgebers des

---

[145] vgl. Datenschutzgesetz (DSG) oder in Deutschland das Bundesdatenschutzgesetz (BDSG)

[146] vgl. CH: Haftung je nach Gesellschaftsform gemäss OR, in D: Haftung auf Grundlage der Bürgerlichen Gesetzbücher (BGB); zusätzlich muss in D noch das Produkthaftungsgesetz berücksichtigt werden.

ursprünglichen Unternehmens zu arbeiten. Die Dauer dieses Arbeitsvertrages muss unabhängig von etwaigen Einsätzen bei Einsatzbetrieben sein. Diese Voraussetzungen werden vermutlich regelmässig erfüllt sein. Problematisch könnte allenfalls die Formulierung werden, dass der Arbeitnehmer nur ausnahmsweise an Einsatzbetriebe vermittelt werden darf. Regelmässig, also nicht mehr ausnahmsweise, verleiht Personal, wer innerhalb von zwölf Monaten mehr als zehn Verleihverträge bezüglich des ununterbrochenen Einsatzes eines einzelnen oder einer Gruppe von Arbeitnehmern abschliesst. Regelmässigkeit allein genügt aber nicht, damit der Personalverleih bewilligungspflichtig ist. Dazu müsste zusätzlich die Gewerbsmässigkeit erfüllt sein, welche die Absicht des Verleihers verlangt, Gewinn zu erzielen. Beim Überlassen eines Arbeitnehmers an das virtuelle Unternehmen besteht zwar die Absicht, Gewinn zu erzielen, dies aber nicht durch den Personalverleih an sich, sondern durch die Erfüllung des Auftrages.

5.2.4 Patent- und Urheberrecht

Werden im Laufe der Tätigkeit eines virtuellen Unternehmens patentfähige Erfindungen gemacht, stellt sich die Frage, wem diese Erfindungen gehören. Das Recht auf das Patent steht dem Erfinder, seinem Rechtsnachfolger oder einem Dritten zu, welchem die Erfindung aus einem anderen Grund gehört.[147] Solche Erfindungen werden in dem uns interessierenden Zusammenhang in der Regel von Arbeitnehmern gemacht. Da Erfindungen von Arbeitnehmern i.d.R. dem Arbeitgeber gehören (OR 332), ist die Klärung der Frage nach dem Arbeitgeber besonders wichtig. Im Unterschied zu den Erfindungen, welche originär in der Person des Arbeitgebers entstehen, können urheberrechtlich geschützte Werke, da sie persönlichkeitsrechtliche Bestandteile enthalten, nie in einer anderen Person als dem geistigen Schöpfer entstehen. Die Nutzungsrechte gehen deshalb, analog der Regelung in OR 332a zu den Nutzungsrechten an Mustern und Modellen, per Gesetz auf den Arbeitgeber über, soweit der Zweck des Arbeitsverhältnisses dies erfordert.

5.3 Erfahrungsbericht Bauwirtschaft

In der Bauwirtschaft wurde die Problematik bereits in einem Projekt aufgegriffen, woraus das Handbuch virtuelles Unternehmen der Schweizerischen Bauwirtschaftskonferenz resultierte (vgl. Anhang 12.1).[148] "Effizienzpoten-

---

[147] vgl. in CH: Art. 3 Abs. 1 PatG, in D: Patentgesetz (PatG) und Gesetz über Arbeitnehmererfindungen (ArbnErfG)

[148] vgl. SBK 1998; http://www.bauweb.ch

tiale der Bauwirtschaft (Effi-Bau)" nennt sich eine Initiative der Kommission für Technologie und Innovation. Teil dieser Initiative ist das Projekt "Virtuelle Unternehmen in der Bauwirtschaft", dessen Ziel es ist, durch institutionalisierte Vernetzung der Kompetenzen kleiner und mittlerer Unternehmen Wettbewerbsvorteile zu erzeugen. Unter einem virtuellen Unternehmen wird hier folgendes verstanden:

> *"Eine virtuelle Unternehmung (VU) ist der Zusammenschluss von mehreren kleinen und mittleren Unternehmen, die durch Vernetzung ihrer Kernkompetenzen schnell und flexibel umfassende Leistungen anbieten und erbringen können."* [149]

Diese Definition entspricht eher dem latent vorhandenen Netzwerk, was in den vorhergehenden Ausführungen unter strategischem Netzwerk bzw. unter "holonic network" eingeordnet wurde.

Zur Lösung der rechtlichen Probleme wurde für das Projekt eine spezielle Konstruktion entworfen. Für das Innen- und Aussenverhältnis des Netzwerks wurden unterschiedliche Regelungen gewählt (vgl. Abb. 20):

- Das Aussenverhältnis des Netzwerkes wird durch eine Plattformgesellschaft in Form einer AG oder GmbH geregelt. Sie dient als Ansprech-, Verhandlungs- und Vertragspartnerin für Bauherrschaft und Behörden. Der Vorteil dieser Rechtsform ist, dass sie auf dem Markt akzeptiert ist und der einzelne Aktionär nicht für andere VU-Gesellschafter haftet.

- Das Innenverhältnis des Netzwerkes wird durch eine einfache Gesellschaft geregelt und hat nach Aussen keine Wirkung. Diese Rechtsform wurde gewählt, weil sie den Gesellschaftern grosse Freiheiten lässt, wie sie ihre Rechte und Pflichten regeln wollen. Im Sinne einer Empfehlung wurde zur Unterstützung der Vertragsformulierung für konkrete Projekte die VU-Norm entworfen.

- Für einen konkreten Auftrag schliesst sich ein Teil der VU-Gesellschafter zu einem Projektteam zusammen und löst sich nach Beendigung des Auftrages wieder auf. Die Regelung dieser Zusammenarbeit geschieht durch einen Projekt- oder Werkvertrag. Auch hier wird normalerweise mit Standardverträgen gearbeitet.

Die Verknüpfung der einfachen Gesellschaft und der Plattformgesellschaft ist durch ein gemeinsames Gremium gewährleistet. Der VU-Ausschuss – durch die Gesellschafterversammlung der einfachen Gesellschaft bestimmt – bildet in Personalunion den Verwaltungsrat (bei einer AG) bzw. die Geschäftsführung (bei einer GmbH) der Plattformgesellschaft. Der Anteil eines Gesellschafters an der einfachen Gesellschaft entspricht dem Anteil an der Plattformgesellschaft, d.h. dem Anteil Aktien bzw. Gesellschaftsanteilen.

---

[149] SBK 1998

5.3 Erfahrungsbericht Bauwirtschaft

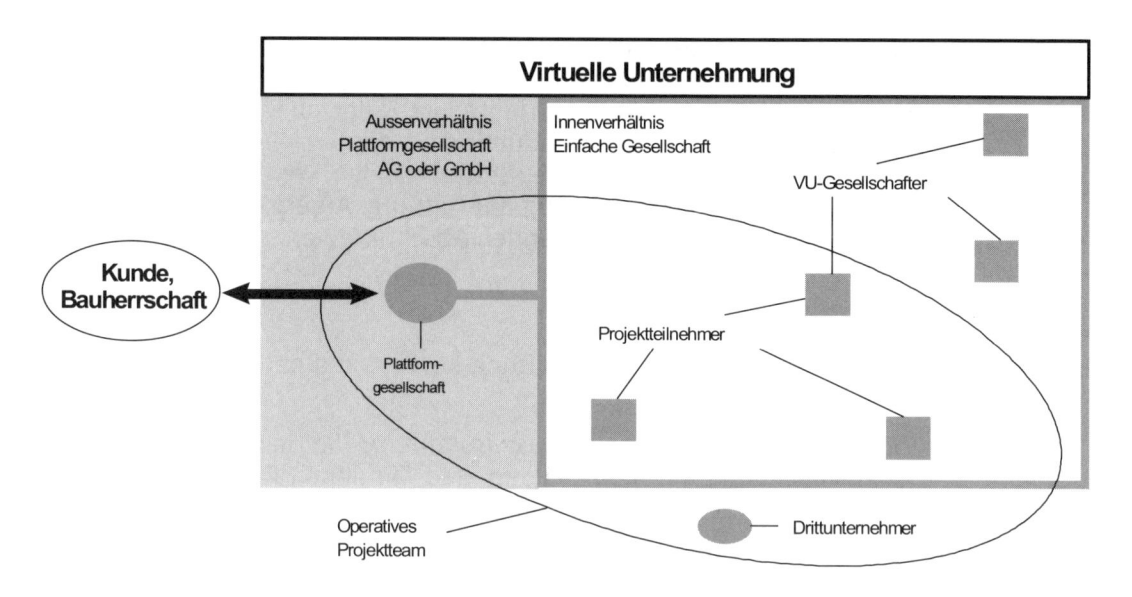

Abb. 20: Rechtsform eines virtuellen Unternehmens in der Bauwirtschaft [150]

Die Beziehungen unter den VU-Gesellschaftern sind mehr oder weniger intensiv, je nachdem, ob sie gerade in einem Projekt zusammenarbeiten oder nicht. Im Netzwerk geht es nur um die Wahrnehmung gemeinsamer VU-Interessen, also beispielsweise um das Marketing oder die Produktentwicklung. Wenn sich VU-Gesellschafter durch einen VU-Vertrag zu einem Projektteam zusammenschliessen, wird die Zusammenarbeit sehr viel intensiver.

5.3.1 VU-Norm

Die VU-Norm[151] regelt detailliert in 85 Artikeln das Innenverhältnis des virtuellen Unternehmens (vgl. Anhang 12.2): Sie klärt Begriffe, bestimmt die Rechtsform der beiden Gesellschaften, statuiert eine Loyalitätspflicht unter den Gesellschaftern, regelt die Organisation (Vertretungsbefugnisse, VU-Versammlung, Grundlagen der Plattformgesellschaft, Funktion und Kompetenzen der Projektleitung, des Netzwerk-Coachs und der Revisionsstelle). Weiter legt die VU-Norm die Beschlussfassung fest, bestimmt Aufnahme- und Ausschlusskriterien für die Teilnahme am virtuellen Unternehmen und klärt die Frage der Mitwirkung an Projekten. Die Pflichten der Gesellschafter umfassen 33 Artikel und reichen von Finanzierungsfragen über das Überlassen von Betriebspersonal zu Haftungsfragen und Leistungsstörungen sowie einen Konkurrenzverbot.

---

[150] Quelle: SBK 1998
[151] Hürlimann & Handschin 1998 (VU-Norm)

In den abschliessenden Artikeln werden wichtige Fragen wie die Pflicht zur vollen Versicherungsdeckung, Steuerfragen, das Problem der Urheberrechte und ein Schlichtungsverfahren im Falle von Streitigkeiten unter den Gesellschaftern erwähnt. Dadurch sind die Schwierigkeiten, die bei der Wahl der Gesellschaftsform auftreten können, weitgehend bereinigt. Die Ansätze der VU-Norm in Bezug auf Haftung, Arbeitsrecht, Patent- und Urheberrecht werden in den folgenden Abschnitten erläutert.

Haftung

Die Regelungen bezüglich der Haftung können in drei Bereiche unterteilt werden:

- *Haftung gegenüber Mitgliedgesellschaftern*: Die Gesellschafter haften uneingeschränkt für Verschulden und für ihre Hilfspersonen.[152] Ein entstandener Schaden wird von den VU-Gesellschaftern im Verhältnis ihrer Beteiligungsquote getragen, sofern der Gesellschafter den Schaden unverschuldet verursacht und im Interesse der Gesellschaft gehandelt hat.[153] Schäden, welche im Rahmen eines Projektes entstehen, werden, sofern sie nicht einem VU-Gesellschafter zugeordnet werden können, von den Projektteilnehmern nach Massgabe ihrer Beteiligung getragen.[154] VU-Gesellschafter, welche nicht an diesem Projekt beteiligt sind, haften also auch nicht für dabei entstandene Schäden.

- *Haftung gegenüber der Bauherrschaft:* VU-Gesellschafter haften gegenüber der Bauherrschaft nicht direkt, da ihre Leistung nicht auf einem Vertrag mit der Bauherrschaft, sondern auf einem Vertrag mit der Plattformgesellschaft beruht, die ihrerseits einen Vertrag mit der Bauherrschaft abgeschlossen hat.[155]

- *Haftung gegenüber den Versicherungen:* Vor Unterzeichnung eines Vertrages über ein Projekt prüfen die Projektteilnehmer, ob und in welchem Umfang zusätzliche Versicherungspolicen abgeschlossen werden müssen. Jeder Projektteilnehmer ist für eine vollständige Versicherungsdeckung im Rahmen seines Leistungsanteiles verantwortlich. Falls gegenüber der Bauherrschaft Bürgschaften oder Garantien zu stellen sind, tragen die Projektteilnehmer die Kosten dafür selber.[156] Wenn Bank oder Versicherung tatsächlich Leistungen an die Bauherrschaft erbringen mussten, können sie, gestützt auf die Vertragsmodalitäten, auf die Projektteilnehmer Regress nehmen.

---

[152] vgl. Art. 48 Abs. 1 und Art. 49 VU-Norm
[153] vgl. Art. 48 Abs. 2 VU-Norm
[154] vgl. Art. 51 VU-Norm
[155] vgl. Art. 53 VU-Norm
[156] vgl. Art. 75 VU-Norm

Arbeitsrechtliche Fragen

Die VU-Norm bestimmt, dass die Gesellschafter dem Netzwerk Kader- und Betriebspersonal im Verhältnis ihrer Beteiligungsquote zur Verfügung stellen, welche für die Plattformgesellschaft das Aussenverhältnis betreuen sowie Leistungen im Innenverhältnis der Gesellschaft erbringen.[157] Es handelt sich hier um die Leistungen, die der Normalbetrieb erfordert, d.h. Funktionen wie Marketing und Akquisition, aber auch das Abschliessen von Verträgen mit der Bauherrenschaft. Die Arbeitnehmer bleiben also Angestellte des ursprünglichen Unternehmens und werden dem virtuellen Unternehmen nur für bestimmte Aufgaben überlassen.

Für die Realisierung eines Projektes schliessen die Projektteilnehmer, also einzelne VU-Gesellschafter, Verträge mit der Plattformgesellschaft ab, aufgrund derer die Leistung der Projektteilnehmer bestimmt wird. Es werden hier nicht einzelne Arbeitnehmer dem virtuellen Unternehmen überlassen, sondern es handelt sich dabei um einen ganz normalen Auftrag/Werkvertrag, der von den Arbeitnehmern des jeweiligen Projektteilnehmers unter dessen Weisung erledigt wird.

Patent- und urheberrechtliche Fragen

Beim Fehlen einer anderweitigen Vereinbarung gehören die Urheberrechte an den Plänen und an den weiteren Dokumenten denjenigen VU-Gesellschaftern, von welchen sie stammen.[158] Patentrechtliche Fragen sind nicht explizit geregelt, dies vermutlich deshalb, weil die Wahrscheinlichkeit einer patentfähigen Erfindung im Rahmen eines Bauprojektes eher klein ist.

Zusätzlich wird in Art. 80 die Geheimhaltung geregelt, wonach sich die VU-Gesellschafter verpflichten, das im Rahmen der Zusammenarbeit in Erfahrung gebrachte geistige Eigentum (Geschäftsgeheimnisse, Know-how usw.), weder selbst weiterzuverwenden noch an Dritte weiterzugeben. Diese Geheimhaltungspflicht gilt auch für Angestellte, Hilfspersonen und Subunternehmen der VU-Gesellschafter. Eine solche Bestimmung ist notwendig, da sich andernfalls die VU-Gesellschafter vermutlich nicht bereit erklärten, ihr Wissen freigebig mit den anderen zu teilen, was wiederum eine wesentliche Grundlage für die Zusammenarbeit innerhalb eines virtuellen Unternehmens darstellt.

5.3.2 Beurteilung

Die VU-Norm mit ihren detaillierten Regelungen verleiht dem Gebilde ohne Zweifel grosse Rechtssicherheit. Kaum ein Problempunkt bleibt

---

[157] vgl. Art. 39 VU-Norm
[158] vgl. Art. 79 VU-Norm

dabei ungeregelt. Hingegen stellt sich die Frage, was dieses virtuelle Unternehmen noch mit dem in Kapitel 4 beschriebenen virtuellen Unternehmen zu tun hat, das "almost edgeless, with permeable and continuously changing interfaces" [159] sein soll. Im Rahmen des Projektes Effi-Bau wurde als Pilot ein virtuelles Unternehmen gestartet, um die aufgestellten rechtlichen Regelungen in der Praxis zu testen (vgl. auch Tab. 14). Dieses virtuelle Unternehmen bietet umfassende Leistungen im Bereich der Gebäudehülle an (Dacherneuerungen, Fassadenrenovationen, …). Die Erfahrungen aus dieser Pilotphase ergaben, dass die detaillierte juristische Basis eine sehr zeitaufwendige Konsensfindung während der Vorbereitungsphase bedingt und das umfangreiche Normenwerk für die Gründung der Plattformgesellschaft nicht sehr praxisnah ist. Eine weitere Erkenntnis war, dass durch die VU-Norm eine relativ träge Organisation entstanden ist.[160] Grosser Zeitaufwand und Trägheit sind aber genau die Eigenschaften, die ein virtuelles Unternehmen unter keinen Umständen aufweisen sollte. Andererseits muss beachtet werden, dass ein Unternehmen in aller Regel nicht andern im grossen Stil Zugang zu seinen Ressourcen gewähren wird, ohne dafür eine Sicherheit zu verlangen. Wenn dem aber nicht so ist, bleiben die Kooperationsprojekte auf einem unbedeutenden Level. Eine rechtliche Absicherung erscheint deshalb nur folgerichtig.

5.4 Schlussfolgerungen

Als Grundproblem einer rechtlichen Regelung können wir folgendes festhalten: Das Ziel eines virtuellen Unternehmens ist es, schnell auf neue Bedürfnisse zu reagieren und eingehende Aufträge prompt erledigen zu können. Dieser Schnelligkeit und Flexibilität, die die eigentlichen Vorteile des virtuellen Unternehmens darstellen, stehen Ansprüche Dritter, u.a. nach Verkehrssicherheit im rechtlichen Sinne, gegenüber. Auch ein virtuelles Unternehmen übt seine Tätigkeit in einem gesellschaftlichen Kontext aus und muss sich deshalb Regeln unterwerfen, welche seine Entfaltung behindern können. *Müthlein* drückt dies so aus:

> *"Die Flexibilität, die eine solche Unternehmensform gewährleisten soll, wird sehr schnell schon durch die Institutionalisierung als Gesellschaft mit einem entsprechenden Gesellschaftsvertrag in Frage gestellt."* [161]

Grundsätzlich gibt es im rechtlichen Bereich drei Möglichkeiten:[162]

---

[159] Davidow & Malone 1992
[160] Miloni 1998
[161] Müthlein 1995
[162] vgl. auch Scholz 1994b

5.4 Schlussfolgerungen

1. *Vertrauen:* Die an einem virtuellen Unternehmen Beteiligten verzichten auf eine explizite Regelung und vertrauen einander. Aus den erläuterten Schwierigkeiten ist diese Variante mit erhöhtem Risiko verbunden. Einzelne Firmen werden sich kaum an einem virtuellen Unternehmen beteiligen, wenn nicht klar ist, wie Gewinne und Verluste aufgeteilt werden und wer im Schadensfall haftet. Auch ein Auftraggeber wird sich nicht gern mit einem juristisch unscharfen Gebilde einlassen, da er nicht genau weiss, wer für unsorgfältig ausgeführte Arbeit oder bei Lieferverzug haftet. Diese Variante bedingt eine professionelle Partnerauswahl und hohe Aufwendungen in die Vertrauenskultur.

2. *Vertrag analog zur VU-Norm:* Zur Reduktion des Risikos kann mit Standardverträgen analog zur VU-Norm gearbeitet werden. Unter Umständen müssen dabei noch gewisse Vereinfachungen vorgenommen werden, um die Flexibilität zu erhöhen. Um eine höhere Geschwindigkeit zu erreichen, sollte evtl. mit elektronischen Verträgen und Unterschriften gearbeitet werden.

3. *Eigene Rechtsform:* Als dritte Möglichkeit könnten für virtuelle Unternehmen besondere Bestimmungen analog zur AG oder zur GmbH erlassen werden. *Scholz* befürchtet bei dieser Lösung, die rechtliche Regelung könnte bei ihrer Inkraftsetzung schon wieder überholt sein. Zur Zeit stellt diese Variante noch keinen gangbaren Weg dar, da weder konzeptionell noch in der Praxis Einigkeit darüber besteht, wie ein virtuelles Unternehmen auszusehen hat.

Aus den Ausführungen zur Gesellschaftsform geht hervor, dass der Abschluss eines expliziten Gesellschaftsvertrages im Sinne einer minimalen Massnahme dringend empfohlen wird. Auch bekannt ist, dass einer Vertragsunterzeichnung in der Regel eine längere Phase der Vertrauensbildung und Konsensfindung vorangeht. Am erfolgversprechendsten erscheint mir deshalb Punkt zwei ergänzt durch Massnahmen zum Aufbau einer gemeinsamen Vision und Kultur. Um den eigentlichen Gründungsaufwand zu minimieren, soll mit Standardverträgen gearbeitet werden, die auf der Basis diesbezüglicher Projekterfahrungen entworfen werden können. Durch die Unterscheidung eines virtuellen Unternehmens in ein strategisches Netzwerk und operative Zusammenarbeit in Projekten, können komplexere Vertragswerke (z.B. Gesellschaftsvertrag des Netzwerkes zur Regelung des Aussenverhältnisses) innerhalb des strategischen Netzwerkes angegangen werden, währenddessen die operativen Projekte mit kurzzeitigen Standardvereinbarungen geregelt werden. Auf diese Art und Weise scheint ein optimaler Kompromiss zwischen Sicherheit (Haftung) und hoher Flexibilität möglich zu sein.

6

Erfahrungsbericht "Virtuelle Fabrik"

6.1 Ausgangslage

Die in Kapitel 1 beschriebenen Trends im Umfeld von Unternehmen beeinflussen das Produktionsmanagement sehr stark. Durch die Restrukturierung und Neugestaltung von Unternehmen ist die Bindung der Produktbereiche an ihre eigene Produktion in Auflösung begriffen. Profitcenterorganisation, Reduktion der Fertigungstiefe, Make-or-Buy-Strategien und "Global Sourcing" drängen die Produktion in den freien Wettbewerb, wo sie sich behaupten muss. Bei einem Management-Buy-Out wird dies durch die Verselbständigung auch nach aussen klar sichtbar gemacht. Dies bedeutet, dass die produzierenden Betriebe in der Schweiz ihre Märkte neu definieren müssen. Die Produktion kann sich nicht mehr nur als eine innerbetriebliche Funktion der Leistungserstellung verstehen. Sie muss selbst Dienstleistungsfunktionen wie Einkauf, Verkauf, Beratung und Marketing ausüben, um sich ihre internen und externen Märkte durch kundengerechte Lösungen zu erschliessen.

Nicht nur an den Grenzen, sondern auch innerhalb der Produktion ergeben sich starke Veränderungen. Um ein Beispiel zu geben: Der Kundenwunsch nach immer kürzeren Lieferzeiten hat zur Folge, dass die Fabriken ihre Kapazitäten weiter ausbauen müssen, um die Liefertermine auch bei Nachfragespitzen einhalten zu können. Sinkt jedoch die Nachfrage wieder ab, stehen die vergrösserten Kapazitäten still. Der Kapazitätsausbau in den westeuropäischen Industrienationen wird grösstenteils durch Investitionen in eine höhere Automatisierung erreicht. Dies wiederum ergibt eine Kostenstruktur mit einen hohen Fixkostenanteil.

Im Institut für Technologiemanagement der Hochschule St. Gallen (ITEM HSG) reifte deshalb die Idee, ein spezielles Konzept zu entwickeln, das eine schnelle und einfache Auslastung der Restkapazitäten ermöglicht. Die Auswirkungen liegen auf der Hand: Die Stückkosten reduzieren sich, da die hohen Fixkosten auf ein grösseres Produktionsvolumen aufgeteilt werden können. Dieses Konzept besteht aus einem Netzwerk zahlreicher, kleinerer Betriebe oder Unternehmensbereiche mit einer geringen Fertigungstiefe oder Fertigungsbreite und einer einfachen Organisation. Mehrere unabhängige Fabriken schliessen sich in einer "Virtuellen Fabrik" zusammen, um eine umfassende Marktleistung zu erstellen und um ihre Restkapazitäten zu verwerten. Dadurch soll der Produktlebenszyklus verlängert sowie eine Steigerung des Deckungsbeitrages und der Kapazitätsauslastung erreicht werden.[163]

6.2 Ziel

Mit dem Konzept der virtuellen Fabrik soll aufgezeigt werden, wie mit einem innovativen Produktionskonzept am Industriestandort Schweiz zu international konkurrenzfähigen Kosten produziert werden kann, damit die Wettbewerbsfähigkeit gesichert bleibt.

Als konkretes Ziel des Konzepts "Virtuelle Fabrik" soll deshalb die Kostensituation der beteiligten Partnerfirmen verbessert werden, indem nicht ausgelastete "Rest"-Kapazitäten in virtuellen Fabriken vermarktet werden. Weiter sollen neue Märkte erschlossen oder konkrete Geschäfte realisiert werden, die für den einzelnen Betrieb nicht oder nur wenig gewinnbringend erscheinen.

Im Januar 1995 wurde deshalb am ITEM das Pilotprojekt "Virtuelle Fabrik" zur Entwicklung des Konzepts und der prototypischen Produktion in virtuellen Fabriken in der Euregio Bodensee gestartet, an dem heute rund 30 Firmen beteiligt sind. In der virtuellen Fabrik sollen Voraussetzungen geschaffen werden, damit Produktionsstätten auftrags- oder produktbezogen, also auch zeitlich befristet, kooperieren können. Nach einer ersten vorbereitenden Phase sind inzwischen Aufträge in virtuellen Fabriken von wechselnden Partnern abgewickelt worden.

---

[163] Katzy et al. 1996; Schuh 1995; Ott 1996; von Aesch 1996; Schuh 1997; Schuh et al. 1998

6.3 Organisation

6.3.1 Konzept

Die virtuelle Fabrik stellt ein Konzept dar, das, basierend auf einem dynamischen Netzwerk, reale Produktionsstätten auftragsbezogen, d.h. temporär, zusammenführt, um die Kapazitätsauslastung des einzelnen Netzwerkmitglieds zu erhöhen und Kosteneinsparungen zu erzielen. Die virtuelle Fabrik gliedert sich einerseits in ein längerfristigeres Netzwerk verschiedener Produktionsunternehmen und andererseits in rasche und flexible Kooperationen zur kurzfristigen Erschliessung von Marktchancen.

Unter der Leitung eines Generalunternehmers erstellt die virtuelle Fabrik den Gesamtauftrag für den Kunden. Ist der Auftrag vollendet, löst sich die virtuelle Fabrik wieder auf. Es besteht jedoch die Möglichkeit, gleichzeitig Mitglied mehrerer virtueller Fabriken zu sein und dabei Leistungen sowohl an Partner zu vergeben als auch von Partnern zu übernehmen. Durch ihre strikte Auftragsorientierung ist die virtuelle Fabrik so flexibel, wie es die Dynamik des Marktes verlangt.

Generell ergeben sich Nutzeffekte in drei unterschiedlichen Zeithorizonten:

Kurzfristige Nutzeffekte

Kurzfristig stehen Kosteneinsparungen durch bessere Nutzung der vorhandenen Kapazitäten im Zentrum der Anstrengungen. Eine solche virtuelle Fabrik verfolgt somit keine eigene Strategie, wie z.B. die langfristige Kundenbindung, sondern sie muss als Instrument des Produktionsmanagements gesehen werden, dessen Stärke in der opportunistischen Kapazitätsausnutzung vorhandener Produktionspotentiale der Netzwerkmitglieder liegt. Schuh sieht im Umstand, dass in diesem Konzept ausschliesslich mit Restkapazitäten gearbeitet wird, welche von den Partnerunternehmen überwiegend unterhalb von Vollkosten angeboten werden, eine Möglichkeit, den Kostenstrukturnachteil gegenüber Konkurrenten aus Fernost und Osteuropa zum Teil auszugleichen. Daraus ergibt sich eine Verlängerung des Produktlebenszyklus, insbesondere für Produkte und Komponenten, die im internationalen Wettbewerb bereits Nachahmer gefunden haben oder sogar schon zu Commodity-Produkten mit allseits beherrschten Technologien/Prozessen geworden sind.

Mittelfristige Nutzeffekte

Mittelfristig wird die flexible Nutzung von Prozessen und Technologien mit hoher Wertschöpfung angestrebt. Durch die Teilnahme in einem dynamischen Netzwerk verbessert das Partnerunternehmen seine In- bzw. Outsourcingmöglichkeiten. Das erlaubt ihm, die eigenen Prozesse und

Technologien auf ihre Wertschöpfung zu überprüfen und sich auf diejenigen zu konzentrieren, bei denen auch in Zukunft noch Potential vorhanden ist. Durch die Teilnahme an einem dynamischen Netzwerk erlangt das einzelne Unternehmen einerseits eine Verbesserung der Wirtschaftlichkeit durch die Technologievermarktung innerhalb des Netzwerkes und andererseits den Vorteil, weniger abhängig vom Auslastungsgrad der eigenen Produktionsanlagen zu sein.

Langfristige Nutzeffekte

Langfristig zielt die Strategie der virtuellen Fabrik aber nicht nur auf die Steigerung der Produktivität ab, sondern auf eine aktive Gestaltung und Konzentration ausgewählter Fähigkeiten mit hohem Potential. Dies bedeutet, dass sich jedes Unternehmen auf sein Kerngeschäft konzentrieren und permanent unterausgelastete Kapazitäten abbauen kann. Somit werden im gesamten Netzwerk nachhaltige Wettbewerbsvorteile aufgebaut.

6.3.2 Gestaltung der virtuellen Fabrik

Anhand des vorgesehenen Projektplanes im Projekt "Virtuelle Fabrik" lassen sich einige Gestaltungshinweise ableiten. Ausgangslage bildeten die Projektphasen Analyse, Konzept, Erfahrungskreis, Mitgliederakquisition, Prototypische Produktion und Betrieb (vgl. Abb. 21). Um einen definierten Projektablauf zu gewährleisten, wurden fünf Meilensteine eingeplant:

1. Katalog der Kooperationsformen: Anwendungsfelder und betriebliche Voraussetzungen;
2. Unternehmensleitfaden: Produzieren im Netzwerk;
3. Infrastrukturkonzept der virtuellen Fabrik;
4. Übergang Erfahrungskreis in die virtuelle Fabrik;
5. Businessplan "Virtuelle Fabrik".

In einer ersten Phase wurden bilaterale Kooperationsformen analysiert. Parallel dazu startete der Erfahrungskreis, um unter den beteiligten Partnern ein Vertrauensverhältnis aufzubauen. In einer dritten Phase wurde das Konzept für die virtuelle Fabrik erarbeitet. In einer vierten Phase konnte mit der Akquisition von Mitgliedern und, etwas verzögert, mit der prototypischen Produktion begonnen werden. Auf Anfang 1997 war der Start der eigentlichen Betriebsphase vorgesehen.

Etwas verallgemeinert lässt sich dieses Vorgehen zum Aufbau virtueller Fabrikstrukturen in drei Hauptabschnitte gliedern: Die Vorbereitungsphase, die Aufbauphase und die Betriebs- und Optimierungsphase. Im folgenden werden die Besonderheiten dieser jeweiligen Abschnitte erläutert und ihre organisatorischen Grundlagen hergeleitet.

6.3 Organisation

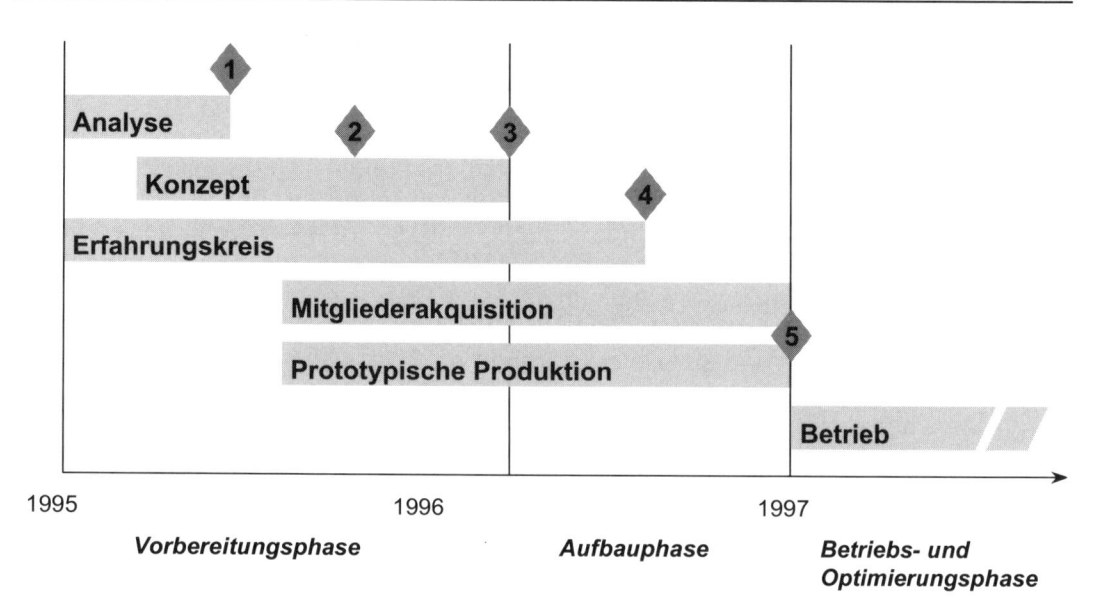

Abb. 21: Projektplan zum Aufbau der virtuellen Fabrik Euregio Bodensee[164]

Vorbereitungsphase

In der Vorbereitungsphase ist zunächst ein Pool von interessierten Unternehmen oder Unternehmenseinheiten zu schaffen, aus welchem unter Anwendung z.B. folgender Kriterien zukünftige Partnerbetriebe ausgewählt werden: solide Vertrauensbasis, flache Hierarchien, ähnliche Produkt- oder Prozesstechnologien, logistische Infrastruktur/Standards sowie Lokalisation der Unternehmen. Ausgehend von einem Erfahrungskreis und dem Unternehmensleitfaden konnte mit einem Kernnetzwerk von dreizehn Unternehmen die prototypische Produktion gestartet werden. Anfänglich wurden dazu zahlreiche Einzelaufträge über Fertigungskapazitäten (Drehen, Fräsen, Komplettbearbeitung, usw.) einer praktischen Erprobung unterzogen.

Aufbauphase

Grundlage des Firmennetzwerkes im Pilotprojekt der Euregio Bodensee ist das im Verlauf des Projekts gewachsene Vertrauen der Partnerfirmen untereinander. Dazu beigetragen haben die Auswahl und die Qualifikation der Partnerfirmen sowie explizit formulierte und verbindliche organisatorischen Regelungen. Diese "Spielregeln für die Kooperation" umfassen zum Beispiel die Definitionen von Aufgaben und Verantwortungen, Regeln für die Leistungsklärung bei der Offertstellung und die Auftragsabwicklung. Zusätzlich wurde ein Standardvertrag entworfen, so

---

[164] Quelle: Brütsch 1999

dass bei der Gründung einer virtuellen Fabrik keine zeitraubende juristische Detailbeschreibung des Leistungsumfangs zwischen den Partnern mehr notwendig ist.

Nach Bestimmung der Netzwerkpartner bereiten sich diese in der Aufbauphase auf die Teilnahme an der virtuellen Fabrik vor: Prozessorientierung, Auftragsabwicklung und Logistik sind so zu gestalten, dass mittels elektronischer Systeme die wichtigsten Daten für alle Mitglieder im Verbund zugänglich sind. In dieser Phase werden erste einfachere In-/Outsourcingaufträge ausgeführt, um ein höheres Auslastungsniveau bei den Partnerfirmen zu erreichen und die Vertrauensbasis für eine weitere vertiefte Zusammenarbeit zu schaffen. Organisatorisch werden die nötigen Voraussetzungen durch den Aufbau einer zentralen Kapazitätenbörse (vgl. Anhang 12.3) und die klare Rollenverteilung innerhalb jedes Partnerunternehmens geschaffen.

Kapazitätenbörse

Der Hauptzweck einer virtuellen Fabrik liegt in der opportunistischen Ausnutzung vorhandener Produktionskapazitäten von Partnerunternehmen, welche sich in einem dynamischen Netzwerk organisiert haben. Somit müssen die beteiligten Firmen einen Marktplatz für Restkapazitäten schaffen, um die Informationen über angebotene und nachgefragte Produktionstechnologien rechtzeitig und in der richtigen Form den Partnern zur Verfügung zu stellen, damit die Entscheidungsträger eine Vereinbarung treffen und der Produktionsauftrag dann auch abgewickelt werden kann.

Eine Kapazitätenbörse stellt eine etwas ausführlichere und datenbankgestützte Form von "gelben Seiten" dar und eignet sich besonders zur erstmaligen persönlichen Kontaktaufnahme sowie zur Technologievermarktung. Der Abschluss eines Produktionsauftrages und die Abwicklung werden aber nicht aktiv unterstützt. Grundvoraussetzung für einen reibungslosen Informationsaustausch über ein Computernetzwerk oder einen Broker zwischen sämtlichen am Markt beteiligten Partnern ist jedoch eine hohe Standardisierung der zu beschreibenden Auftragsinhalte, denn je genauer eine Leistung beschrieben werden kann, desto eher lassen sich diese bei einem anderen Hersteller produzieren.

Betriebs- und Optimierungsphase

In der Optimierungsphase werden die Leistungsumfänge vergrössert. Auch neue Produkte und weniger beherrschte Prozesse können dann in der virtuellen Fabrik bewältigt werden. Dabei konzentrieren sich die Partnerunternehmen vermehrt auf ihre Kerntechnologien und stossen die Randgeschäfte ab. Zudem kommt dem Ausbau der technischen Infrastruktur zunehmende Bedeutung zu, wobei der computergestützten Kommunikation zwischen den Netzwerkmitgliedern und der Weiterentwicklung der Technologiekapazitätenbörse zu einer elektronischen

Datenbank das Hauptaugenmerk gilt. Parallel wird das Firmennetzwerk durch die Aufnahme weiterer Partner ausgebaut, um die notwendige kritische Masse an Produktionskapazitäten zu schaffen und das Portfolio an Kernkompetenzen zu erweitern. Neben der Zahlung eines Kostenbeitrags wird von den neuen Mitgliedern vor allem eine aktive Mitarbeit bezüglich der Umsetzung des Konzeptes der virtuellen Fabrik verlangt.

6.3.3 Auftragsabwicklung in der virtuellen Fabrik

Wie bereits mehrfach betont, besteht eine virtuelle Fabrik nur so lange, wie es das zu bearbeitende Projekt erfordert. Damit ist die Lebensdauer einer virtuellen Fabrik im Gegensatz zum längerfristigen Netzwerk begrenzt. Sie lässt sich in drei Phasen gliedern:

1. die Gründungsphase oder Akquisition;
2. die Auftragsabwicklung;
3. die Nachbereitung und Auflösung.

Phase 1: Gründung oder Akquisition

Treibende Kraft während der Gründungsphase ist der Broker, der potentielle Kunden akquiriert und sich um Auftragsausschreibungen bemüht. Er versucht beispielsweise mittels der Technologiekapazitätenbörse potentielle Partner aus dem Firmennetzwerk zusammenzuführen. In Verhandlungen mit den interessierten Netzwerkmitgliedern und dem Kunden steht die Bestimmung des Ziel- und Angebotspreises im Zentrum der Anstrengungen des Brokers. Das Verhältnis unter den Partnern ist während dieser Phase vom Marktmechanismus gesteuert, d.h. der günstigste Anbieter einer Leistung wird den Zuschlag für die Teilnahme an der virtuellen Fabrik erhalten. Die Gründungsphase ist mit der Auftragserteilung beendet. Die anfallenden Leistungen des Brokers werden durch einen Betriebszuschlag von den beteiligten Unternehmen getragen.

Phase 2: Abwicklung

Die Auftragsabwicklung obliegt dem Projektleiter der virtuellen Fabrik, dessen Aufgabe es ist, die Vereinbarungen betreffend Zielpreis und -termin zu erfüllen und die effiziente überbetriebliche Auftragsabwicklung zu gewährleisten. Scheinen die Gesamtziele des Projektes z.B. bezüglich der Lieferqualität gefährdet, so wechselt der Projektleiter gegebenenfalls Partner aus. Mit der Auslieferung der vertraglich vereinbarten Leistung wird die virtuelle Fabrik aufgelöst. Die vom Projektleiter erbrachten Leistungen werden am Zielerreichungsgrad gemessen und nach einem vertraglich vereinbarten Schlüssel entlöhnt.

Phase 3: Nachbereitung und Auflösung

Die Abwicklung eventueller Gewährleistungen sowie die Feldbetreuung des Produktes fallen in dieser Phase an. Nach Projektbeendigung und -auflösung sollten die Ergebnisse in Erfahrungs- bzw. Know-how-Datenbanken abgelegt werden.

6.3.4 Rollenprofile in der virtuellen Fabrik

Sechs Dienstleistungsprofile haben sich im Verlauf der prototypischen Produktion im Pilotprojekt "Virtuelle Fabrik" herausgebildet, deren Umsetzung durch spezialisierte Einheiten mittlerer und grosser Unternehmen oder durch Unternehmensneugründungen neue unternehmerische Betätigungsfelder schafft. Es sind dies erstens der Broker, zweitens der Leistungsmanager, drittens der Auftragsmanager, viertens der In-/Outsourcer, fünftens der Netzwerkcoach und sechstens der Auditor (vgl. Abb. 22).[165]

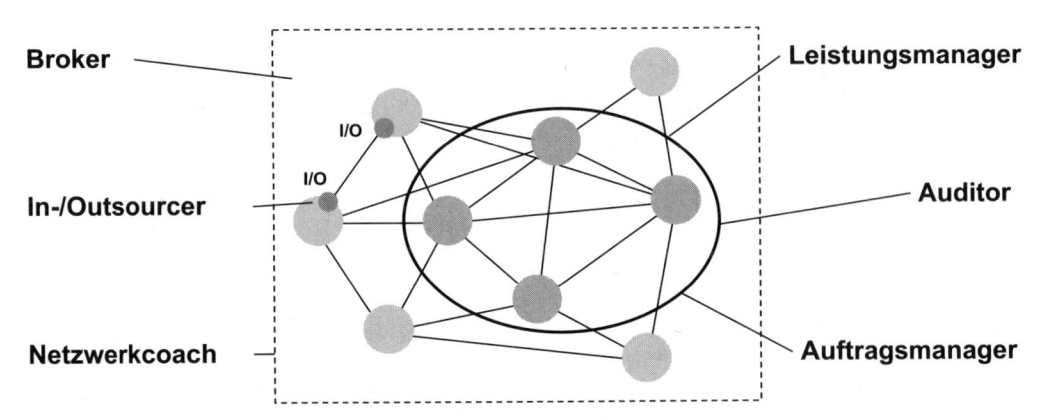

Abb. 22: Rollen in der virtuellen Fabrik [166]

Jede dieser Rollen beinhaltet spezifische Kenntnisse und Fähigkeiten, die für eine erfolgreiche Abwicklung der virtuellen Fabrik wahrgenommen werden müssen. Im Gegensatz zu vertikal integrierten Unternehmen, in welchen die Aufgabenverteilung durch die aufbau- und ablauforganisatorischen Regelungen vorgegeben und über die Zeit konstant sind, müssen die Partnerfirmen in einer virtuellen Fabrik die Aufgabenverteilung situativ neu finden. Im Projekt Euregio Bodensee kann beobachtet werden, dass einige Unternehmen bereits aufbauorganisatorische Strukturen, z.B. die Errichtung einer permanenten In-/Out-

---

[165] Göransson & Schuh 1997
[166] Quelle: eigene Darstellung in Anlehnung an Katzy et al. 1996

soursingstelle, verankert haben, um sich im Netzwerk entsprechend zu positionieren. Im folgenden werden die verschiedenen Rollen vorgestellt.

Der Broker

Der Broker ist der unternehmerisch Verantwortliche und die Triebfeder der Gründungsphase einer virtuellen Fabrik. Er akquiriert Aufträge und führt virtuelle Fabriken aus dem Partnerkreis zusammen. Das Firmennetzwerk selber besitzt keinen Mechanismus für diesen Gründungsvorgang, sondern stellt seine Infrastruktur ohne eigene Ziele bereit. Des weiteren betreibt der Broker das Marketing für das Firmennetzwerk und mögliche virtuelle Fabriken. Dazu zählt das Ausarbeiten von Informations- und Akquisitionsmaterial und das Lancieren von Inseratekampagnen in der Wirtschaftspresse zur Marktvorbereitung. Eine weitere Aufgabe des Brokers ist die Kundenkommunikation. Bei der Konkretisierung von Angebotsverhandlungen zwischen den zukünftigen Partnern der virtuellen Fabrik und ihren Kunden bietet er Engineering-Leistungen an, um sowohl den Leistungsumfang zu klären als auch den verbindlichen Angebotspreis zu definieren. Sein Ziel als Unternehmer ist erreicht, wenn die Verhandlungen zum erfolgreichen Auftragsabschluss geführt haben. Die Umsetzung dieser Rolle entspricht einem allgemeinen Bedarf im Netzwerk der Euregio Bodensee, da der Aufwand die Möglichkeiten kleiner Betriebe in der Regel übersteigt. In mittleren und grossen Betrieben ist das Marketing bislang meist auf die eigenen Produkte beschränkt, eine Übertragung auf die Vermarktung von Produktionskapazitäten ist noch nicht erreicht.

Der Leistungsmanager

Im Unterschied zum Broker ist der Leistungsmanager für die Abklärung der technischen Machbarkeit und die Konfiguration einer Leistung zuständig. Er führt die Leistungsklärung für Aufträge und Produkte durch und stellt die Leistung der Netzwerkpartner entsprechend zusammen. Um die technologischen Anforderungen beurteilen zu können, baut er gezielt Wissen über verfügbare Technologien im Netzwerk auf und stellt es anderen zur Verfügung. Neben der reinen Produktion bestimmt er die für den Auftrag notwendigen Dienstleistungen wie Service, Inbetriebnahme, Engineering, Auftragsmanagement und Gewährleistung als umfassendes Angebot. Das Netzwerk der Euregio Bodensee konnte sich bei einigen Offerten insbesondere dadurch qualifizieren, dass innerhalb kurzer Zeit das wirtschaftlich optimale Verfahren und die geeigneten Produktionskapazitäten festgestellt wurden, was sich positiv auf die Offertkosten ausgewirkt hat.

Der Auftragsmanager

Der Auftragsmanager hat die Funktion eines Produktionsleiters der jeweiligen virtuellen Fabrik und koordiniert die Auftragsabwicklung. Ihm obliegt die eigentliche Führung in der Phase der Leistungserstellung und er ist damit die entscheidende Instanz für den Erfolg einer virtuellen Fabrik. Falls ein Partner die geforderte Leistung nicht erbringt, so ist der Auftragsmanager für den Austausch zuständig. Er ist gegenüber dem Kunden für die Produkt- und Lieferqualität sowie die Einhaltung der Lieferzeiten verantwortlich und versucht, die überbetrieblichen Prozesse zu optimieren, d.h. Doppelspurigkeiten sollen möglichst verhindert werden. Daraus ergeben sich besondere Anforderungen, weil mit mehreren In-/Outsourcern zusammengearbeitet werden muss und unterschiedliche Firmenkulturen integriert werden müssen.

Der In-/Outsourcer

Der In-/Outsourcer bietet die Kompetenzen und Ressourcen seines Betriebs als Beitrag für die virtuelle Fabrik an. Er ist somit für die Planung und Erstellung der Produktionsleistungen seines Unternehmens gegenüber der virtuellen Fabrik zuständig, wobei er auch die Interessen seiner Firma nach aussen vertreten muss. Während des Aufbaus einer virtuellen Fabrik ist er einerseits Ansprechpartner für den Broker und den Leistungsmanager und pflegt andererseits während der Betriebsphase den Kontakt mit dem Auftragsmanager. In Interaktion mit dem Auftragsmanager werden z.B. Termine und Preise ausgehandelt oder Fragen der Auftragsabwicklung geklärt. Voraussetzung für seine Arbeit ist die notwendige Transparenz bezüglich der Kapazitätssituation sowie die Kompetenz zur Preisbildung und zum Vertragsabschluss. Denn nur durch diese dezentrale Entscheidungskompetenz sind in der virtuellen Fabrik kurze Reaktionszeiten erreichbar.

Der Netzwerkcoach

Auch wenn wenig Regelungen aufgestellt werden und stark auf unternehmerischer Eigeninitiative gesetzt wird, ist der Aufbau und die Pflege des Beziehungsnetzes zwischen den Netzwerkpartnern eine wichtige Aufgabe. Sie wird vom sogenannten Netzwerkcoach übernommen. Weiter ist er zustänidg für die Aktualisierung der Kapazitätsbörse, die Akquisition und Schulung neuer Partner, das Weiterentwickeln der Regeln und die Unterstützung bei der Lösung etwaiger Konflikte. Zu diesem Zweck kann evtl. auch eine separate Schlichtungsstelle geschaffen werden. Im Rahmen des Pilotprojekts Euregio Bodensee wurde die Funktion des Netzwerkcoaches zu Beginn vom ITEM an der Universität St. Gallen wahrgenommen. Mittlerweile ist diese Aufgabe an eine unabhängige Geschäftsstelle übertragen worden.

Der Auditor

Aus der prototypischen Fabrikation hat sich ergeben, dass es unter Umständen sinnvoll ist, zusätzlich einen Auditor zu ernennen. Der Auditor prüft einerseits die Abwicklung der virtuellen Fabrik als neutrale Instanz und stellt andererseits die Einhaltung der Spielregeln sicher. In seiner Funktion prüft er abgeschlossene Verträge und wirkt als Rechnungsprüfer des Netzwerkes. Bei komplexeren Aufträgen kümmert sich der Auditor um die Finanzierung, und er bildet bei Bedarf auch die Schnittstelle zu den Banken. Die Erstellung der Bilanz und der Erfolgsrechnung fällt ebenfalls in den Aufgabenbereich des Auditors. Er benötigt somit für seine Aufgaben Kompetenzen aus den Bereichen Rechnungswesen, Recht und Leistungsbewertung.

6.4 Technische Lösung

Mit Hilfe von Koordinationsdiensten für virtuelle Fabriken sollen Aufträge durch verschiedenste Produktionsstätten gesteuert werden können. Koordinationsdienste für das Netzwerk können aus Brokern, Kapazitätsbörsen oder allgemein zugänglichen Datenbanken bestehen. In der Aufbauphase der virtuellen Fabrik St. Gallen wurde hauptsächlich mit Fax gearbeitet. Unterdessen ist eine Vernetzung auf elektronischen Weg mit der Kapazitätsdatenbank (TEKABO) in Realisierung.

6.5 Erfahrungen

Aus der Pilotphase und der anschliessenden Betriebsphase haben sich einige konkrete Nutzen für die Kunden herauskristallisiert:

- Durch klar definierte Geschäftsprozesse und eine ständige Optimierung im Netzwerk ist es möglich, innerhalb von 24 Stunden die für einen Auftrag geeigneten Partner zu finden, eine virtuelle Fabrik zu errichten und eine Offerte zu erstellen.

- Weiter kann ein Auftrag an die virtuelle Fabrik vergeben werden, wenn er nicht mit der eigenen Produktionsstrategie vereinbar ist, etwa bei Sondervarianten in kleinen Stückzahlen oder bei der Ersatzteilproduktion.

- Zusätzlich steht die Kenntnis des Leistungsmanagers über die im Netzwerk verfügbaren Kompetenzen und Leistungen bereit, um in kurzfristigen Fällen eine optimale Problemlösung abzuklären.

Bisherige, erfolgreiche Akquisitionen zeigen einen besonderen Nutzen für die Kunden von virtuellen Fabriken im Bereich von kurzfristiger Lieferbereitschaft oder bei Exotenaufträgen, die eine Fabrik nie alleine bewältigen könnte. Für die Partner im Netzwerk haben sich ebenfalls einige Vorteile bemerkbar gemacht:

- Ein unmittelbarer Erfolg ist die zusätzliche Auslastung der Produktionskapazitäten in der Höhe von einigen Prozenten (in Einzelfällen bis 20%) durch Geschäfte ausserhalb der eigenen Branche.

- Um die eigenen Kundenbeziehungen nicht aufs Spiel zu setzen, haben schon einige Firmen Aufträge an die virtuelle Fabrik vergeben. Trotz fehlendem internen Know-how oder bei Kapazitätsüberlastung im eigenen Betrieb war eine rechtzeitige Lieferung für den Kunden zu erreichen.

- Erste ermutigende Erfolge für die beteiligten Firmen wurden auch bei der Erschliessung neuer Märkte erreicht. Allerdings braucht es dort gezielte Massnahmen im Marketing.

Aus Sicht der Projektleitung von St. Gallen gibt es einige kritische Faktoren, damit das Konzept der virtuellen Fabrik angewendet und intensiver genutzt werden kann:

- Die neuen Rollen müssen auf die Firmen oder evtl. neue Personen verteilt werden. Die Besetzung dieser kritischen Funktionen hat einen starken Einfluss auf den Erfolg.

- Weiter muss die Beherrschung der operativen Abläufe sichergestellt sein. Mittels Zeit-, Kosten- und Qualitätsstandards sollen zuverlässige Prozesse in den Betrieben und virtuellen Fabriken gewährleistet werden. Die überbetriebliche Auftragsabwicklung muss sukzessive erlernt werden

- Die beteiligten realen Fabriken müssen zu einem Kulturwandel bereit sein, weil sie ihre Produktion für neue Produkte öffnen müssen.

- Eine wichtige Ausgangsbedingung ist die Entwicklung von Kernkompetenzen und die Bereitstellung von Marketinginstrumenten, um die Fähigkeiten innerhalb des Netzwerks und nach aussen sichtbar zu machen.

- Um die Gefahr der Profillosigkeit zu vermeiden, müssen die Kompetenzen der Partner zu greifbaren Produkten oder Dienstleistungen geformt werden.[167] Die Erfahrungen aus dem Pilotprojekt zeigen, dass der Aufbau solcher Produktcluster langfristig entscheidend ist.

- Ohne Spielregeln geht es nicht. Im Pilotprojekt virtuelle Fabrik wurden Spielregeln bezüglich der Qualität, bezüglich des kooperativen Verhaltens und bezüglich der Auftragsabwicklung (Leistungsklärung, Preisfindung) aufgestellt.[168]

---

[167] vgl. Schuh et al. 1998
[168] vgl. Schuh et al. 1998

6.6 Beurteilung

Bei der virtuellen Fabrik wird das Konzept eines virtuellen Unternehmens auf das Produktionsmanagement übertragen. Der Ansatz, eine Kapazitätsbörse mit Restkapazitäten aufzubauen, ist nicht neu, erleichtert den Firmen jedoch den Einstieg in den Netzverbund. Anhand von Pilotprodukten können so die Abläufe festgelegt und trainiert werden. Die Schwierigkeit besteht aber darin, ob es sich im Netzwerk immer um Restkapazitäten handeln wird, also um die Abwicklung von "unwichtigen" Aufträgen im Vergleich zum eigenen Geschäft, oder ob die Aufträge mit der Zeit den Hauptteil ausmachen bzw. strategische Bedeutung haben. Es geht somit um die Frage, ob bei dem gewählten Vorgehen der virtuellen Fabrik Euregio Bodensee das Produktionsnetzwerk den Sprung von einer Restkapazitätenbörse zu einem strategischen Produktionsverbund schaffen wird. Der aktuelle Stand sieht wie folgt aus:

> *"Eine Befragung der Partnerunternehmen in der "Virtuellen Fabrik" ergab, dass auf kurze Frist zunächst eine interne Aktivierung der "Virtuellen Fabrik" im Vordergrund steht. Das Kooperationsnetzwerk wird als flexibles, zuverlässiges Zuliefernetzwerk genutzt und dient als "Lernarena". Im Sinne eines "Gebens und Nehmens" sollen zunächst kurzfristig neue Aufträge und Kunden akquiriert werden."*[169]

Wie sich dieses dynamische Netzwerk weiter entwickeln wird, ist daraus noch nicht abzusehen. Angestrebt werden eigene Produkte durch die synergetische Kombination von Kompetenzen. Dies würde aber bedeuten, dass nicht nur von einer virtuellen Fabrik gesprochen werden kann, sondern dass alle unternehmerischen Funktionen integriert werden und das Konzept auf ein allgemeines Unternehmen ausgedehnt werden sollte.

Weiter ergeben sich teilweise Schwierigkeiten durch den Umstand, dass die Bezeichnung eines wissenschaftlichen Konzeptes als Markennamen eingesetzt wird. Dadurch wird ein allgemeines Konzept mit den Inhalten der spezifischen Ausprägung der "Virtuellen Fabrik Euregio Bodensee" belegt.

In dieser Beurteilung soll nun auch kurz erläutert werden, wie hoch der erreichte Virtualisierungsgrad im Projekt "Virtuelle Fabrik" ist. Viele Aktivitäten beziehen sich auf den Aufbau eines dynamischen Netzwerkes. Die Definition von Spielregeln, das Auswahlprozedere von Unternehmen sowie Qualitäts- und Rechtsaspekte müssen ganz allgemein beim Aufbau von netzwerkartigen Kooperationen geklärt werden. Wie viele echte virtuelle Unternehmen bzw. aktivierte Netzwerke tatsächlich im Innern des Netzwerkes "Virtuelle Fabrik" betrieben wurden, ist aus den aktuellsten Publikationen nicht ersichtlich. Eine Einordnung des Konzeptes "Virtuelle Fabrik" in das erwähnte Vier-Merkmal-Schema (vgl. Tab. 10) zeigt einen

---

[169] Schuh et al. 1998

relativ hohen Virtualisierungsgrad, da in vielen Punkten die angestrebte Idealform bereits erreicht wird:

Merkmal	Ausprägung bei der virtuellen Fabrik
Konstituierende Charakteristika	• Bewusst koordinierte Tätigkeit mit dem Ziel, Ressourcen gemeinsam zu nutzen und ein flexibles Produktionsnetzwerk zu betreiben. Beteiligt sind Unternehmen unterschiedlicher Branchen. • Wirtschaftliches Ziel: Kostengünstiger, schneller, flexibler produzieren.
Fehlende physikalische Attribute	• Eine virtuelle Fabrik im Sinne eines aktivierten Netzwerkes hat keine eigenen Ressourcen, weil auf die Ressourcen der Netzwerkpartner zurückgegriffen wird. • Es gibt sehr wenige zentralen Funktionen (eine Geschäftsstelle) • Im gesamten Netzwerk existieren praktisch keine Hierarchien; es gibt unterschiedliche Rollenprofile • Als Rechtsform für das Netzwerk im Hintergrund wurde der Verein gewählt. In einem aktivierten Netzwerk (virtuelle Fabrik) wird mit Standardverträgen gearbeitet.
Spezielle Zusatzspezifikationen	• Vertrauensbasierte Kooperation von ausgewählten Partnern mit spezifischen Anlagen oder Verfahren. Inwiefern diese Anlagen bzw. Verfahren bereits Kernkompetenzen entsprechen ist noch nicht klar ersichtlich. • Vermehrt werden spezifische Kompetenzen gesucht, um im Netzwerk eine klarere Arbeitsteilung zu erreichen. • Bezüglich Informatik und Kommunikation reichen heute Fax und EMail aus, um die anstehenden Aufgaben zu bewältigen. Es wird an einer Kapazitätsdatenbank gearbeitet, die einen direkten Zugriff der Netzwerkpartner erlaubt. • Das gesamte Netzwerk will als "Virtuelle Fabrik" auftreten und spezifische Dienstleistungen und Produkte anbieten. Angestrebt werden sogenannte Produktcluster.
Nutzeffekte	• Bezüglich Geschwindigkeit hat sich gezeigt, dass in sehr kurzer Zeit qualitativ hochwertige Offerten möglich sind. • Bisher wurden wenige praktische Beispiele von aktivierten Netzwerken publiziert. Die Nutzeffekte einer Ressourceteilung, eines gemeinsamen Marktzuganges oder einer optimalen Konfiguration eines Geschäftsprozesses sollten noch klarer hervorgehoben werden. • Ob die angestrebte Verlagerung ausgehend von einer Kapazitätenbörse hin zum Verkauf von greifbaren Dienstleistungen oder Produkten erreicht wird, muss die künftige Entwicklung des Netzwerkes noch aufzeigen.

Tab. 10: Virtualisierungsgrad der virtuellen Fabrik[170]

---

[170] Quelle: eigene Darstellung

6.6 Beurteilung

Der Virtualisierungsgrad ist somit relativ hoch, was ein aktiviertes Netzwerk innerhalb der virtuellen Fabrik betrifft. Für die Zukunft sind jedoch die Fokussierung auf spezifische Kernkompetenzen und Produktcluster die wichtigsten Punkte, die erfolgreich zu lösen sind.

Positiv an der virtuellen Fabrik ist, dass man sich in diesem Projekt bereits relativ früh mit der Virtualisierung von betrieblichen Strukturen auseinandergesetzt hat. Dies hat dazu geführt, dass auch in der Schweiz das Wort "virtuell" verbreitet wurde und zur Zeit auch Satellitenprojekte im Aargau und in der Zentralschweiz laufen. Weiter konnten konkrete Erfahrungen gemacht werden, ob eine längerfristige Kooperation im Netzwerk überhaupt möglich ist. Das Netzwerk "Virtuelle Fabrik Euregio Bodensee" besteht nun schon seit etwa drei Jahren und hat sich vor kurzem in der Form eines Vereins selbständig gemacht. Weiter hat der bisherige Projektleiter K. Millarg unter dem Namen "Synact" eine Broker- und Beratungsfirma eröffnet, die die Aufgabe der Geschäftsführung übernommen hat. Nach dem Start als Forschungsprojekt mit Industriebeteiligung deutet dies auf eine eigenständige Lebensfähigkeit hin.

7

Erfahrungsbericht Projekt VIRTUOS

7.1 Ausgangslage

Zu Beginn der Forschung zur Thematik der virtuellen Organisation konzentrierten sich die Projekte auf Netzwerke von Unternehmen derselben Wertschöpfungsstufe. Weiter basierten herkömmliche Konzepte meist auf der Optimierung einer einzelnen Kooperation. Aufgrund der veränderten Marktbedingungen müssen aber vermehrt ganzheitliche, "End to End"-Betrachtungen der Wertschöpfungskette vorgenommen werden. Weiter wird bezüglich Kapazität und Kompetenz immer mehr Flexibilität verlangt. Dies führt zu Netzwerkkonzepten wie z.B. die virtuelle Organisation. In einem Netzwerk von Unternehmen können sich neben bereits bestehenden Ketten spontan je nach Situation neue Konglomerate bilden.

Bis zu diesem Zeitpunkt konzentrierten sich jedoch die Projekte im Umfeld von virtuellen Organisationen auf Unternehmen derselben Wertschöpfungsstufe. Dies führte dazu, dass virtuelle Unternehmen aus Restkapazitäten gebildet wurden. Unklar war jedoch, ob virtuelle Unternehmen auch aus einer sequentiellen Wertschöpfungskette entstehen können und welche Aspekte bei der Gestaltung zu berücksichtigen sind.

Aus diesem Grund wurde Mitte 1996 am Betriebswissenschaftlichen Institut (BWI) der Eidgenössischen Technischen Hochschule in Zürich (ETHZ) das Projekt VIRTUOS gestartet, um den Aufbau von virtuellen Unternehmen ausgehend von einer Wertschöpfungskette zu untersuchen. Basis des Projektes VIRTUOS waren drei Firmen aus der Holzindustrie, die auf drei nachgelagerten Stufen in der Wertschöpfungskette tätig sind und hier etwas ausführlicher beschrieben werden.

Das Sägewerk in Finnland

Das Unternehmen ist ein mittelgrosser Hersteller und Vertreiber von Schnittholz und Hobelwaren in Finnland und verarbeitet nordische Fichte aus den umliegenden Wäldern. Die Forstarbeit wird nicht vom Sägewerk durchgeführt, sondern von der Forstabteilung eines grossen Zelluloseherstellers. Er verwertet die anfallenden Reste wie die Kronen und die Äste in seiner Zelluloseproduktion. Zur optimalen Ausbeute des geschlagenen Rundholzes können die einzelnen Aufträge im Bordcomputer der Fällmaschine festgelegt und somit beeinflusst werden, aber das in einem Rohwarenquerschnitt (d.h. Balken mit einem bestimmten Querschnitt) anfallende Volumen ist von Natur aus limitiert. Das geschlagene Rohmaterial fällt kontinuierlich jeden Tag in einer Menge an, die kleiner ist als die Losgrösse im Sägewerk. Dadurch werden sowohl die Produktionsmenge als auch die Produktionsfrequenz durch externe Faktoren eingeschränkt. Das eingekaufte Rundholz wird nach dem Wareneingang an der Sortieranlage vermessen und sortiert. Durch den Sägeprozess werden aus den Stämmen vier bzw. zwei Schnittholzbretter gewonnen, wobei gleichzeitig vier Seitenbretter minderwertiger Qualität als Kuppelprodukte anfallen. Nach dem Trocknungsprozess werden die Bretter mit Hilfe der automatischen Sortieranlage nach Länge und Qualität sortiert.

Das Hobelwerk in Österreich

Das eingekaufte frische Schnittholz mit einer Feuchtigkeit von 18% wird in eigenen Trocknungskammern sowie bei einem Lohntrockner auf 12% getrocknet. Vor dem Hobelprozess werden die Rohwaren auf die benötigten Querschnitte zugeschnitten. Beim Hobeln werden unterschiedliche Profile für den Innen- und Aussenbereich in verschiedenen Qualitäten produziert.

Informationstechnisch wird nur der Lagerbestand aller Materialien erfasst, wobei eine Unterscheidung zwischen Schnittholz frisch, Schnittholz trocken, Spaltgut und Profilhölzern erfolgt. Die physische Lagerorganisation ist chaotisch. Das Frischholz wird im Freien um die Lagerhallen herum gelagert, während die anderen Materialien in der offenen Lagerhalle gestapelt werden. Die Bodenlagerung erschwert einen direkten Zugriff bei der Entnahme, weshalb entweder nach dem Entnahmeprinzip LIFO oder ohne Prinzip vorgegangen wird.

Die Oberflächenbehandlungsfirma (OFB) in der Schweiz

Die eingekauften Profilhölzer werden teilweise direkt weiterverkauft und teilweise auf den zwei Lackierstrassen oberflächenbehandelt. Die

7.1 Ausgangslage

Steuerung der Oberflächenbehandlung erfolgt mit einem wöchentlichen Taktplan, der fünf Stufen umfasst (Verkauf, Auftragsabwicklung, Fabrikation, Puffer, Auslieferung). Das Lager umfasst drei Lagerhallen und wird für Halbfabrikate sowie Fertigprodukte genutzt. Die Lagerbestände werden durch ein Informationssystem verwaltet. Für die Warenbereitstellung und für die Auslieferung steht ein separates Pufferlager zur Verfügung.

Charakteristik der Produkte

In den folgenden drei Abschnitten werden spezifische Besonderheiten in der Holzindustrie aufgezeigt. Da es sich beim Holz um ein Naturprodukt handelt, fällt bei der Produktion einer bestimmten Qualität immer auch ein Nebenprodukt an. Weiter wird Holz stärker im Sommer und Herbst eingekauft, da dies die grosse Bausaison ist. Eine zusätzliche Besonderheit stellen die elf angebotenen Längen eines Profiles beim nordischen Holz dar.

Qualitätsverteilung

Auch bei totaler Prozessbeherrschung lässt es sich nicht vermeiden, dass während des Herstellungsvorganges Kuppelprodukte (Nebenprodukte anderer Qualität) anfallen. Besonders davon betroffen sind der Säge- und der Hobelprozess. Das Hobelwerk vertreibt seine Produkte in den Qualitäten A, AB, B und C, wobei die AB-Qualität das Hauptprodukt ist. Bei der Produktion einer bestimmten Qualität wird automatisch auch ein gewisser Anteil der anderen Qualitäten erzeugt (vgl. Abb. 23).

Wichtig ist diese Erkenntnis im Hinblick auf das Ergebnis: Je höher bei der Produktion aus einem bestimmten Ausgangsmaterial der Anteil der besseren Qualitäten ist, desto besser wird das Ergebnis. Diese Ausbeute ist deshalb so wichtig, weil beim Hobeln der Anteil der Materialkosten gegen siebzig Prozent ausmacht.

Produktion von A-Qualität		Produktion von AB-Qualität		Produktion von B-Qualität		Produktion von C-Qualität	
A	60%	AB	80%	B	90%	C	95%
B	25%	B	10%	C	10%	Ausschuss	5%
C	15%	C	10%				

Abb. 23: Anfallende Kuppelprodukte[171]

---

[171] Quelle: Brütsch & Beer-Hungerbühler 1997

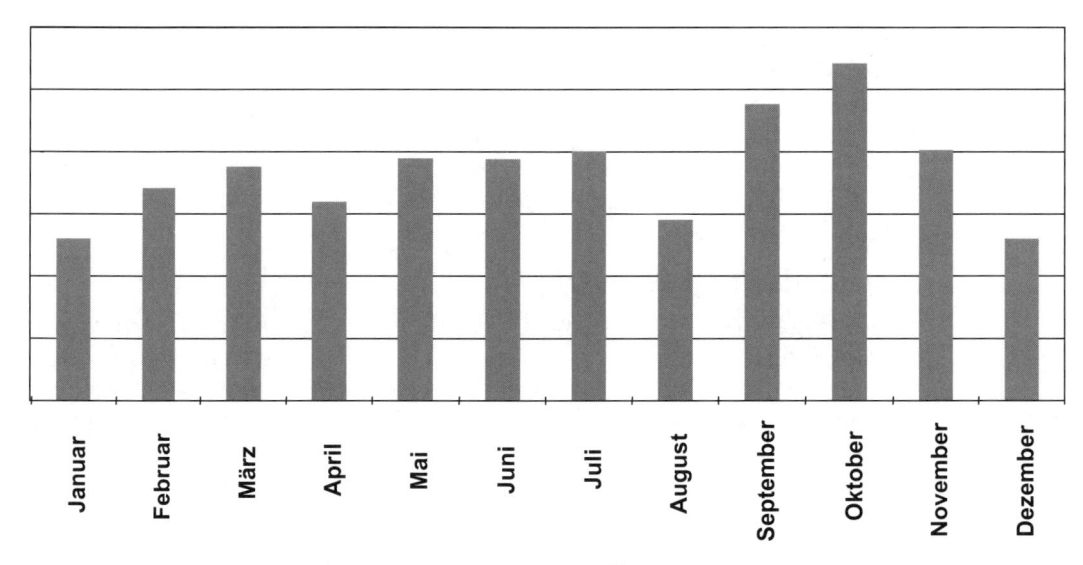

Abb. 24: Saisonalität des Verkaufes von Hobelwaren[172]

Saisonalität

Infolge der engen Koppelung an die Bauwirtschaft ergeben sich starke Nachfrageschwankungen über das Jahr. Im Monat September wird teilweise doppelt soviel Holz verkauft wie im Monat April (vgl. Abb. 24). Dies stellt an die gesamte Logistik und an die Produktion enorme Anforderungen. Sobald einzelne Betriebe nicht aufeinander abgestimmt arbeiten, bilden sich hohe Lagerbestände falscher Längen und Qualitäten.

Längenverteilung

Hobelwaren werden nach Länge und Quadratmeter verkauft. Das Ausgangsmaterial, die Sägewaren, werden jedoch nicht stückweise pro Länge bestellt, sondern in einer bestimmten Anzahl Kubikmeter einer bestimmten Qualität. Weil Sägewerke ihre Produkte nach Qualität und nicht nach Länge sortieren, enthält jede Qualitätskategorie eines Rohwarenquerschnittes verschiedene Längen, die sogenannten fallenden Längen. Das bedeutet soviel wie "vom Wald anfallende Längen". Schwierigkeiten bezüglich der Längenverteilung bereitet die im Sägewerk und im Hobelwerk unterschiedliche Interpretation des Ausdruckes "fallende Längen". Jede Firma interpretiert den Ausdruck so, dass eine möglichst hohe Auslastung der eigenen Anlagen erreicht und der Materialverlust minimiert wird. Im Sägewerk erfolgt der interne Transport der Produkte auf der gesamten Produktionsstrasse quer. Das bedeutet, dass längere und dickere Hölzer eine bessere Auslastung der Kapazitäten bringen. Im

---

[172] Quelle: Brütsch 1999

Hobelwerk wird jedoch längs gespalten und gehobelt, weshalb hier die Längen keine Rolle spielen. Für das Hobelwerk ist entscheidend, dass die produzierten und gelagerten Längen der jeweiligen Absatzmenge entsprechen, ansonsten bilden sich wiederum kapitalintensive Lager. Als Beispiel ist die Längenverteilung (vgl. Abb. 25) eines Produktes mit dem Querschnitt 13x90 mm aufgeführt.

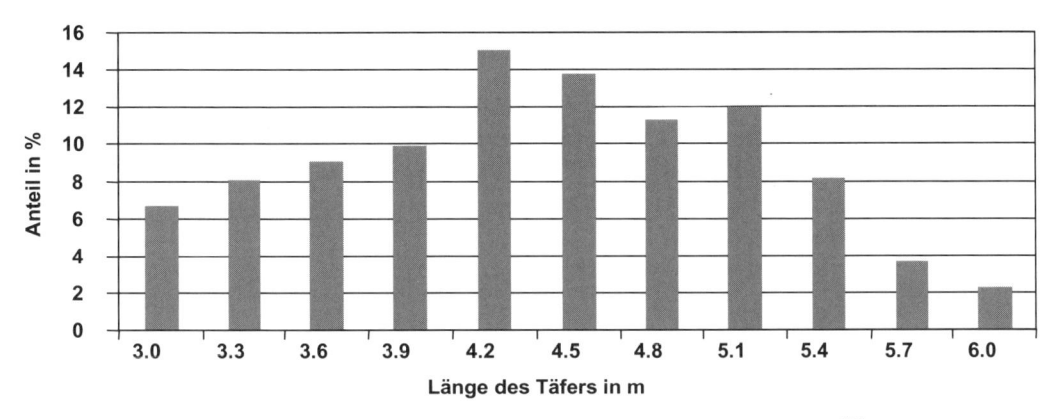

Abb. 25: *Vom Markt geforderte Längenverteilung eines typischen Produktes*[173]

7.2 Ziele

Das Ziel des BWI der ETH Zürich war es, die Gestaltung von virtuellen Unternehmen auf der Basis von Wertschöpfungsketten zu untersuchen. Nicht Restkapazitäten, sondern die Hauptaktivitäten der einzelnen Unternehmen sollten dabei vernetzt werden. Wie im vorhergehenden Abschnitt beschrieben, haben die am Projekt beteiligten Unternehmen mit extremen Bedarfsschwankungen umzugehen. Die Komplexität wird weiter erhöht durch ständig ändernde Qualitäts- und Längenverteilungen. Um nun das richtige Produkt zur rechten Zeit an den rechten Ort zu bringen, muss ein Optimum mit allen beteiligten Partnern gefunden werden, weil sonst die Leistungsfähigkeit der gesamten Wertschöpfungskette in Frage gestellt ist. Für kleinere und mittlere Unternehmen eröffnen sich deshalb im internationalen Wettbewerb grosse Chancen, wenn sie mit den bereits vorhandenen Geschäftspartnern enger kooperieren.

Wissenschaftliches Ziel des Projektes VIRTUOS war es, die Entwicklung und Umsetzung von neuen Formen der Zusammenarbeit zwischen Partnerfirmen zu ermöglichen, indem insbesondere Ansätze einer virtuellen Organisation zur Anwendung gelangen. Weiter sollten konkrete Gestaltungsempfehlungen für den Aufbau von Netzwerken und virtuellen Unternehmen abgeleitet werden können. Aus der Begleitung des Industrieprojektes sollten

---

[173] Quelle: Brütsch & Beer-Hungerbühler 1997

zusätzlich konkrete Erfahrungen aus der Praxis in die wissenschaftliche Arbeit einfliessen. Dies war insofern möglich, als die betrachtete Supply Chain sich aufgrund der hohen Marktanforderungen und des dynamischen Umfeldes Richtung Netzwerk und in gewissen Aspekten Richtung virtuelles Unternehmen (vgl. Beurteilung) entwickelt hat.

7.3 Organisation

In diesem Abschnitt wird, wie bei den anderen Erfahrungsberichten, unterschieden in Gestaltung und operative Tätigkeit des Netzwerkes. Das Forschungsprojekt VIRTUOS konzentrierte sich schwerpunktmässig auf die Gestaltungsphase, um daraus verallgemeinerte Gestaltungsempfehlungen zu gewinnen.

Gestaltung

Das Projektvorgehen war in vier für die Industriepartner relevante Phasen aufgeteilt: Analyse, Konglomeratbestimmung, Gestaltung und Ausweitung (vgl. Abb. 26).

- Analyse: Die erste Projektphase beinhaltete ein Kick-off-Meeting, eine Beleuchtung der für das Projekt relevanten Bereiche und Abläufe sowie den Entwurf eines Vorgehensplanes. Schwerpunkte der Analyse waren die firmenübergreifenden logistischen Abläufe und die Informatikunterstützung. Parallel dazu wurde der derzeitige Forschungsstand auf dem Gebiet der virtuellen Organisation mittels Literaturrecherchen untersucht.

- *Bestimmung des Konglomerates:* In der zweiten Projektphase erfolgte die definitive Zusammenstellung des Konglomerates und die Verabschiedung eines detaillierten Vorgehensplanes. Weiter mussten Workshops zur Bewusstseinsbildung veranstaltet werden.

- Aufbau des Konglomerates: In dieser Phase war geplant, die beteiligten drei Firmen logistisch und organisatorisch miteinander zu verknüpfen und das Firmenkonglomerat zu etablieren. Zwischen der OFB-Firma und dem Hobelwerk wurde eine enge organisatorische und logistische Zusammenarbeit mit themenspezifischen Workshops erreicht. Die Kooperation mit dem Sägewerk in Finnland erwies sich als etwas schwieriger.

- Ausweitung des Konzeptes auf ein Netzwerk: Anhand der gesammelten Erfahrungen wurde in dieser Phase das Konglomerat um weiter Produkte und Lieferanten ergänzt. Dazu wurden Gespräche mit zusätzlichen Lieferanten in Finnland und Österreich geführt und das Konzept vorgestellt. Mit einer Lieferantenbewertung wurden die besten Partner ausgewählt und Direktbeziehungen aufgebaut.

7.3 Organisation

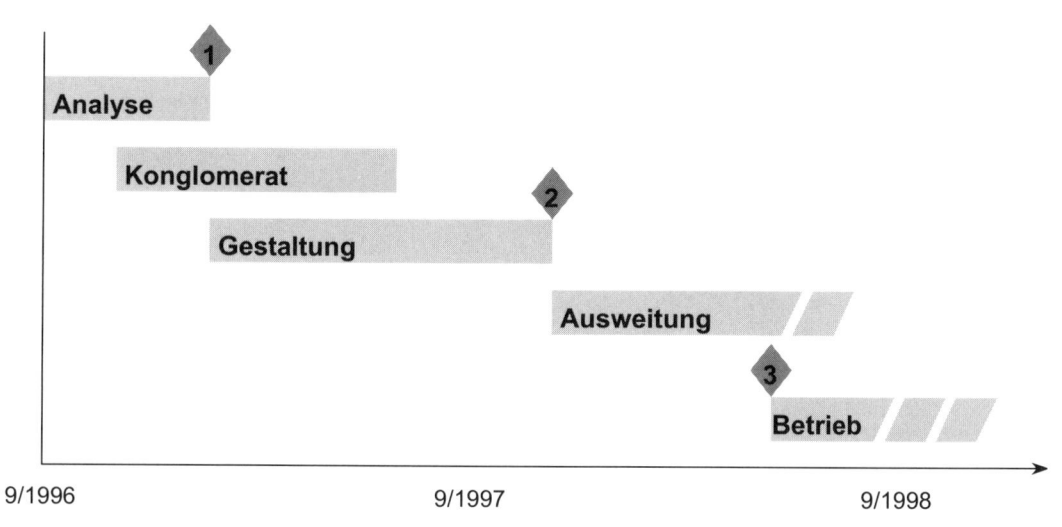

Abb. 26: Zeitplan mit Meilensteinen[174]

Organisation der operativen Tätigkeit des Netzwerkes

Die Organisation der operativen Tätigkeit wird so beschrieben, wie sie sich nach Beendigung des Projektes VIRTUOS präsentiert (vgl. Abb. 27). Die Ausgangssituation ist in bereits publizierten Berichten ausführlich beschrieben.

Im Bereich Hobelwerk, Lackierung und Verkauf konnte eine enge Zusammenarbeit in einem praktisch virtuellen Unternehmen erreicht werden. Wie aus der Grafik ersichtlich wird, ist aus den zwei ursprünglichen Unternehmen (Hobel AG und Lack AG) ein einziges scheinbar existierendes Gebilde entstanden. Die Täfer AG arbeitet länderübergreifend, hat aber selber keine eigenen Ressourcen. Für jeden Auftrag greift sie auf die spezifischen Kompetenzen der Partner zurück. Auf dem Markt wirkt die Firma wie eine Einheit, obwohl die Täfer AG selbst keinen Verkauf und keine Produktion hat. Diese Leistungen werden von den zwei Partnern Hobel AG und Lack AG bezogen. Gehobelt wird nach wie vor in Österreich, lackiert nur noch in der Schweiz und verkauft an beiden Standorten für die entsprechenden Märkte. Die Integration der Lieferanten konnte insofern optimiert werden, als heute mit mehr als fünfzig Prozent ein Direkteinkauf etabliert wurde. Früher waren im Normalfall immer noch Holzhändler dazwischen, die teilweise den Informationsfluss behinderten und eine entsprechende Marge kassierten. Damit dies möglich wurde, musste die Anzahl von über siebzig Lieferanten zu Beginn des Projektes drastisch reduziert werden. Im nordischen Bereich konzentrierte man sich von über vierzig auf zehn ausgewählte Toplieferanten, im heimischen Bereich wird eine Reduktion auf etwa zwanzig Lieferanten angestrebt.

---

[174] Quelle: Brütsch 1999

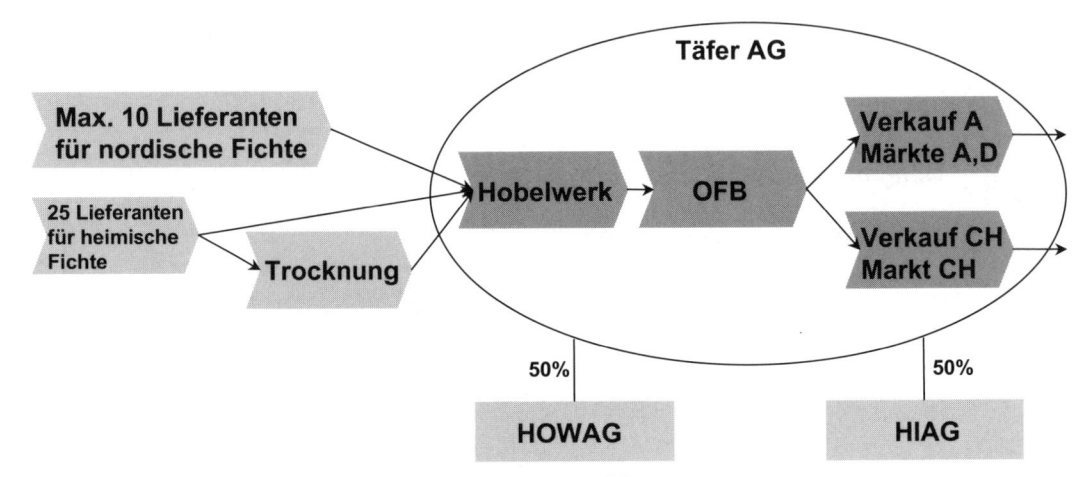

Abb. 27: Netzwerk entlang der Wertschöpfungskette[175]

Das Netzwerk ist heute unabhängig von externen Beratern und hat eine stabile operative Phase erreicht. Zur Regelung der rechtlichen Aspekte wurde zwischen der Hobel AG und der Holz AG eine entsprechende Vereinbarung in Form eines Gentlemen-Agreement unterzeichnet. Darin wird die je hälftige Beteiligung an der virtuellen Täfer AG und die gemeinsame Geschäftsführung durch die Geschäftsleiter der Hobel AG und der Lack AG festgehalten. Der Geschäftsleiter der Hobel AG konzentriert sich dabei auf die Produktion an beiden Standorten, während der Geschäftsleiter der Lack AG den Verkauf ebenfalls an beiden Standorten lenkt. Durch diese Arbeitsteilung war eine relativ schnelle Integration der unterschiedlichen Unternehmenskulturen möglich. Dies führte dazu, dass heute ein optimaler Informationsfluss zwischen den zwei Firmen in Österreich und der Schweiz herrscht.

Als Beispiel der Optimierung der Zusammenarbeit wird das Konzept zur Bewirtschaftung der Wertschöpfungskette erläutert, das nach der Analysephase des Projektes erarbeitet wurde und nun als Zielvorgabe für die firmenübergreifende Logistik gilt. Die Lösung stellt eine Mischung aus einem verbrauchs- und einem planungsorientierten System dar (vgl. Abb. 28), wobei das Trockenholzlager beim Hobelwerk als Schnittstelle zwischen diesen zwei Systemen fungiert. Die schnelle und flexible Produktion des Hobelwerkes und die der Oberflächenbehandlung (OFB) sind ideal für eine Produktion nach Bedarf. Damit kann optimal auf die sich ändernden Kundenwünsche eingegangen werden, ohne hohe Lagerbestände aufbauen zu müssen. Die zeitintensiveren Prozesse, wie das Sägen und das Trocknen, die wenig flexibel sind, werden gemäss Prognosen und Statistiken gesteuert.

---

[175] Quelle: Brütsch 1999

7.3 Organisation

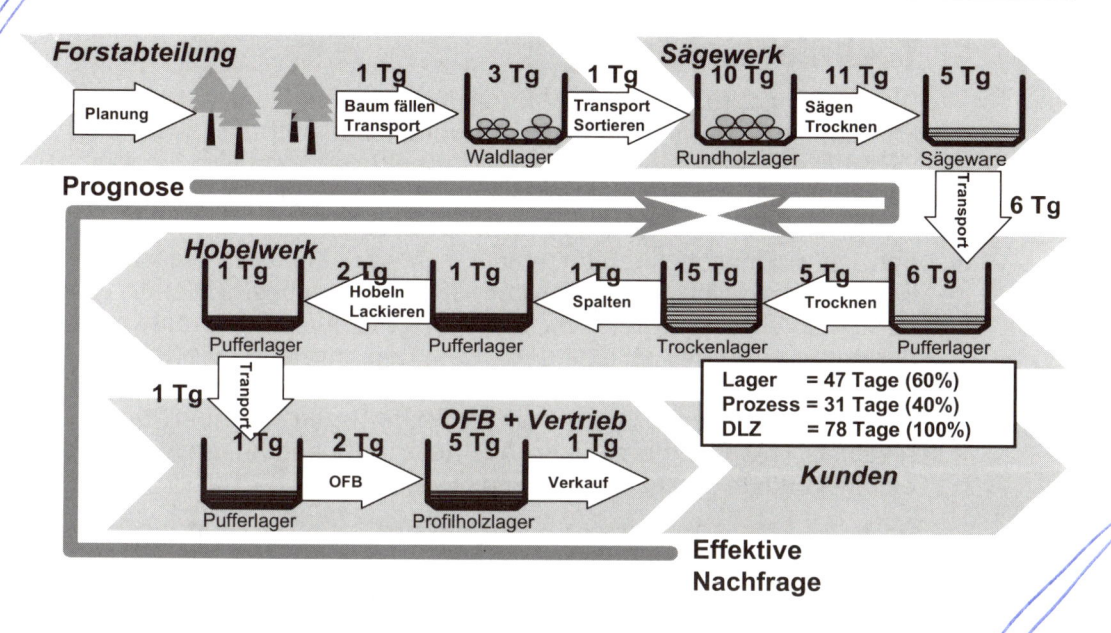

Abb. 28: Bewirtschaftungskonzept für die Wertschöpfungskette[176]

Die Zahl der bewirtschafteten Lager reduziert sich bei diesem neuen Bewirtschaftungskonzept auf drei: das Rundholzlager (Sägewerk), das Trockenholzlager (Hobelwerk) und das Profilholzlager (OFB). Alle anderen Lagerstufen werden in Pufferlager umgewandelt. Informationstechnisch müssen nur noch diese drei Hauptlager geführt werden, denn Pufferlager werden grundsätzlich nicht bewirtschaftet. Für die drei Hauptlager werden in der jeweiligen Firma die Sicherheitsbestände entsprechend angepasst. Auf dieser Basis lässt sich das Einsparungspotential abschätzen. Die Gesamtdurchlaufzeit kann mit der vorgeschlagenen Lösung um etwa fünfzig Prozent reduziert werden. Weiter können die Lagerbestände um mehr als fünfzig Prozent und der Aufwand zur Lagerbewirtschaftung um etwa dreissig Prozent reduziert werden. Tatsächlich wurden gegen Ende des Projekts Einsparungen im genannten Umfang erreicht.

Um Schwankungen in der Längenverteilung oder in der Menge abzustimmen, werden alle drei bis vier Monate die wichtigsten Lieferanten besucht. Dort werden aktuelle Prognose- und Verbrauchsdaten ausgetauscht und weitere Optimierungsmöglichkeiten diskutiert. Zusätzlich findet eine regelmässige Qualitätsrückmeldung an die Lieferanten statt, so dass Schwankungen in der Holzqualität bei der Preisfindung berücksichtigt werden können.

---

[176] Quelle: Brütsch & Beer-Hungerbühler 1997

7.4 Technische Lösung

Die Ausgangssituation im EDV-Bereich war zu Beginn des Projektes sehr kritisch: Es gab ein UNIX-System, worauf die Auftragsabwicklung, die Lagerbewirtschaftung und die Buchhaltung installiert waren. Die Entwicklung für den Produktionsplanungsteil war jedoch noch nicht abgeschlossen, d.h. es existierten noch keine Stücklisten, kein Offertwesen und keine Einkaufsunterstützung. Die Mitarbeiter hatten deshalb viele Excel-Listen kreiert und erfassten oft Daten doppelt. Weiter war die Verfügbarkeit des Systems nicht immer gewährleistet, so dass teilweise der gesamte Betrieb stillstand (ca. 2–3 Tage pro Jahr). Die vorhandenen PC waren zwar mit dem Server vernetzt, konnten aber unter sich keine Daten austauschen. Für geschäftskritische Daten auf den PC war kein regelmässiges Backup geplant. Auch die im Gebäude installierte Verkabelung genügte den Anforderungen nicht.

Nachdem die UNIX-Software mehr als drei Jahre in Form eines unvollendeten Prototyps betrieben wurde, musste ein Grundsatzentscheid gefällt werden. Es wurde deshalb ein EDV-Konzept Täfer 2000 erarbeitet, das die grundlegenden Möglichkeiten aufzeigte. Die Geschäftsleitung entschied sich in der Folge für die Anbindung der Hobel AG an das System der Holz AG. Innerhalb eines halben Jahres wurde die gesamte Verknüpfung realisiert. Über eine Onlineverbindung werden die Auftragsabwicklung, die Lagerbewirtschaftung, der Einkauf und die Buchhaltung direkt aus Österreich abgewickelt. Aufträge aus dem Markt Schweiz können umgekehrt direkt an das Hobelwerk weitergeleitet werden. Zudem haben alle Verkäufer an beiden Standorten Zugriff auf die aktuellen Bestände im Fertigwarenlager und können den Kunden sofort klare Auskünfte geben. Mit den Lieferanten werden via EMail quartalsweise Verbrauchszahlen ausgetauscht, damit auch für die Sägewerke eine bessere Planungsgrundlage für die Produktion und die Rundholzbeschaffung vorliegt. Eine Übersicht über das heutige IT-Netzwerk präsentiert Abb. 29.

Alles in allem kann heute wieder von einer angemessenen und sinnvollen IT-Unterstützung gesprochen werden. Es könnte natürlich noch weiter optimiert werden, doch die grundlegenden Punkte bezüglich Datensicherheit (Backup), Verfügbarkeit des Systems und der Netzwerke und Zugriff auf gemeinsame Daten sowie deren Pflege wurden bereinigt.

7.5 Erfahrungen

Im Projekt VIRTUOS hatten alle beteiligten Unternehmen ähnliche Ziele, weil sie realisierten, dass sie gemeinsam ihre Kosten und Bestände besser reduzieren konnten. Zudem fand eine Bereinigung der Kompetenzen statt. Früher führten sowohl die Hobel AG wie auch die Lack AG Oberflächenbehandlungen durch. Heute ist diese Kompetenz bei der Firma

7.5 Erfahrungen

Lack AG angesiedelt, wo auf einer sehr modernen Anlage gearbeitet wird. Einen nicht zu vernachlässigenden Einfluss auf die Partnerschaft hat auch der enorme Marktdruck ausgeübt. In den letzten drei Jahren ging das gesamte Marktvolumen pro Jahr um etwa dreissig Prozent zurück. Die Optimierungen im Rahmen des Projektes waren somit mehrheitlich überlebensnotwendig.

Als Ergebnis ihrer Anstrengungen konnten die beteiligten Firmen massive Reduktionen der Lagerbestände realisieren, was sich nicht nur in einer geringeren Kapitalbindung ausdrückt, sondern auch in einer geringeren Hektik und in einer Verbesserung der Platzsituation auf den Firmengeländen. Weiter konnte teilweise eine Händlerstufe eliminiert werden, was sich sehr positiv auf die Margensituation ausgewirkt hat. Folgende positive Punkte können erwähnt werden:

- Die beteiligten Unternehmen hatten von Beginn weg relativ ähnliche Ziele, was eine Erleichterung für den Projektstart und das Projektgelingen darstellte.

- Durch die bereits existierenden Geschäftsbeziehungen innerhalb des Projektkonglomerates war es einfacher, Massnahmen zur Verbesserung der Kommunikation und des Informationsaustausches zu treffen. Daraus entstanden später echte Vertrauensbeziehungen.

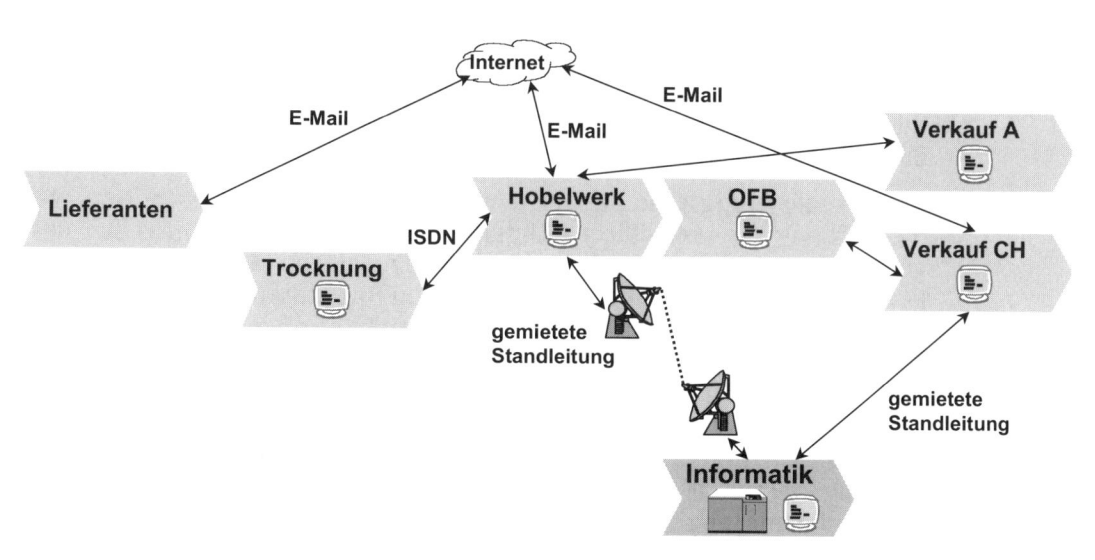

Abb. 29: Aktuelle IT-Netzwerkübersicht[177]

---

[177] Quelle: Brütsch 1999

- Ausgehend von einer internationalen Wertschöpfungskette (Finnland, Österreich, Schweiz) in der Holzbranche konnten geeignete Methoden bestimmt werden, um die Ausgangslage bezüglich Informatik und Logistik festzuhalten und zu optimieren. Weiter wurden Methoden zum Aufbau von partnerschaftlichen Beziehungen und Netzwerken angewendet, um so das Verhalten von Vertrauensorganisationen näher zu untersuchen.

Die wichtigsten Schwierigkeiten sollen ebenfalls vorgestellt werden:

- Erschwerend wirkte, dass eine Deckungsbeitragsrechnung erst aufgebaut und eingeführt wurde. Auch andere Kennzahlen fehlten zu Beginn des Projektes, was den Vergleich bzw. die Fortschrittsmessung komplizierte.

- Das erreichte Netzwerk hat relativ statischen Charakter, was bedeutet, dass praktisch keine Rekonfiguration zu erwarten ist.

- Die Abstimmung und Vereinbarung unterschiedlicher Unternehmenskulturen in unterschiedlichen Ländern stellt eine grosse Herausforderung dar und war auch im Projekt VIRTUOS nicht immer einfach.

7.6 Beurteilung

Im Projekt VIRTUOS hat sich gezeigt, dass ein Netzwerk entlang der Wertschöpfungskette eine gute Ausgangslage zum Aufbau von virtuellen Organisationsstrukturen darstellt. Die zwei Trends Virtualisierung und Bildung von Netzwerken haben eindeutig auch die Holzbranche erfasst. Eine Charakterisierung im Vier-Merkmal-Schema ergibt folgendes Bild:

Der Virtualisierungsgrad der Täfer AG ist bereits recht fortgeschritten, weil die Wirkung als einheitliches Unternehmen vorhanden ist und bewusst gefördert wird, obwohl die Täfer AG über keine eigenen Ressourcen verfügt. Es werden jedoch eher weniger dynamische Strukturen aufgebaut. Die im Projekt gebildete Täfer AG umfasst momentan zwei Firmen und wird voraussichtlich nicht mehr Teilnehmer aufnehmen. Besonders ist jedoch, dass das Produkt des Netzwerkes sehr klar definiert ist. Der erreichte Virtualisierungsgrad wird einzig eingeschränkt durch die praktisch inexistente Rekonfiguration, weil die beteiligten Partner fix sind. Hier zeigen sich teilweise bereits die Grenzen der Virtualisierung. Wenn ein Netzwerk von Partnern sehr eng kooperiert, ein Vertrauensklima etabliert und die Rollen so klar aufteilt wie in diesem Beispiel, so gibt es keinen Anlass, die Partner so schnell wieder zu wechseln. Aus dem Projekt konnten einige wichtige Gestaltungshinweise abgeleitet werden, die beim Aufbau eines virtuellen Unternehmens beachtet werden müssen:

7.6 Beurteilung

Merkmal	Ausprägung bei der Täfer AG
Konstituierende Charakteristika	• Bewusst koordinierte Tätigkeit (bezüglich Logistik, Produktion und Finanzen) mit dem Ziel, ein Gesamtoptimum für die beteiligten Partner zu erreichen. • Wirtschaftliche Ziele: Umfassende Leistungen im Bereich Täferproduktion und Aufbau einer langfristigen Überlebensstrategie im arg unter Druck geratenen Bauzuliefermarkt.
Fehlende physikalische Attribute	• Die Täfer AG hat ausser der Geschäftsleitung keine eigenen Ressourcen. • Zentrale Funktionen werden vermieden durch ein Job-Sharing in der Geschäftsleitung. • Die Firma hat keine Zentrale; Kunden werden durch die entsprechenden Verkaufsbereiche pro Land betreut. • Als Rechtsform wurde die AG gewählt, weil es sich dabei um eine allgemein bekannte Rechtsform handelt.
Spezielle Zusatzspezifikationen	• Die eingesetzten Ressourcen der Täfer AG sind spezifische Kernkompetenzen und klar nach Aufgabe in der Wertschöpfungskette aufgeteilt (Trocknen, Hobeln, Lackieren, Verkaufen). • Das Netzwerk greift auf ein gemeinsames EDV-System zu, welches durch eine Drittfirma betrieben wird. Seit Anfang 1998 läuft das System online. • Die Täfer AG wirkt auf dem Markt wie eine einheitliche Firma und hat sich dies auch weiter als Ziel vorgenommen.
Nutzeffekte	• Durch eine verbesserte Kooperation konnten die Abläufe vereinfacht und die Durchlaufzeit verkürzt werden. • Bezüglich der Kapazität wurde eine hohe Flexibilität erreicht, ohne zu viele und zu hohe Lager in der Wertschöpfungskette zu haben. • Die beteiligten Firmen haben einen gemeinsamen Marktzugang für die Märkte CH, D, A aufgebaut. • Die Firmen könnten ihr Angebot noch weiter in Richtung umfassende Täferproduktion ausweiten.

Tab. 11: Virtualisierungsgrad Täfer AG[178]

- Eine Netzwerkbildung und eine Virtualisierung muss immer auf der Basis von klaren strategischen Zielen erfolgen.
- Ein virtuelles Unternehmen benötigt noch klarere Vorstellungen im Vergleich zu einem herkömmlichen Unternehmen, wie die Leistung bzw. das Produkt aussehen soll.
- Ein virtuelles Unternehmen kann einen physischen Materialfluss und physische Produkte beinhalten, im Dienstleistungsbereich, wo das

---

[178] Quelle: eigene Darstellung

Produkt aus Information besteht, ist jedoch eine etwas schnellere Umsetzung möglich.

- Durch Kenntnis der jeweiligen Situation der Partner wird die Suche nach einer für alle Beteiligten optimalen Lösung deutlich erleichtert.
- Echtes Vertrauen benötigt in der Regel persönliche Kontakte.

8

Weitere Erfahrungsberichte

In diesem Kapitel werden noch drei weitere Projekte vorgestellt, die mit der Thematik der virtuellen Organisation sehr eng verknüpft sind. Das erste Beispiel stammt aus der Tourismusbranche und beschreibt ein Netzwerk von Hotels, Verkehrsvereinen, Fachhochschulpartnern und weiteren Mitgliedern im Kanton Tessin. Das zweite Projekt beschreibt ein regionales Netzwerk für Klein- und Mittelbetriebe aus dem industriellen Umfeld im Kanton Basel. Das dritte Beispiel beschreibt ein Kompetenz-Netzwerk, das aufgrund einer privaten Initiative aufgebaut worden ist.

8.1 Tourismusnetzwerk im Tessin

Virtuelle Organisation in der Realität scheint ein Widerspruch zu sein, weil virtuell als Gegenteil von real aufgefasst wird. Trotzdem wurde im Kanton Tessin etwas Reales geschaffen, und zwar auf der Basis eines Konglomerates, das dem Idealfall der virtuellen Organisation sehr nahe kommt.

Ausgangslage

Tourismusangebote sind Dienstleistungen und werden erst erbracht, wenn der Gast wirklich vor Ort ist. Der Gast kann also die gewünschte Leistung nicht testen, was bedeutet, dass er mehr Vertrauen in die Leistungsträger braucht als bei herkömmlichen Produkten. Weiter ist der Gast nicht fixiert auf einen Leistungsträger, sondern sucht sich aus dem Angebot aus, was er gerne möchte. D.h. die Dienstleistung wird sehr individuell massgeschneidert. Die Hauptkriterien des Angebotes sind:

- *Zeit*: Der Gast plant zu einer ganz bestimmten Zeit Ferien oder ist während fünf Tagen an einem Kongress. Das Zeitfenster für mögliche Tourismusleistungen ist somit gegeben.
- *Themen*: Der Gast will beispielsweise mit seiner Familie Ferien im Kanton Tessin verbringen. Seine Frau interessiert sich für romanische Architektur, seine Kinder wollen Mountainbiken und Inline-Skaten, und er möchte gut essen. Das Tourismusangebot muss also nach Themen gegliedert sein und auch mögliche Kombinationen aufzeigen.
- *Ort*: Falls die Themen wichtiger sind als der Ort, wird zum Schluss noch eine Unterkunft ausgesucht, die möglichst ideal liegt. Es kann auch sein, dass der Ort fix vorgegeben ist (z.B. bei einer Konferenz) und der Gast wissen will, was in der näheren Umgebung alles los ist.

Für den Gast ist es letztlich irrelevant, wer die Leistung erbringt, wenn er gemäss den obigen Kriterien ausgewählt hat und das Preis/Leistungsverhältnis stimmt. Doch bis jetzt waren die Tourismusangebote im Tessin nicht als eine Gesamtheit verstanden worden. Jedes Hotel oder jeder Reiseveranstalter hatte seine eigene Kundengruppe und führte seine eigenen Marketingaktivitäten durch. Einige Verkehrsvereine versuchten gewisse Informationen zusammenzutragen und das Angebot für den Gast etwas zu bündeln. Doch jeder Leistungsträger hatte eine eigene Strategie oder eigene Vorstellungen und versuchte, sich gegenüber der Konkurrenz in der näheren Umgebung zu behaupten.

Die Trends in den letzten Jahren haben aber die Situation verschärft. Durch eine ständige Reduktion der Transportpreise kommt es auch im Tourismus zu einer Globalisierung. Die Konkurrenz ist also nicht mehr im nächsten Tal, sondern auf den Malediven, Kanarischen Inseln oder in den Rocky Mountains. Andererseits machen die Gäste durch die erhöhte Mobilität vermehrt Kurzferien, verlangen aber dieselbe Qualität im Angebot und in der Betreuung. Die Gäste werden zunehmend anspruchsvoller, weil sie bessere Vergleichsmöglichkeiten haben, und wollen vermehrt individuelle Angebote. Der Internet-Boom beeinflusst auch den Tourismus sehr stark. Informationen über mögliche Angebote können weltweit und online abgefragt werden und es bilden sich Qualitätsstandards für die Aufbereitung und Darstellung von Informationen. Diese Entwicklungen waren Anlass zum Start des Projektes ORVIETTI (= Organizzazione Virtuale Enti Turistici in Ticino).

Ziel

Angestrebt wurde die Bildung einer horizontalen Kooperation mit gemeinsamen Zielen, um die Tourismusangebote einer Region (Kanton Tessin) online zur Verfügung zu stellen. Als primäre Kunden waren die lokalen Leistungsträger (Verkehrsvereine, Hotels, ...) vorgesehen, bald wurde jedoch eine öffentliche Publikation im Internet als unumgänglich erachtet.

Im Rahmen dieses Projektes waren zwei Elemente aufzubauen. Erstens muss ein Netzwerk von Firmen mit dem erwähnten gemeinsamen Ziel zusammengestellt werden, und zweitens muss eine Projektorganisation für die Umsetzung der technischen Lösung eingesetzt werden.

Organisation

Die Bildung eines horizontalen Netzwerkes unter Partnern, die teilweise Konkurrenten sind, stellt eine sehr heikle Aufgabe dar. Eine solche Situation kann nur bewältigt werden, wenn ein klares Ziel oder eine gemeinsame Vision vorhanden ist. Weiter muss ein Vertrauensverhältnis aufgebaut werden, damit alle den Nutzen ihres Beitrages und ihrer Offenheit einsehen. Wenn man nun das konkrete Konglomerat im Tessiner Tourismus betrachtet (vgl. Abb. 30), so fällt auf, dass hier entscheidende Schritte in dieser Richtung gemacht wurden.

Neben vielen Verbänden sind auch Hotels, Restaurants und lokale Verkehrsvereine miteingebunden. Kern dieses Netzwerkes war ein KTI-Projekt mit einem Verleger, dem Verkehrsverein Kanton Tessin und dem CIMSI – ein Forschungsinstitut der Fachhochschule Tessin. Im Laufe des Projektes kamen immer mehr Partner hinzu, und die Strukturen wurden geklärt. Insgesamt sind etwa 25 Firmen, Vereine, Verbände, Institute oder Einzelunternehmer beteiligt. Als Leitungsgremium hat das Konglomerat einen Rat von acht Personen gewählt, die die Bereiche Tourismus, Freizeit und Ausbildung vertreten.

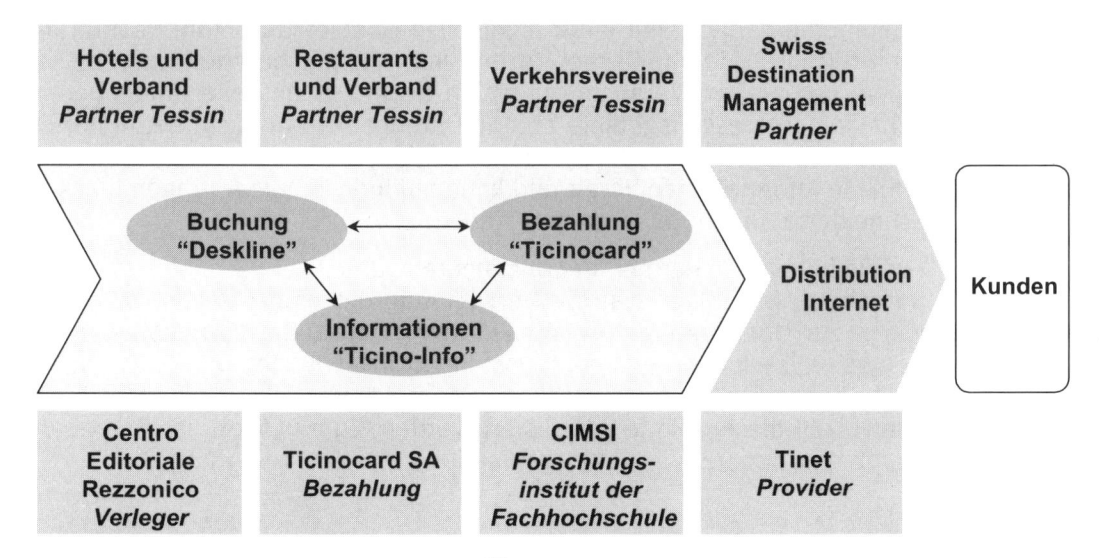

Abb. 30: Netzwerk im Tessiner Tourismus[179]

---

[179] Quelle: eigene Darstellung

Weitere Erfahrungsberichte

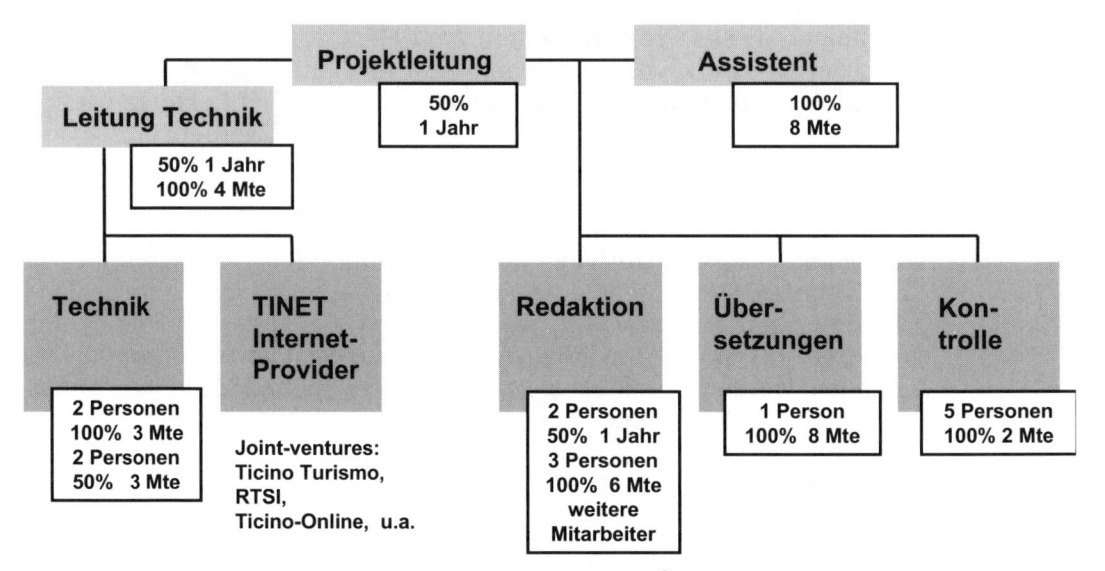

```
                    ┌──────────── Projektleitung ────────────┐              Assistent
  Leitung Technik                    50%                                      100%
                                    1 Jahr                                   8 Mte
    50% 1 Jahr
    100% 4 Mte
    │         │                                    │              │              │
 Technik    TINET                              Redaktion        Über-           Kon-
            Internet-                                         setzungen        trolle
            Provider
 2 Personen                                    2 Personen     1 Person      5 Personen
 100% 3 Mte   Joint-ventures:                  50% 1 Jahr    100% 8 Mte    100% 2 Mte
 2 Personen   Ticino Turismo,                  3 Personen
 50%  3 Mte   RTSI,                            100% 6 Mte
              Ticino-Online, u.a.               weitere
                                              Mitarbeiter
```

Abb. 31: Projektorganisation zum Betrieb der Datenbank[180]

Technische Lösung

Die technische Lösung besteht zur Hauptsache aus einer multimedialen Tourismusdatenbank für individuelle Ansprüche. Bis heute (Stand April 1998) sind ca. 6500 Dokumente in zweisprachiger Form (deutsch & italienisch) gespeichert. Als Ziel für 1999 ist eine Erweiterung auf 8000 Dokumente geplant, mit einer englischen Übersetzung. Vom Restaurantführer über topographische Karten mit Ausflugsbeschreibung bis zu einem kompletten Veranstaltungsplan deckt der aktuelle Inhalt bereits sehr viele Interessensgebiete ab. Die Datenbank ermöglicht heute bereits eine bessere und schnellere Kommunikation, stellt wahrheitsgetreue und aktuelle Informationen bereit und kann auf individuelle Anfragen massgeschneiderte Angebote zusammenstellen.

Für die beteiligten Partner im Konglomerat wurden sehr schnelle Leitungen aufgebaut. Grundlage war die Verwendung der vorhandenen Kabelnetzwerke zur Übertragung von Fernsehprogrammen. Da die meisten Hotels bereits angeschlossen waren, mussten nur Investitionen in entsprechende Empfangsgeräte getätigt werden. Diese Lösung war erstmals in der Schweiz in diesem Projekt realisiert worden. Zum Betrieb der Datenbank wurde eine separate Projektorganisation gestartet (vgl. Abb. 31).

Erfahrungen

Auf der Basis eines Forschungsprojektes war genug Geld vorhanden, um die schwierige Phase der Überzeugung von Partnern und der Projekt-

---
[180] Quelle: eigene Darstellung

konfiguration erfolgreich zu meistern. Auffällig war, dass nicht die technischen Probleme ein zügiges Weiterkommen behinderten, sondern dass zwischenmenschliche Spannungen und Ängste vor eventuellen Imageverlusten die grössten Hürden darstellten. Einige Erfahrungen sind in der folgenden Tabelle zusammengefasst (vgl. Tab. 12).

Positive Erfahrungen	Negative Erfahrungen
+ Kürzere Einführungszeiten für Lösungen	− Längere Konsensfindung
+ Mehr Kompetenz im Verbund	− Veränderungen in Management und Strategie
+ Stärkerer Marktauftritt	− Teure Aufbauphase
+ Tiefere Beschaffungskosten	− Lügen und Tricks
+ Flexibilität von Internet	− Diskretion
+ Neue Kommunikationstechnologien (TV, ISDN)	− Unterschiedliches Kompetenzniveau
+ PC auf einheitlicher Plattform	

Tab. 12: Erfahrungen Projekt ORVIETTI [181]

Schlussendlich waren jedoch alle Partner vom Nutzen des virtuellen Tourismusnetzwerkes überzeugt. Entscheidend war, dass innerhalb des Netzwerkes eine kooperative und offene Atmosphäre gefördert wurde, um gemeinsame Ziele zu finden. Zur Zeit sind die gesamten Informationen für Mitglieder des Netzwerkes verfügbar, es laufen aber noch finanzielle Abklärungen, um das System via Internet interessierten Touristen verfügbar zu machen. Damit ist man dem ursprünglichen Ziel, für den Kunden einen virtuellen Informations- und Buchungsschalter mit sehr vielen touristischen Angeboten aufzubauen, ein gutes Stück näher gekommen.

8.2 Virtuelle Unternehmen der Region Basel

Auch in der Region Basel wurden die Ideen von virtuellen Unternehmensformen relativ schnell aufgenommen. Schon lange suchte man nach einer Möglichkeit, ein Netzwerk zur Förderung von Unternehmen in der Region aufzubauen. Dabei sollten die spezifischen Fähigkeiten und die Flexibilität von kleinen und mittleren Unternehmen als eigentliche Stärken in den Verbund eingebracht werden. Als ein virtuelles Unternehmen wird in diesem Projekt ein Netzwerk von unabhängigen Firmen bezeichnet, die sich temporär, d.h. kurzfristig und zeitlich begrenzt, für einen bestimmten Zweck zusammenschliessen.

---

[181] Quelle: eigene Darstellung

Die folgenden Angaben beruhen auf einem Interview im Mai 1998 mit Prof. F.A. Kopp und M. Käsermann am CIM-Zentrum Muttenz über die Genossenschaft "Virtuelle Unternehmen der Region Basel". Schriftliche Unterlagen wie die Statuten, das Betriebsreglement, die Spielregeln der ARENA und diverse Werbebroschüren wurden ebenfalls hinzugezogen (vgl. Anhang 12.4 bis 12.6).[182] Als Trägerschaft für dieses Projekt tritt die Basellandschaftliche Kantonalbank, die Fachhochschule beider Basel und der Kanton Basel-Landschaft in Erscheinung.

Ausgangslage

Das Netzwerk "Virtuelle Unternehmen der Region Basel" mit der Rechtsform einer Genossenschaft befindet sich zur Zeit im Aufbau. Der Anstoss zum Projekt kam von der Basellandschaftlichen Kantonalbank im Mai 1995. Zusammen mit dem CIM-Zentrum Muttenz hatte man sich Gedanken gemacht, wie für KMU neue Märkte erschlossen werden könnten. Aus Publikationen wurde später die Idee des virtuellen Unternehmens aufgegriffen, und der Gedanke eines regionalen Unternehmensnetzwerkes entstand.

Ziel

Die unterschiedlichen Parteien hatten sehr unterschiedliche Vorstellungen vom Nutzen dieses Projektes: Der Kanton wollte die in der Region vorhandenen Arbeitsplätze erhalten und ausbauen, das CIM-Zentrum Muttenz wollte seinerseits einen Beitrag zum Produktionsstandort Schweiz leisten, und die Basellandschaftliche Kantonalbank hatte das Ziel, ihre KMU-Kunden zu fördern. Dennoch konnte man sich auf ein einheitliches Ziel einigen: Durch ein neues Forum für KMU der Region Basel soll die Möglichkeit zur Bildung von virtuellen Unternehmen geboten werden. Wörtlich wird der Zweck der Genossenschaft in den Statuten wie folgt wiedergegeben:

> *"Selbständige Klein- und Mittelunternehmen schliessen sich in einem Netz zusammen, um gemeinsam Kundenprojekte zu bearbeiten. Jedes Unternehmen trägt die Leistungen bei, die es am besten und günstigsten erbringen kann oder für die es gerade Kapazitäten frei hat."* [183]

Die Genossenschaft "Virtuelle Unternehmen der Region Basel" (GVUB) stellt dabei ihren Mitgliedern die Grundlagen (Dienstleistungen und Informationen) für die Bildung virtueller Unternehmen zur Verfügung. Für die Mitglieder ergibt sich daraus die Möglichkeit, in gemeinsamen Projekten von den Vorteilen virtueller Unternehmen zu profitieren. In den Werbeunterlagen werden diese wie folgt beschrieben:

---

[182] vgl. auch Kopp & Neeser 1998

[183] vgl. Anhang 12.4

8.2 Virtuelle Unternehmen der Region Basel

- Zusammenführen sich ergänzender Kernkompetenzen;
- Teilen von Infrastruktur und Risiko;
- Flexibler Zugriff auf Ressourcen;
- Gegenseitiger Zugang zu Märkten;
- Anbieten kompletter Lösungen.

Organisation

In diesem Abschnitt werden einerseits die Phasen der Umsetzung und andererseits die Organisation des Betriebs erläutert. Zur Zeit ist die Gründungsphase abgeschlossen, wobei die Erfahrungen aus der Pilotphase berücksichtigt werden konnten.

Das Projekt gliedert sich in vier Phasen (vgl. Abb. 32): Konzept, Pilot, Gründung und Betrieb. Die Konzeptphase wurde im Mai 1997 gestartet; Anfang 1999 will man operativ tätig sein.

In der Konzeptphase wurden die Ziele bereinigt, Literatur aufgearbeitet und mögliche Konzepte für die Organisation aufgestellt. In der teilweise überlappenden Pilotphase wurde das Konzept mit einer Gründergruppe ausgetestet. Weiter wurden Spielregeln definiert und der Aufbau einer Kompetenzdatenbank gestartet. Am Ende der Pilotphase wurde bewusst ein Grundsatzentscheid über die Weiterführung des Projektes gefällt, um die Unterstützung aller Beteiligten für den operativen Betrieb zu haben.

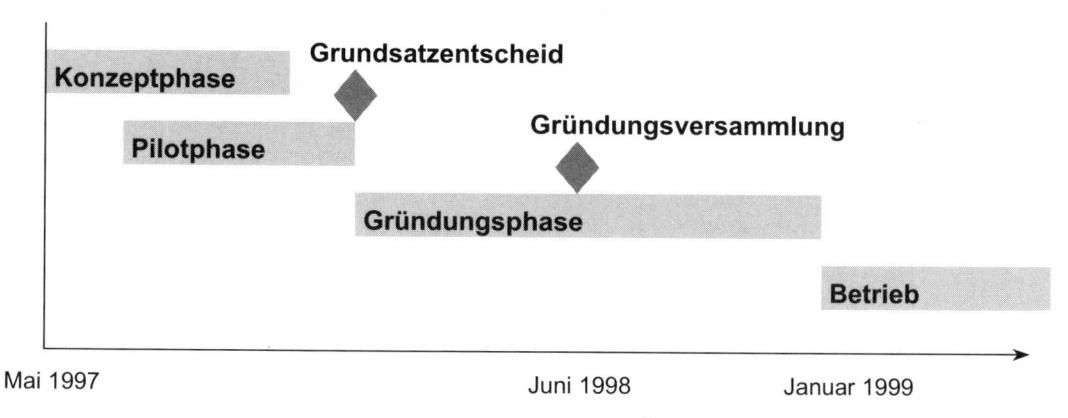

Abb. 32: Zeitplan für Virtuelle Unternehmen Region Basel[184]

Schwerpunkt der momentan laufenden Gründungsphase ist die Gewinnung von Mitgliedern und die Durchführung einer Gründungsversammlung. Mittels Werbebroschüren wurden die Unternehmen eingeladen, sich zu

---
[184] Quelle: Brütsch 1999

beteiligen. Potentielle Mitglieder können Einzelpersonen wie auch juristische Personen sein und müssen keine besonderen Voraussetzungen erfüllen. Bis Mitte Mai 1998 haben sich bereits 150 Interessenten gemeldet, wovon sich 75 bereits für einen Beitritt entschlossen haben. Die Zielgrösse der Genossenschaft beträgt 150 Mitglieder. Jede teilnehmende Firma wird persönlich besucht, um die Situation vor Ort aufzunehmen und die Kernkompetenzen festzuhalten. Als zusätzliche, vertrauensbildende Massnahme wurde der sogenannte "KMU-Stammtisch" eingeführt, damit sich die einzelnen Genossenschaftsmitglieder besser kennenlernen können. Entscheidender Meilenstein der Gründungsphase war die Abnahme der Statuten und des Betriebsreglements (vgl. Anhang 12.5) anlässlich der Gründungsversammlung im Juni 1998. Ab Anfang nächsten Jahres beginnt die Phase des operativen Betriebs.

Die Organisation des Betriebs sieht drei Elemente zur Unterstützung der Arbeit der Genossenschaft vor: die ARENA, die Kompetenzdatenbank und den KMU-Stammtisch.

- *ARENA:* Die ARENA spielt eine zentrale Rolle bei der Entgegennahme von Projektideen und bei der Unterstützung von Projektbeschreibungen. Im Betriebsreglement ist festgelegt, dass die ARENA eine unabhängige Institution ist, mit dem Ziel, Aufträge oder Projekte und Innovationen wertfrei entgegenzunehmen und so zu bearbeiten, dass sie ins "Virtuelle Unternehmen der Region Basel" eingespeist werden können. Die ARENA ist nur Vermittlerin von Kooperationen und übernimmt selbst keine Projektleitungsverantwortung, weder in Projekten noch in Aufträgen. Die ARENA ist frei, die sich für diesen Zweck notwendigen Strukturen selbst zu geben. Praktisch bedeutet dies, dass ein wöchentlich tagendes Gremium aus erfahrenen Dozenten und Beratern Projektideen sichtet und Prioritäten festlegt. Weiter unterstützt die ARENA bei der Formulierung von Projekten, bestimmt begleitende Projektleiter und schlägt Wege zur Verwirklichung des Projektes vor. Kommt ein Auftrag durch die Vermittlung der ARENA zustande, so muss nach Abschluss des Projektes ein Prozent der Auftragssumme überwiesen werden, d.h. die Dienstleistung ist nicht gratis.

- *Kompetenzdatenbank:* Im Betriebsreglement ist festgehalten, dass die ARENA "um ihren Zweck zu erfüllen" eine Datenbank betreiben soll, in der Kernkompetenzen der Genossenschaftsmitglieder treuhänderisch verwaltet werden. Die Genossenschaft "Virtuelle Unternehmen der Region Basel" hat ihrerseits das CIM-Zentrum Muttenz (CZM) mit der Vermittlung von einfachen Aufträgen, der Datenpflege und dem Betrieb der Datenbank beauftragt. Folgende Daten werden in der Datenbank verwaltet: Firmenname, Ansprechpartner, Adresse, Kernkompetenz.

- *KMU-Stammtisch:* Mit dieser regelmässig stattfindenden Plattform soll der Kontakt unter den Mitgliedern der Genossenschaft gefördert und die Diskussion über Projektideen angeregt werden. Bereits in der Pilotphase wurde bemerkt, dass zusätzliche Massnahmen zur Vertrauensbildung

8.2 Virtuelle Unternehmen der Region Basel

notwendig sind. Der in der Gründungsphase gestartete KMU-Stammtisch wird deshalb auch in der Betriebsphase weitergeführt.

Anhand der folgenden Graphik wird nun erläutert, wie der Informationsfluss zum Aufbau von virtuellen Unternehmen innerhalb der Genossenschaft verläuft (vgl. Abb. 33).

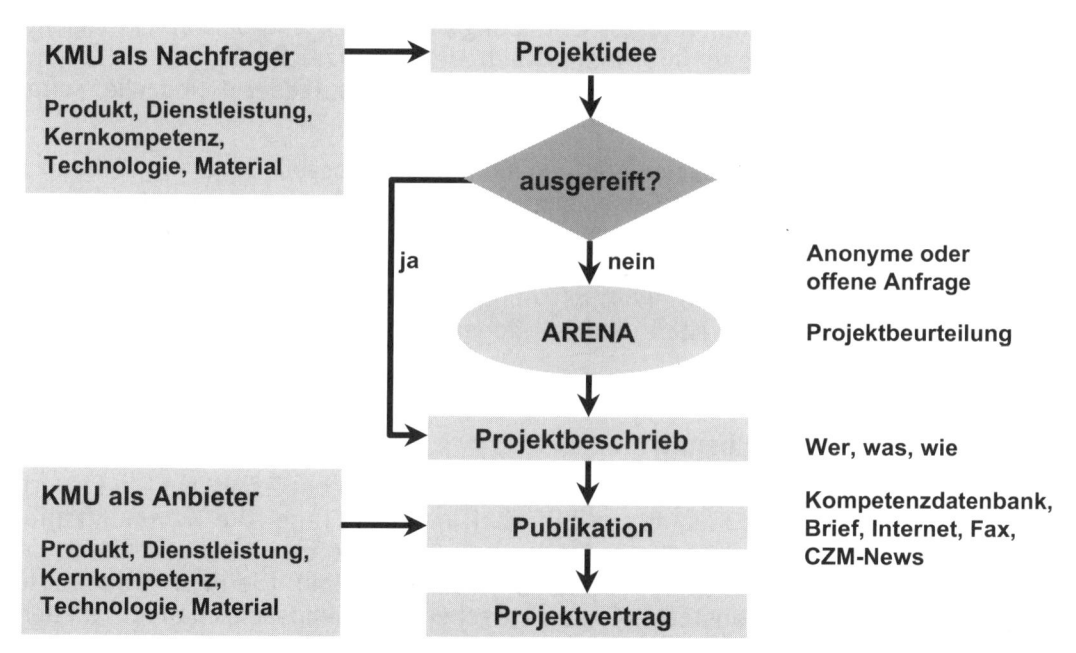

Abb. 33: *Informationsfluss beim Aufbau* [185]

Die Genossenschaftsmitglieder sind sowohl Nachfrager wie Anbieter ihrer Leistungen. Wenn nun ein Mitglied eine Projektidee hat, so bieten sich zwei Möglichkeiten für das weitere Vorgehen:

- *Projektidee konkret:* Die Projektidee des Genossenschaftsmitgliedes ist bereits ein klar formulierter Auftrag, für dessen Umsetzung aber noch weitere Kompetenzen benötigt werden. In diesem Fall kann sich das Mitglied durch die Vermittlung des CZM geeignete Unternehmen in der Kompetenzdatenbank suchen lassen.

- *Projektidee vage:* Falls das Genossenschaftsmitglied erst vage Vorstellungen hat, so können die Dienste der ARENA in Anspruch genommen werden. Dort werden die grundsätzliche Machbarkeit überprüft und weitere Konkretisierungsschritte vorgeschlagen. Anschliessend kann über die ARENA eine Liste mit geeigneten Firmen angefordert werden, um direkt mit den zukünftigen Partnern in Kontakt zu treten (offene

---

[185] Quelle: Brütsch 1999

Anfrage). Für vertrauliche Projekte gibt es separates Vorgehen (anonyme Anfrage). Beim anonymen Weg erstellt der Auftraggeber zusammen mit einem Projektbegleiter eine anonyme Projektbeschreibung, d.h. Namen werden nicht genannt. Weiter kann der Auftraggeber eine Sperrliste definieren, worin alle potentiellen Auftragnehmer, die nicht in Frage kommen, aufgeführt sind. Anschliessend wird das Projekt in den CZM-News publiziert. Allen Interessenten wird in einem nächsten Schritt die anonyme Projektbeschreibung abgegeben und der Projektbegleiter entsprechend informiert. Nach der Unterzeichnung einer Geheimhaltungsvereinbarung werden die Karten aufgedeckt und alle Seiten umfassend informiert.

Wenn sich ein Konglomerat von mehreren Genossenschaftsmitgliedern zur Abwicklung eines Projektes geeinigt hat, so schliessen diese untereinander einen projektbezogenen Vertrag über die Zusammenarbeit ab. Bis zu diesem Zeitpunkt existieren für diesen Zweck noch keine Standardverträge. Die einzelnen Genossenschaftsmitglieder bleiben während eines laufenden Projektes für weitere Kooperationen verfügbar, soweit es die interne Kapazität zulässt.

Technische Lösung

Die Datenbank wird auf einem Standardsystem betrieben; ein Direktzugriff über Internet kommt zur Zeit noch nicht in Frage. Die Kommunikation zwischen den Genossenschaftsmitgliedern und dem CZM geschieht über herkömmliche Medien (Brief, Fax, Telefon, EMail). Die Informations- und Kommunikationstechnologien zwischen den Genossenschaftsmitgliedern wurden auch nicht speziell standardisiert.

Erfahrungen

Während der Pilot- und der Gründungsphase konnten folgende Erfolgsfaktoren festgestellt werden:

- nur nötige Administration;
- schnell;
- offen;
- nicht in die Autonomie der einzelnen KMU eingreifen;
- unkompliziert.

Weil sich die Genossenschaft "Virtuelles Unternehmen der Region Basel" jedoch erst in der Aufbauphase befindet, konnten noch nicht so viele Erfahrungen gesammelt werden (vgl. Tab. 13). Dies wird sich aber ab Anfang nächsten Jahres ziemlich schnell ändern, weil die Mitgliederzahl immer noch steigend ist.

Positive Erfahrungen	Negative Erfahrungen
+ Konkurrenten helfen sich gegenseitig + Bewusstsein, bei KMU als Systemanbieter auftreten zu können	− Niveau der in der Pilotphase akquirierten Aufträge

Tab. 13: Erfahrungen beim Projekt GVUB [186]

Beurteilung

Beim Projekt "Virtuelle Unternehmen der Region Basel" stand ein Bedürfnis der Industrie nach Stärkung der KMU in der Region im Vordergrund, was eine gute Ausgangslage darstellt. Mit einem relativ knappen Rechtskleid und dem Gleichheitsaspekt der Genossenschaft wurden gute und praxisnahe Voraussetzungen für ein regionales Unternehmensnetzwerk als Basis für virtuelle Unternehmen geschaffen. Sinnvoll erscheint auch der gewählte Ablauf via ARENA bei einem Projektantrag. Die Projektideen werden mit diesem Vorgehen konkretisiert ins Netzwerk eingespeist.

Schwierigkeiten könnten aber aufgrund der hohen Mitgliederanzahl entstehen (zur Zeit 75, geplant 150). Wenn nicht bei der Aufnahme auf spezifische Fähigkeiten oder herausragende Qualität geachtet wird, so kann die Leistungsfähigkeit des gesamten Netzwerkes beeinträchtigt werden.

Beim Ziel der Genossenschaft steht die Bildung eines Netzwerkes zur Unterstützung von virtuellen Unternehmen im Vordergrund. Welche Produkte und Leistungen von virtuellen Unternehmen abgedeckt werden sollen, ist noch nicht vollständig klar. Dies könnte später zu Schwierigkeiten führen, da aktivierte Netzwerke innerhalb dieser Genossenschaft nur mit einem klaren Marktfokus eine Chance haben.

8.3 Kompetenznetzwerk Synapool

Die folgenden Angaben beruhen auf einem Interview im Mai 1998 mit Herrn Knobel über das Firmennetzwerk Synapool. Schriftliche Unterlagen wie das Leitbild und einige Erfolgsstories wurden ebenfalls beigezogen und sind im Anhang 12.7 und 12.8 beigefügt.

Ausgangslage

1994 hat die "Industrielle Forschung und Entwicklung GmbH" auf einen Artikel in der "Technischen Rundschau" reagiert und ein Meeting mit den

---

[186] Quelle: Hildebrand 1998

Verfassern vereinbart. Aus diesem Meeting heraus und einigen weiteren Treffen hat sich dann der Synapool gebildet. Der erwartete Nutzen lag im Technologietransfer und in der Auftragsakquisition.

Ziel

Als Vorbild für ein Unternehmensnetzwerk wurde die Synapse im menschlichen Nervensystem hinzugezogen, weil dies der Ort ist, an dem Informationen und Empfindungen zusammenfliessen und Signalübertragungen durch andere Nerven modifiziert und ergänzt werden. Ausgehend von diesem Kerngedanken versteht sich der Synapool als ein Ort, wo vorhandenes Fachwissen und Erfahrungen von verschiedenen Kleinunternehmern zusammenfliessen und durch fachübergreifenden Austausch Impulse zu innovativen Problemlösungen entstehen. Mit einem Pool von fundiert ausgebildeten und in den unterschiedlichsten Bereichen erfahrenen Partnern können auf diese Art umfassende Leistungen angeboten werden.

Organisation

An dieser Stelle werden sowohl die Gestaltung als auch die aktuelle Organisation des Synapool-Netzwerkes vorgestellt.

Die Umsetzung eines virtuellen Unternehmens ist ein dynamischer Prozess und deshalb nie zu Ende. Aus diesem Grund kann die Realisierung nicht in eine bestimmte Anzahl Phasen eingeteilt werden. Im Falle des Synapool-Netzwerkes waren es eher einzelne Schritte, die jedoch teilweise parallel angegangen wurden:

1. Kick-off-Meeting;

2. Ziele definieren: "Was wollen wir?" Festlegung der Stossrichtung;

3. Kernkompetenzen zusammenstellen: "Wer macht was?" oder: "Wer kann was?" oder: "Wer hat welche Kernkompetenzen?" (sehr langer Prozess; dauerte ungefähr 2 Jahre);

4. Gemeinsames Erscheinungsbild & Auftreten festlegen;

5. Erste Aufträge: Sammeln von Erfahrung mit ersten konkreten Kundenaufträgen, Beschreibung von erfolgreich durchgeführten Projekten.

Dieses relativ einfache Vorgehen zeigt, dass es einige elementare Schritte gibt, die beim Aufbau eines Unternehmensnetzwerkes beachtet werden müssen. Die Gestaltung eines Netzwerkes braucht klare und gemeinsam verabschiedete Ziele. Weiter muss der Beitrag jedes Partners und seine spezifischen Fähigkeiten klar definiert werden. Als drittes müssen – falls angestrebt – gemeinsame Marketingmassnahmen beschlossen werden. Auf dieser Grundlage können anschliessend konkrete Projekte durchgeführt und Erfahrungen ausgewertet werden.

8.3 Kompetenznetzwerk Synapool

Von Januar 1997 bis zum aktuellen Zeitpunkt besteht Synapool aus neun Partnerfirmen. Das Netzwerk ist nicht nur regional oder kantonal tätig: die einzelnen Firmen stammen von Bubikon bis Burgdorf und von Laufen bis Luzern. Ebenso breit gefächert sind die Kompetenzen der einzelnen Partner. Diese reichen in den Bereichen Elektronik, Maschinen- und Anlagenbau, Messtechnik und Software von Entwicklung bis Herstellung.

Für den Netzwerkpool gibt es zur Zeit keine Rechtsform, weil die Funktion auf gemeinsame Marktauftritte und informelle Kontakte beschränkt ist. Für gemeinsame Projekte werden jedoch auftragsspezifische Verträge unterzeichnet, wobei dazu noch keine Standardvorlage verwendet wird. Die Lebensphasen eines Auftrages innerhalb des Synapools sind ebenfalls pragmatisch definiert:

1. *Anbahnung – Partnersuche:* Zu Beginn eines neuen Projektes werden die Mitglieder des Synapools informiert und Zusammenarbeitsmöglichkeiten gesucht.

2. *Vereinbarung:* Sobald der definitive Teilnehmerkreis feststeht, wird eine spezifische Vereinbarung ausgearbeitet, um Verantwortungen und finanzielle Fragen festzuhalten.

3. *Durchführung:* Während der Durchführung ist ein ausgewählter Projektleiter für Kundenkontakte, Termine und Kosten verantwortlich.

4. *Auflösung:* Nach Beendigung des Auftrags wird der Vertrag wieder aufgelöst und ein Projektkurzbeschrieb für Marketingzwecke erstellt.

Zur Zeit ist die maximale Anzahl Partner noch nicht erreicht. Die Auswahl weiterer Partner geschieht über das eigene Beziehungsnetz jedes einzelnen Mitglieds. Es handelt sich dabei um einen dynamischen Prozess. Folgende Anforderungen werden an neue Partner gestellt:

- Offenheit für Neues;
- Fähigkeit zum Zuhören, Diskutieren und Abstimmen;
- "Gleiche Wellenlänge" wie die restlichen Mitglieder des Synapools.

Technische Lösung

Generell wird das Synapool-Netzwerk mit minimalem technischen Aufwand betrieben. Zum Einsatz unter den Synapool-Mitgliedern kommen folgende Instrumente: Telephon, Fax, EMail. Weiter werden gemeinsame Treffen und Sitzungen für den Informationsaustausch vereinbart.

Erfahrungen

Auch beim Netzwerk Synapool gab es einige Erfolgsfaktoren, die für die Startphase entscheidend waren:

- Ehrlichkeit;
- Offenheit;
- Kunde als Partner betrachten, d.h. er ist ein erweitertes Mitglied des Pools.

Die "Success Stories" über durchgeführte Projekte dokumentieren die konkrete Zusammenarbeit und die Vielseitigkeit von Problemstellungen, die innerhalb des Synapool-Netzwerkes gelöst und abgewickelt werden können. Konkrete Lösungen sind z.B. (vgl. Anhang 12.8) die Konstruktion und Vermarktung eines Fahrradanhängers, die Entwicklung und Herstellung eines Datenkabelmessgerätes, die Entwicklung und Einführung einer Software zur Messdatenerfassung. Weitere Erfahrungen des Synapoolpartners IFE GmbH sind in der Tabelle zuammengestellt (vgl. Tab. 14):

Positive Erfahrungen	Negative Erfahrungen
+ Persönliche Bereicherung	− Aufwand Vertragswesen
+ Nicht mehr ein einzelnes KMU, sondern eine Gruppe von Unternehmen, die gemeinsam auftreten.	− Erfahrung, dass mit dem besten Kollegen ein Vertrag abgeschlossen werden muss.
+ Eine Gruppe der Poolmitglieder tritt aktiv als Synapool auf und akquiriert Aufträge.	− Eine andere Gruppe tritt am Markt gar nicht als Synapool auf, sondern nur als Auftragnehmer innerhalb des Synapools

Tab. 14: Erfahrungen beim Projekt Synapool[187]

Beurteilung

Das Netzwerk Synapool basiert sehr stark auf persönlichen Beziehungen. Durch die Definition von gemeinsamen Zielen und die Ausarbeitung eines einheitlichen, jedoch freiwilligen, Marktauftrittes hat Synapool bereits einen sehr fortschrittlichen Stand erreicht. Die Beschränkung auf ein paar wenige Mitglieder (seit einem Jahr sind es neun Mitglieder) mit spezifischen Fähigkeiten erscheint sehr sinnvoll, da so die Übersichtlichkeit und die Qualität gewährleistet bleiben. Der Synapool verkommt so nicht zu einem Sammelbecken von "gescheiterten" Unternehmen. Besonders hervorzuheben sind die Kurzbeschreibungen von gemeinsam realisierten Projekten. Sie dokumentieren, dass innerhalb des Synapools effektiv eine Zusammenarbeit stattfindet. Eine mögliche Ergänzung wäre höchstens noch das namentliche Aufführen der beteiligten Partner. Wie erwähnt, ist ein Teil des Netzwerkes nicht aktiv gegen aussen tätig, d.h. evtl. sollte über eine Provision für die Akquisition verhandelt werden. Falls das Netzwerk Synapool langfristig angelegt ist, könnte über eine Rechtsform analog zur Genossenschaft in der Region Basel nachgedacht werden. Für die einzelnen Kooperationen würde ein Mustervertrag evtl. Einsparungen bringen.

---

[187] Quelle: Hildebrand 1998

8.4 Vergleich der Erfahrungsberichte

In einem Vergleich der insgesamt sechs erläuterten Praxisberichte (Effi-Bau, Virtuelle Fabrik, Virtuos, Orvietti, GVUB, Synapool) können spezifische Punkte herausgearbeitet werden, die für ein verallgemeinertes Gestaltungsmodell wichtig sind (vgl. Tab. 15 und Tab. 16). Vier von sechs Projekten sind im Hochschulumfeld mit Bundesmitteln gestartet worden. Das Projekt "GVUB" wurde in Zusammenarbeit mit CIM-Zentrum und Kantonalbank erarbeitet, und Synapool wurde aufgrund von Eigeninitiative gegründet. Dies zeigt, dass die Thematik nicht nur Wissenschaftler beschäftigt, sondern auch in Wirtschaftskreisen als Möglichkeit zur Erhaltung der Wettbewerbsfähigkeit gesehen wird. Speziell zu erwähnen ist das Pilotprojekt "Gebäudehülle" im Rahmen der Initiative Effi-Bau, die von der Kommission für Technologie und Innovation (KTI) unterstützt worden ist. Im Kapitel zu den rechtlichen Fragen (vgl. Kapitel 5) wurde die dabei erarbeitete VU-Norm bereits vorgestellt. Das Unternehmen "Gebäudehülle" ist auf der Basis dieses Regelwerkes gegründet worden und ist auf dem Markt aktiv. Weitere Erläuterungen finden sich im VU-Handbuch.[188] Beim Vergleich der Ausgangslage fällt auf, dass in allen sechs Projekten von teilweise sehr unterschiedlichen Randbedingungen ausgegangen wurde. Alle Projekte hatten zum Ziel, ein Netzwerk aufzubauen. Bei einigen war und ist aber die durch das Netzwerk angebotene Leistung noch nicht sehr klar.

Aus den Branchen lässt sich kein einheitlicher Trend ermitteln. Die Idee von flexiblen Kooperationen, von der Nutzung gemeinsamer Ressourcen und Kompetenzen hat sich in der Schweiz in den verschiedensten Branchen durchgesetzt, und zwar sowohl im Dienstleistungsbereich als auch in der Industrie. Vom Konzept her wurde bei allen Projekten ausser VIRTUOS versucht, ein Netzwerk neu aufzubauen. Teilweise wurden vorhandene Kontakte und Geschäftsbeziehungen genutzt. Weil aber viel Aufbauarbeit geleistet werden musste, sind noch nicht viele Projekte in der operativ tätigen Phase angelangt, oder die abgewickelten Aufträge haben noch etwas provisorischen Charakter.

Von der technischen Lösung fällt auf, dass im Normalfall mit sehr einfachen Mitteln (Telephon, Fax, EMail) gearbeitet wird, um hohe Integrationskosten zu vermeiden. Im Fall der Täfer AG wurde ein Unternehmen innerhalb von sechs Monaten an das System der anderen Firma angehängt. Voraussetzung für eine solche Lösung ist allerdings, dass in derselben Branche gearbeitet wird. Eine Innovation stellt weiter die Datenbank im Tessin dar, wo via TV-Kabelnetz ein sehr schneller Zugriff auf gemeinsame Angebotsdaten möglich ist. Dies stellt auch für die anderen Projekte, die z.B. eine zentrale Kompetenzdatenbank aufbauen wollen, eine mögliche Erweiterung dar. Evtl. muss in einem Netzwerk auch über eine gemeinsame Software für z.B. Terminplanung usw. befunden werden.

---

[188] vgl. SBK 1998; Miloni 1998

	Projekt Effi-Bau "Gebäudehülle"	*Virtuelle Fabrik St.Gallen*	*VIRTUOS – Netzwerk in der Holzindustrie*
Ausgangslage	Gedanklicher Hintergrund bildet die Optimierung der ARGE Aufbau aus teilweise bestehendem Netzwerk	Gedanklicher Hintergrund bilden das Produktions- und Technologiemanagement Aufbau von Null auf	Gedanklicher Hintergrund bildet das Supply Chain Management Ausbau eines bestehenden Netzwerkes
Ziele	Schaffung eines VU, welches umfassende Leistungen für das System "Gebäudehülle" anbietet	Kostenreduktion durch höhere Auslastung der Restkapazitäten Erschliessen neuer Märkte	Gestaltung eines virtuellen Unternehmens ausgehend von einer Wertschöpfungskette
Branche	Baubranche, Fassadenmarkt	Anfänglich Metallbau, heute breiter gestreut	Holzindustrie, Täferproduktion und -vertrieb
Konzept	Fokus auf Gestaltung und Betrieb eines Netzwerkes Mitte 1997 als ARGE "BauHaut" gestartet Gründung und Marktauftritt anfangs 1998 als "VU BauHaut AG"	Der Fokus liegt auf Mitgliederakquisition und prototypischer Produktion, um das Netzwerk aufbauen zu können Betrieb wurde Anfang 1998 einer selbständigen Stelle übertragen	Mit einer Analyse wurde das bestehende Netzwerk untersucht Anschliessend folgte ein gezielter Ausbau
Technische Lösung	Virtuelle Telephonzentrale für alle Partner EMail grösstenteils vorhanden Interesse an gemeinsamer Datenbank und Internetauftritt	Anfänglich mit Fax Aufbau einer Technologiedatenbank geplant	Vernetzung der Firmen in der Täfer AG durch ein gemeinsames EDV-System Weitere Partner sind mit herkömmlichen Mitteln integriert (Tel, Fax, EMail)
Resultate	Gründungsphase abgeschlossen Erster gemeinsamer Marktauftritt an der SWISSBAU anfangs 1998	Das Netzwerk besteht heute aus rund 20 Firmen Einzelne Aufträge konnten bereits abgewickelt werden	Die Täfer AG wurde aufgebaut und die Arbeitsteilung zugeteilt Aufträge laufen über gemeinsames EDV-System
Zukunftsaussichten	Plattformübergreifende Produkte wie der "Fassaden-Check" wirken verkaufsfördernd	Die virtuelle Fabrik soll weiter ausgebaut werden und sich mit einer selbständigen Geschäftsstelle bewähren	Das Konglomerat hat eher statischen Charakter und die Partner sind grösstenteils bestimmt

Tab. 15: Vergleich der ersten drei Erfahrungsberichte[189]

[189] Quelle: eigene Darstellung in Anlehnung an Brütsch 1999

8.4 Vergleich der Erfahrungsberichte

	Projekt ORVIETTI im Kanton Tessin	Genossenschaft virtuelle Unternehmen Region Basel	Synapool
Ausgangslage	Hintergrund ist die Bildung eines Tourismus-Netzwerkes, um eine Region zu fördern	Gedanklicher Hintergrund ist die Förderung von KMU in der Region	Verschiedene Partner suchten eine Möglichkeit zum Technologietransfer
Ziele	Allen Partnern und dem Publikum die Tourismusangebote einer Region online zur Verfügung zu stellen	Forum für KMU der Region Basel, das die Möglichkeit zur Bildung von virtuellen Unternehmen bietet	Pool von Partnern, um Fachwissen von KMU auszutauschen und umfassende Leistungen anzubieten
Branche	Tourismus	Möglichst breit gestreut	Engineering in Mechanik, Elektronik, Messtechnik
Konzept	Der Fokus lag auf der Definition und der Koordination einer gemeinsamen Informationsplattform Der operative Betrieb der Datenbank startete Anfang 1998	Schwerpunkt bildet die Gründungsphase mit Mitgliederakquisition und Kompetenzbewertung Phase des operativen Betriebs startet erst nächstes Jahr	Schwerpunkt war die Bildung eines informellen Know-how-Netzwerkes mit kompetenten Kleinfirmen Seit Anfang 1997 operativ tätig
Technische Lösung	Zentrale Datenbank via TV-Kabel mit Partner vernetzt Nutzung von Fax, Telephon, EMail für Vereinbarungen und restliche Kommunikation	Schriftliche oder elektronische Anfrage an die zentrale Stelle, die die Datenbank verwaltet unter den Mitgliedern offen (Tel, Fax, EMail)	Nutzung von Telephon, Fax, EMail für tägliche Kommunikation Regelmässige Partnertreffs für Know-how-Austausch
Resultate	Netzwerk von 25 Firmen, Verbände, Vereine, Institute Datenbank in Betrieb, öffentlicher Zugang über Internet wird diskutiert	Das Netzwerk umfasst bereits 75 Unternehmen Die Qualität der Aufträge in der Pilotphase war z.T. etwas gering	Pool von 9 Kleinfirmen aus unterschiedlichen Branchen mit gemeinsamem Marktauftritt Mehrere realisierte Projekte
Zukunftsaussichten	Möglichkeit der Reservation und der Bezahlung via Online-Datenbank sollen aufgebaut werden	Die GVUB soll auf ca. 150 Firmen ausgebaut werden Die Betriebsphase startet Anfang 1999	Verstärkte Aktivitäten in der Akquisition Weitere gemeinsame Projekte

Tab. 16: Vergleich der nächsten drei Erfahrungsberichte[190]

---

[190] Quelle: eigene Darstellung in Anlehnung an Brütsch 1999

Die Resultate der erläuterten sechs Projekte sind grundsätzlich positiv. In allen Fällen wurden die Netzwerke aufgebaut und Rechtsformen oder Datenbanken installiert. Schwierigkeiten sind teilweise bei den kurzfristigen Aufträgen und Projekten auszumachen. Teilweise benötigt die Branche diese Art von Aufträgen zur Zeit noch nicht (Holzindustrie), oder die Qualität der Projekte ist an der unteren Grenze, weil der konkrete Kundennutzen noch etwas unklar ist. Hier stellt das Projekt "Gebäudehülle" mit seiner definierten Leistung für den Kunden und mit entsprechenden Marketingauftritten ein vorbildliches Beispiel für die konsequente strategische Ausrichtung dar. Kosten/Nutzen-Abschätzungen wird man erst in etwa einem Jahr vornehmen können, um zu beurteilen, ob sich der Aufwand für den Netzwerkaufbau auszahlt. Dabei sollte auch die erreichte Flexibilität gemessen werden, denn die hier aufgebauten Netzwerke sind alle relativ langfristig ausgelegt, sollten aber kurzfristige Kooperationen in ihrem Innern zulassen. Wie weit dies erreicht wird, kann ebenfalls erst in etwas ein bis zwei Jahren klar beurteilt werden. Über den Aufbau und die Gestaltung von Netzwerken sind aber einige Praxiserfahrungen gesammelt worden. Die Frage nach der Virtualität, bzw. wie stark die gebildeten virtuellen Unternehmen mit ihrer Idealvorstellung übereinstimmen, kann jedoch heute auch noch nicht abschliessend beantwortet werden.

Die Zukunftsaussichten sind bei allen Projekten gut, d.h. die Netzwerke werden nicht so schnell wieder auseinander fallen. Wichtig ist aber die konsequente Weiterverfolgung der Aspekte Kundennutzen und Flexibilität, um auch wirtschaftlichen Erfolg zu haben.

In einer Portfoliodarstellung (vgl. Abb. 34) mit den Achsen "Netzwerkcharakter" und "Anzahl Netzwerkpartner" sind alle Projekte nochmals eingetragen, um die Unterschiede in graphischer Form zu verdeutlichen.

Die Grafik zeigt, dass es einerseits regionale Netzwerke mit vielen Teilnehmern gibt und andererseits solche, die eher eine strategische Partnerschaft innerhalb einer Branche mit einer kleineren Anzahl Partner anstreben. Das Projekt "Gebäudehülle" ist bewusst als sehr strategisch eingeordnet, weil dort sehr klare Vorstellungen bezüglich der angebotenen Leistung und des Zielmarktes vorhanden sind. Wichtig ist auch eine Unterscheidung bezüglich dem Kriterium, ob innerhalb des Netzwerkes eine bessere Kapazitätsauslastung angestrebt wird, oder ob für den Kunden eine neue, umfassende Leistung angeboten wird.

Abschliessend können aus den Erfahrungsberichten einige Schlussfolgerungen aufgestellt werden:

- *Zielrichtung des Netzwerkes:* Je klarer den einzelnen Partnern die Ausrichtung des Netzwerkes wird, desto bessere Resultate können erreicht werden. In jedem Fall ist deshalb das Ziel des Netzwerkes und der operativen Leistungen genau zu klären (Branche oder Region).

- *Weitere Optimierung:* Netzwerke stellen eine Mischung einer funktionalen und einer prozessorientierten Organisation dar. Damit die Vorteile

8.4 Vergleich der Erfahrungsberichte

beider Organisationsformen zum Tragen kommen, muss ständig eine weitere Optimierung der Kooperationen (Arbeitsteilung, Konzentration, Synchronisation, Abläufe, Unterstützung durch IKT-Systeme) angestrebt werden.

- *Erfüllung wirtschaftlicher Kriterien:* Der Erfolg von virtuellen Unternehmen innerhalb eines Netzwerkes muss sich schlussendlich an wirtschaftlichen Kriterien messen lassen, damit ein langfristiger Fortbestand des strategischen Netzwerkes gewährleistet ist.
- *Erste Praxisaussagen:* Erste Erfolge sind in den Bereichen der optimierten Ressourcennutzung, der erhöhten Kompetenz und der Erschliessung neuer Teilmärkte nachzuweisen. Das Konzept von virtuellen Unternehmen innerhalb eines Netzwerkes trägt somit klar zur Steigerung der Wettbewerbsfähigkeit bei, die erläuterten Praxisbeispiele haben jedoch ihre Idealvorstellung bezüglich Virtualität teilweise noch nicht erreicht.

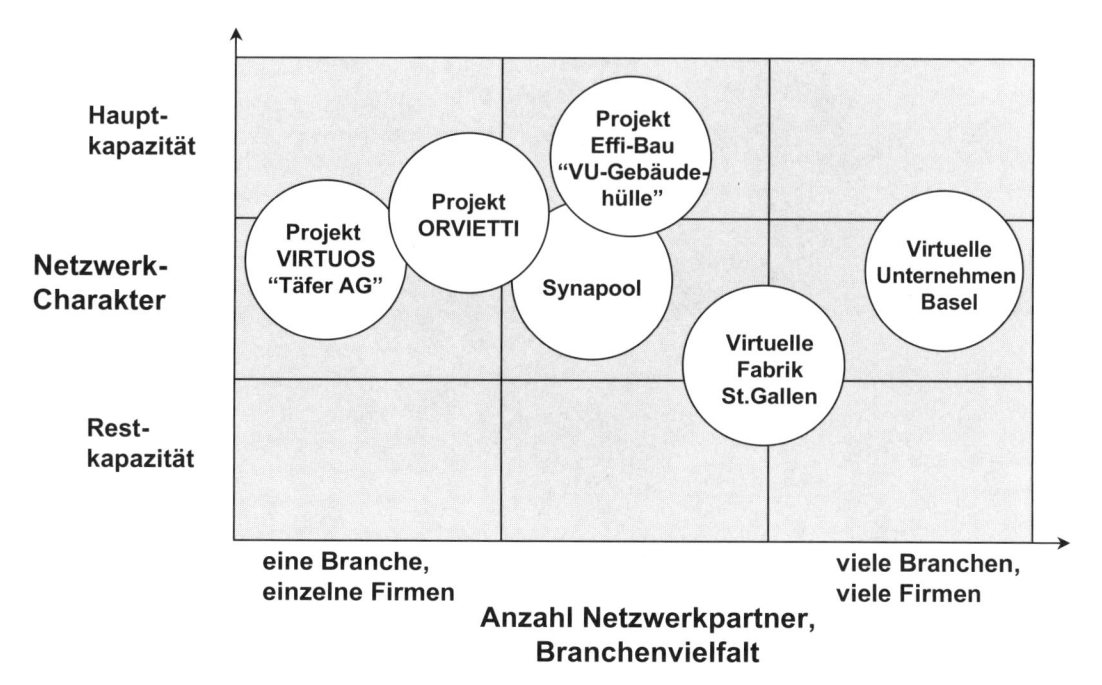

Abb. 34: Einordnung der erläuterten Erfahrungsberichte[191]

Aufgrund der vorliegenden Erfahrungen können Gestaltungsempfehlungen für virtuelle Unternehmen abgegeben werden. Allerdings können noch keine Aussagen zu der längerfristigeren Entwicklung des Konzeptes gemacht werden. Insbesondere muss noch genau geklärt werden, ob das

---

[191] Quelle: eigene Darstellung

virtuelle Unternehmen eher eine Übergangsform von einer losen Kooperation zu einer strategischen Partnerschaft darstellt. Mit einer hohen Flexibilität und Anpassungsfähigkeit ist jedoch die Grundlage geschaffen, sich den permanenten Veränderungen im Umfeld zu stellen.

9

Gestaltung virtueller Unternehmen

In diesem Kapitel können nun die erläuterten Trends, Anforderungen und Erfahrungen zu einem Gestaltungsmodell kombiniert werden. Dabei sollen die Schlussfolgerungen aus den bisherigen Kapiteln bei der Gestaltung wieder berücksichtigt werden. Aus diesem Grund wird im Sinn einer Übersicht nochmals auf die wichtigsten Rahmenbedingungen und Schlussfolgerungen aus den einzelnen Abschnitten eingegangen. Das eigentliche Gestaltungsmodell wird nach einer kurzen Übersicht ausführlich beschrieben. Abschliessend wird eine Zusammenfassung im Sinne einer Checkliste aufgeführt.

9.1 Rahmenbedingungen

Entwicklungen im Umfeld

Die drei wichtigsten Handlungsschwerpunkte für die nächsten zehn Jahre aus Sicht des Top-Managements sind:

- Internationaler/Globaler Wettbewerb;
- Technologie, Innovation, Information;
- Strategische Allianzen.

Ausgehend von den Entwicklungen im Umfeld eines Unternehmens in den Bereichen Technologie und Innovation, Beschaffungsmarkt, Absatzmarkt, Gesellschaft und Politik wurden die Auswirkungen auf die Leistungserstellung und auf die Leistung vorgestellt. Neben der permanenten Optimierung des Preis/Leistungsverhältnisses müssen die Unternehmen neu auch eine sehr hohe Flexibilität aufweisen. Durch den Aufbau von Netzwerkstrukturen sollen vermehrt die Vorteile sowohl von funktionalen als auch von prozessorientierten Organisationsformen genutzt werden

Netzwerke

Unter Netzwerken werden kooperative Konglomerate von rechtlich selbständigen, aber meist wirtschaftlich abhängigen Unternehmen verstanden, die gemeinsam Wettbewerbsvorteile bezüglich Zeit und Flexibilität erreichen wollen. Die Vorteile von Netzwerken sind:

- Flexibilität;
- Kompetenz;
- Effizienz;
- Komplexitätsreduktion.

Um diese Vorteile zu erreichen und den Fortbestand eines Netzwerkes zu gewährleisten, müssen die Schwachstellen besonders berücksichtigt werden. Dies betrifft die Sicherheit, die Arbeitsteilung, die Personenabhängigkeit, die Komplexität und die Netzwerk-Bedeutung.

Virtualität

Neben der Bildung von Netzwerken ist ein Trend zur Virtualität festzustellen. Anfänglich war der Begriff von virtuellen Objekten nur in der Physik bekannt. Laufend werden in unterschiedlichen Bereichen neue Wortkombinationen geschaffen, die aber alle zum Ziel haben, den Trend zur Entmaterialisierung oder Auflösung von bisher realen Objekten zu beschreiben. Das Vier-Merkmale-Schema unterstützt dabei die Konsistenzprüfung von neu geschaffenen Begriffen. Der Unterschied von virtuellen Organisationen und Unternehmen zu ihrem herkömmlichen Pendant kann ebenfalls mit diesem Schema verdeutlicht werden. Für die folgenden Ausführungen ist zu beachten, dass die Virtualisierung auch im Bereich der Organisation als Trend aufzufassen ist. Unternehmen werden also nicht bloss durch eine hochmoderne IT-Infrastruktur über Nacht zu virtuellen Unternehmen. Dies zeigt auch das Modell von *Venkatraman*, das eine Beurteilung des Virtualisierungsgrades unterstützt. Generell dient aber das virtuelle Unternehmen als eine Kombination von kurzfristigen, flexiblen Kooperationen mit einem strategischen Netzwerk im Hintergrund als Zielvorstellung. Die angegebenen Gestaltungsempfehlungen sollen eine Veränderung der Organisationsform in Richtung dieser Zielvorstellung unterstützen.

Recht

Im rechtlichen Bereich gilt es, ein Optimum bezüglich Sicherheit und Flexibilität zu finden. Gemäss Empfehlung sollte aber mindestens ein Gesellschaftsvertrag abgeschlossen werden. Dabei ergeben sich für das strategische Netzwerk im Hintergrund und die kurzzeitigen virtuellen Unternehmen unterschiedliche Anforderungen. Durch seine strategische Bedeutung hat das Netzwerk eher längerfristigeren Charakter und dient dem Aufbau von guten Beziehungen. Daraus ergibt sich eine etwas längere Aufbauphase und somit auch Zeit, eine etwaige Rechtsform zu bestimmen und aufzubauen (Genossenschaft, GmbH, AG). Hier könnte ein Modell analog zu der im Projekt Effi-Bau erarbeitete Doppelstruktur oder eine Genossenschaft wie in der Region Basel umgesetzt werden.

Erfahrungsberichte aus der Schweiz

Die drei betrachteten Projekte haben einen unterschiedlichen Hintergrund, können aber viele Hinweise für die Gestaltung von Netzwerken liefern. Die Erfahrungsberichte zeigen, dass es einerseits regionale Netzwerke mit tendenziell mehreren Teilnehmern gibt und andererseits solche, die eher eine strategische Partnerschaft innerhalb einer Branche mit wenigen Partnern anstreben. Folgende Schlussfolgerungen konnten aufgestellt werden:

- Beim Aufbau ist die Zielrichtung des Netzwerkes genau zu klären (Branche oder Region).

- In allen Netzwerken muss eine weitere Optimierung der Kooperation (Arbeitsteilung, Konzentration, Synchronisation) angestrebt werden.

- Der Erfolg von virtuellen Unternehmen innerhalb eines Netzwerkes muss sich schlussendlich an wirtschaftlichen Kriterien messen lassen, damit ein langfristiger Fortbestand gewährleistet ist.

- Obwohl das Konzept von virtuellen Unternehmen innerhalb eines Netzwerkes klar zur Steigerung der Wettbewerbsfähigkeit beiträgt, haben die erläuterten Praxisbeispiele ihre Idealvorstellung bezüglich Virtualität noch nicht erreicht. Für die eigentliche Betriebsphase von virtuellen Unternehmen können zur Zeit noch nicht viele Aussagen aus der Praxis vorgewiesen werden.

9.2 Integriertes Gestaltungsmodell

Wie aus den zahlreichen Rahmenbedingungen hervorgeht, muss ein Gestaltungsmodell viele unterschiedliche Aspekte berücksichtigen. Bewusst wurden auch rechtliche und kulturelle Aspekte miteinbezogen, weil virtuelle Unternehmen eine höhere Verwundbarkeit aufweisen. Das Gestaltungsmodell wird zuerst in einer Übersicht vorgestellt. Danach wird auf die einzelnen Phasen näher eingegangen. Zum Schluss sollen in Form einer Checkliste die wichtigsten Punkte zusammengefasst werden.

9.2.1 Modellübersicht

Das vorgeschlagene Gestaltungsmodell beschreibt das Vorgehen unter Berücksichtigung der Zeitachse. Aus der bisherigen Arbeit ergibt sich eine grundsätzliche Unterscheidung eines virtuellen Unternehmens in Netzwerk und operative Zusammenarbeit (aktiviertes Netzwerk). Weil der zeitliche Horizont und die betroffen Organisationseinheiten der Partnerunternehmen unterschiedlich sind, soll der Aufbau des Netzwerkes und die operative Betriebsphase separat diskutiert werden. Als unterstützende Prozesse sind im Modell die organisatorische Rollenzuteilung, die rechtliche Absicherung und die Informations- und Kommunikations-Systeme dargestellt. Die folgende Abbildung zeigt eine Übersicht des Gestaltungsmodells (vgl. Abb. 35).

Das Vorgehen des Gestaltungsmodells umfasst zwei Meilensteine: der erste dient analog dem Projekt GVUB als Grundsatzentscheid, um für den weiteren Verlauf das grundsätzliche o.k. der beteiligten Partner zu haben. Der zweite Meilenstein definiert den Start der Betriebsphase und den Abschluss des Aufbaus und des Testbetriebs. Es ist wichtig, dass dieser Übergang nochmals mit einem bewussten Schritt vollzogen wird, ansonsten wird das Netzwerk permanent ein Pilot bleiben. Die Dauer der einzelnen Phasen ist bewusst unterschiedlich gezeichnet. Die Phase der Initiierung sollte z.B. nicht länger als ein Jahr dauern, der Betrieb des Netzwerkes hingegen kann von unbeschränkter Dauer sein.

Die drei unterstützende Prozesse haben während der gesamten Gestaltung eine wichtige Bedeutung. Mit den unterschiedlichen Graustufen dieser Prozesse wird angedeutet, dass inhaltlich ein Übergang von eher konzeptionellen zu eher operativen Tätigkeiten stattfindet. Eine eingehendere Beschreibung folgt bei der Diskussion der einzelnen Phasen.

Die Phase der Initiierung startet mit der Definition von Zielen und mit der Mitgliederakquisition. Um auch in der Betriebsphase wirtschaftlich Erfolg zu haben, sind klare Ziele wichtig. Erst auf der Basis dieser Ziele können ein Konzept erarbeitet und weitere Mitglieder akquiriert werden. Die Phase der Mitgliederakquisition soll aber bewusst schon zu Beginn der Gestaltung gestartet werden, weil erstens die Ziele und das Konzept mindestens von zwei, drei Unternehmen gemeinsam entworfen werden müssen und zweitens zwischen den drei Teilschritten bis zum ersten Meilenstein ein permanenter Informationsaustausch stattfinden muss.

9.2 Integriertes Gestaltungsmodell

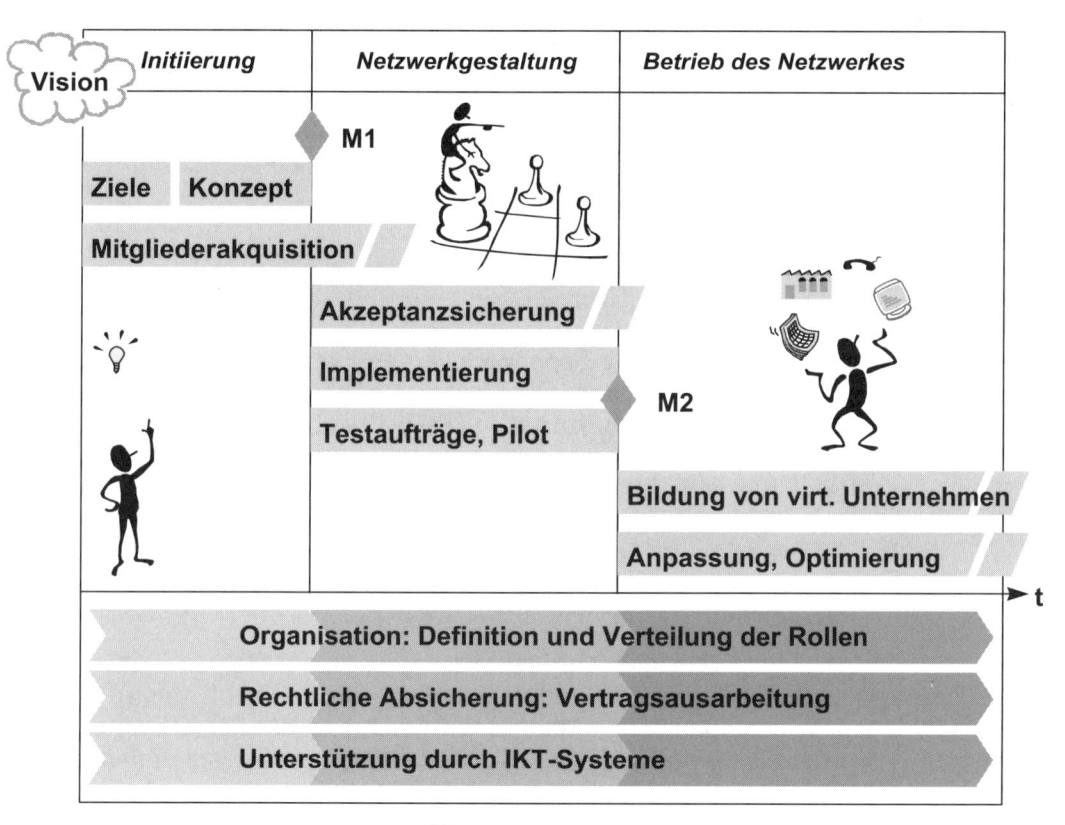

Abb. 35: Übersicht Gestaltungsmodell [192]

Die Phase der Netzwerkgestaltung umfasst einerseits akzeptanzsichernde Massnahmen, die konkrete Implementierung und unter Umständen ein Pilot- oder Testprojekt, das parallel gestartet wird. *Scholz* betont in seinem Modell die Notwendigkeit einer Akzeptanzsicherung, da hier die Kultur des Netzwerkes geprägt wird. Besonders zu berücksichtigen ist hier der Aufbau von Vertrauen und Offenheit, denn dies beeinflusst sehr stark die Vereinbarungen im rechtlichen Bereich und den Informationsaustausch in der EDV. Eine Vertrauenskultur bietet hier die Möglichkeit, dass die effektiv beste Lösung für alle erreicht wird und man sich nicht aus politischen Gründen mit einem Suboptimum zufrieden gibt.

Die Phase des Betriebs umfasst zwei Bereiche von Aktivitäten: Einerseits werden innerhalb des Netzwerkes immer neue virtuelle Unternehmen gebildet, betrieben und wieder aufgelöst und andererseits muss das Netzwerk selbst optimiert und an neue Rahmenbedingungen angepasst werden. Die sich bildenden virtuellen Unternehmen sollten durch die Leitung des Netzwerkes beobachtet, unterstützt und schlussendlich auf ihren Erfolg hin überprüft werden. Falls sich in den operativ tätigen,

---

[192] Quelle: Brütsch 1999

virtuellen Unternehmen keine wirtschaftliche Vorteile mehr ergeben, kann es sein, dass mit der Zeit auch der Nutzen des gesamten Netzwerkes fragwürdig wird. Veränderte Marktbedingungen können bedeuten, dass neue Mitglieder mit anderen Fähigkeiten aufgenommen werden müssen oder dass die grundsätzliche Zielsetzung, welche Leistung erbracht werden soll, angepasst werden muss.

9.2.2 Vision

Bevor mit der Gestaltung begonnen werden kann, sollten einige Voraussetzungen beachtet werden. Grundsätzlich können alle Firmen versuchen, virtuelle Unternehmen aufzubauen. Es werden jedoch nicht alle Erfolg haben. Die Ausgangssituation der einzelnen Firmen spielt deshalb eine wichtige Rolle, oder anders gesagt: Je mehr von den Erfolgsfaktoren ein Unternehmen schon zu Beginn des Projektes erfüllt, desto eher gelingt eine Kooperation in Form eines dynamischen Netzwerkes oder eines virtuellen Unternehmens. Als grundlegende Erfolgsfaktoren kristallisieren sich folgende Punkte heraus:

- *Vertrauenskultur:* Je mehr in und zwischen den einzelnen Partnerfirmen zu Beginn bereits ein Vertrauensverhältnis herrscht, desto weniger müssen entsprechende Massnahmen während der Gestaltung ergriffen werden. Die Bereitschaft der Partner, einander zu vertrauen und föderalistische Machstrukturen zu akzeptieren sollte auf jeden Fall vorhanden sein, denn dies ist mittels Workshops schwierig zu erreichen.

- *Kompetenz:* Die eigenen Kompetenzen müssen bestimmt und optimiert sein, weil sonst eine Zusammenarbeit mit anderen Partnern erschwert wird. Bei der Netzwerkgestaltung wird bestimmt, wer welche Kompetenz einbringt. Je schneller man sich in diesem Punkt einigen kann, desto kürzer wird die Konzeptionsphase. Zusätzlich wird von den Partnern, die nahe am Markt sind, eine hohe Kompetenz bezüglich der Kundenbedürfnisse verlangt. Im Idealfall hat jeder Partner eines Netzwerkes die Fähigkeit, Rückmeldungen aus dem Markt aufzunehmen, seine Leistung daran zu messen und entsprechend zu reagieren.

- *Informations- und Kommunikationstechnologie-Systeme (IKT-Systeme):* Wenn die Firmen bereits einen Kommunikationsstandard gefunden und installiert haben (z.B. EMail via Internet), so entlastet dies die Implementierungsphase. Auch hier gilt, je mehr die Partner bereits aktuelle IKS installiert haben, desto weniger Investitionen sind bei der Umsetzung notwendig. Die Bereitschaft, moderne IKS überhaupt zu nutzen, muss jedoch vorhanden sein.

Diese Erfolgsfaktoren wurden bewusst zu Beginn des Abschnittes "Vision" erläutert. Denn die Vision als Ausgangsidee eines Gestaltungsvorhabens darf nicht so realitätsfremd sein, dass die aktuelle Situation der möglichen Partner völlig unberücksichtigt bleibt. Die Vision stellt ein längerfristiges

Ziel in Richtung Virtualität dar und beschreibt, in welchen Märkten oder mit welchen Leistungen ein Netzwerk mit virtuellen Unternehmen aktiv sein will. Dies ist ein Punkt, der bei den meisten bisherigen Projekten in der Schweiz etwas vernachlässigt wurde. In der virtuellen Fabrik in St. Gallen hat man sich zu Beginn auf die metallverarbeitende Branche konzentriert. Unterdessen sind aber alle möglichen Firmen vertreten, und die gemeinsame Vorstellung, welche Leistungen als Netzwerk angeboten werden sollen, werden diffuser. Im Fall des Projektes GVUB wurde ebenfalls der Erfolgsfaktor "Kompetenz" zu wenig berücksichtigt. Um für den Aufbau des Netzwerkes in der Region Basel genügend Teilnehmer zu haben, wurden keine Kriterien für den Beitritt aufgestellt. Die Kompetenzen und das Niveau der Beherrschung dieser Kompetenzen sind somit höchst unterschiedlich. Dies führt zwangsläufig zu Schwierigkeiten bei der Qualität einer Leistung des Netzwerkes.

9.2.3 Initiierung

Die Initiierungsphase dient hauptsächlich der Konkretisierung der Vision. Mögliche Ziele müssen kommuniziert und mit potentiellen Partnern diskutiert werden. Dies ist ein iterativer Prozess. Sobald neue Partner hinzukommen, müssen die Ziele wieder gemeinsam diskutiert werden, damit ein demokratischer Entscheidungsprozess stattfinden kann. Dies dauert so lange, bis ein Kernnetzwerk von der gewünschten Grösse aufgebaut ist. Die Neumitglieder, die erst nach diesem Schritt ausgewählt werden, sollten nicht nochmals die Ziele grundsätzlich hinterfragen können, sonst wird die Gestaltungsphase nie gestartet. Anschliessend sollte eine gewählte Gruppe über das Konzept nachdenken, was bedeutet, dass die Ziele mit konkreten Massnahmen und erforderlichen Mitteln ergänzt werden. Diese Planungsphase sollte nicht zu lange dauern, aber so konkret werden, dass einer Implementierung nichts mehr im Wege steht. Die Konzeption wird bewusst abgeschlossen durch einen Meilenstein, damit sich alle beteiligten Partner im klaren sind, ob sie auf die vorgeschlagene Weise kooperieren wollen. Die Unterstützung der einzelnen Unternehmensleitungen ist an diesem Punkt absolut erfolgsentscheidend.

Ziele

Gemeinsame Vision und Ziele bedeutet, dass jede beteiligte Organisationseinheit eindeutige Klarheit über die zu erfüllende Aufgabe hat, damit die Kundenwünsche vollständig zufriedengestellt werden. Wichtig bei der Abstimmung der gemeinsamen Ziele ist, dass sehr viel kommuniziert wird. Missverständnisse sind von vornherein auszuschliessen. Einigkeit muss in den folgenden Fragen erreicht werden:

- Welche konkreten Leistungen sollen in Zukunft als Netzwerk angeboten werden? In welchen Märkten will man gemeinsam tätig sein? Auch ein virtuelles Unternehmen muss letztendlich eine reale Leistung erbringen, um finanziell erfolgreich zu sein. Das virtuelle Unternehmen "Gebäudehülle" (vgl. Projekt Effi-Bau) ist meiner Meinung nach ein gutes Beispiel einer realen Leistung, die von einem Netzwerk von Firmen erbracht werden kann.

- Auf welchem Gebiet wird kooperiert, bzw. sind alle Bereiche der Partnerunternehmen in die Kooperation integriert, oder werden bewusst nur einzelne, gleichartige Tätigkeiten in das Netzwerk eingebracht? Generell wird ein höherer Nutzen erreicht, wenn in möglichst vielen Bereichen kooperiert wird (vgl. Beispiel Star-Alliance).

- Welche Ressourcen (Finanzen, Know-how, Anlagen) stehen zur Verfügung? Ist ihr Einsatz auf die anderen Partner abgestimmt? Um vorhandene Kapazitäten besser auslasten zu können, ist eine detaillierte Absprache und Zuordnung unerlässlich (vgl. Beispiele Star-Alliance und Virtuelle Fabrik St. Gallen).

- Wer profitiert zum aktuellen Zeitpunkt wieweit, und wer soll in Zukunft welchen Nutzen erreichen? Das Erreichen einer Win-win-Situation ist von Beginn an eine elementare Grundlage für diese Art einer Kooperation.

Durch das Beantworten dieser Fragen wird eigentlich eine Kooperationsstrategie erarbeitet. Je klarer die gemeinsamen Vorstellungen zu diesem Zeitpunkt sind, desto erfolgreicher kann die geplante Kooperation im Netzwerk später werden. Falls in dieser Phase Fehler gemacht werden, kann es sein, dass Firmen zwar gegenseitig kooperieren, aber keiner so recht weiss, weshalb dies eigentlich geschieht.

Mitgliederakquisition

Grundlage für die Mitgliederakquisition sind die Ziele. Daraus können Kriterien für die Anfrage oder Wahl von weiteren Partnern definiert werden. Diese Auswahlkriterien sollten ebenfalls demokratisch bestimmt werden. Entscheidende Fragen in dieser Phase sind:

- Wieviele Mitglieder soll das Netzwerk umfassen? Aus den bisherigen Beobachtungen können zwei Schwerpunkte identifiziert werden. Strategische Netzwerke (vgl. Star-Alliance) bestehen in der Regel aus weniger als zehn Partnerunternehmen. Regionale Netzwerke (vgl. VF St. Gallen, GVUB) haben dagegen eine Zielgrösse von fünfzig bis hundert Mitglieder.

- Welche Kriterien gelten für die Suche und Auswahl weiterer Partner? Um innerhalb des Netzwerks einen gewissen Qualitätsstandard zu erhalten, müssen zwingend einschränkende Kriterien aufgestellt werden, denn auch hier gilt das Sprichwort: "Eine Kette ist nur so stark wie ihr schwächstes Glied." Weiter spielen auch die Kompetenzen eines neuen potentiellen Mitglieds eine wichtige Rolle. Die Fähigkeiten im Netzwerk sollten sich unterstützen und ergänzen. Welche Kompetenzen

9.2 Integriertes Gestaltungsmodell

ein virtueller Partner aufweisen sollte, zeigt Abb. 36. Wenn diese Faktoren bei der Auswahl berücksichtigt werden, so gibt es später weniger starke Bereinigungen oder Konkurrenzsituationen. Letztlich sollte auch bereits in dieser Phase die Kultur der Partnerunternehmen miteinbezogen werden. Etwaige Anpassungen und Schulungen werden deutlich günstiger, wenn eine gewisse Ähnlichkeit herrscht.

Persöhnlichkeitskompetenz
- Integrität
- Leistungsfähigkeit
- Stressresistenz
- Lernfähigkeit

Sozialkompetez
bezüglich:
- Zuhören
- Offenheit
- Verhandlung
- Konfliktlösung

Virtuelle Partner

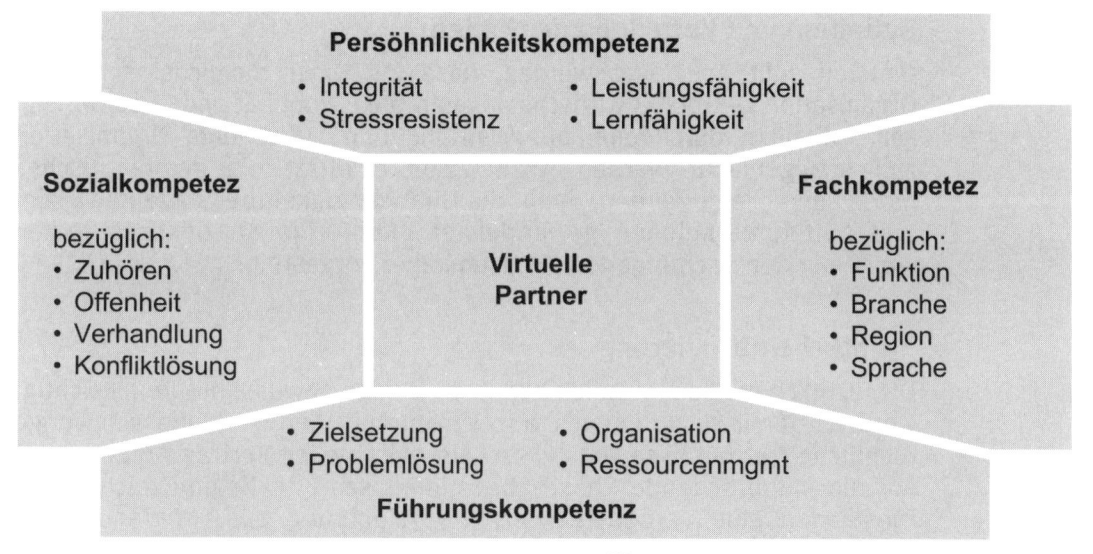

Fachkompetez
bezüglich:
- Funktion
- Branche
- Region
- Sprache

- Zielsetzung
- Organisation
- Problemlösung
- Ressourcenmgmt

Führungskompetenz

Abb. 36: Anforderungsprofil eines virtuellen Partners[193]

Wichtig ist, dass diese Phase zielbewusst angegangen wird. Es ist einfacher, gewisse Unternehmen nicht aufzunehmen, als sie später, evtl. nach einer kritischen Situation, wieder aus dem Netzwerk auszuschliessen. Es darf auch nicht vorkommen, dass ein Netzwerk wächst und wächst und niemand weiss, wie lange das weitergehen wird.

Konzept

Die Konzeptphase dient dazu, aus den Zielen geeignete Massnahmen für die einzelnen Gestaltungsphasen abzuleiten. Auch hier gilt wieder: je klarer die Massnahmen sind und je besser in dieser Phase gearbeitet wird, desto besser werden die Ergebnisse in der Gestaltungsphase sein. Generell geht es um die Frage, mit welchen Massnahmen die geplante Kooperation im Netzwerk realisiert wird. Dazu müssen die drei erwähnten Phasen der Netzwerkgestaltung (Akzeptanzsicherung, Implementierung, Testphase) vorbereitet werden:

- Welche Massnahmen sind zur Akzeptanzsicherung notwendig?
- Welche Schritte und Massnahmen umfasst die Implementierung?

---

[193] vgl. Hilb 1997

- Welche Massnahmen sind notwendig, um die Testphase bzw. die Pilotphase erfolgreich durchzuführen?

Am Ende der Konzeption sollten die Koordinations- und Planungsarbeiten so weit vervollständigt sein, dass nach dem positiven Entscheid des Netzwerk-Leitungsgremiums sofort mit der Netzwerkgestaltung begonnen werden kann.

Definition und Verteilung der Rollen

Generell sollte beachtet werden, dass mit einer möglichst schlanken Organisation gearbeitet wird. Die angestrebte Flexibilität und Geschwindigkeit soll nicht durch eine bürokratische und aufwendige Organisation zunichte gemacht werden. Weiter soll bewusst ein demokratisches Modell eingesetzt werden, damit die Unabhängigkeit der einzelnen Klein- und Mittelunternehmen gewährleistet bleibt. Die spezifischen Rollen werden in den nachfolgenden Phasen näher vorgestellt.

Rechtliche Absicherung

Die rechtlichen Aspekte sollen bereits zu Beginn bewusst mitberücksichtigt werden, damit nicht einfach aus Unkenntnis der Sachlage schwierige rechtliche Verhältnisse entstehen. Ein eventueller Vertrag sollte weiter auf die entsprechende Phase abgestimmt sein. Zu Beginn reicht unter Umständen eine vertrauensbasierte Vereinbarung aus, währenddessen anschliessend in der Phase der Netzwerkgestaltung eine konkrete Rechtsform für das Netzwerk gewählt wird. Aus rechtlichen Gründen ist innerhalb des Netzwerkes mindestens ein Gesellschaftsvertrag zu empfehlen. Auch für das Aussenverhältnis ist unter Umständen eine rechtliche Absicherung sinnvoll, um die Haftung zu begrenzen. Das virtuelle Unternehmen muss jedoch ein Optimum zwischen Flexibilität und Sicherheit erreichen. In Kapitel 8 wurden drei grundsätzliche Möglichkeiten aufgezeigt: Vertrauen, Vertrag oder eigene Rechtsform. Eine eigene Rechtsform für virtuelle Unternehmen existiert zur Zeit noch nicht, womit diese Möglichkeit vorerst wegfällt. Bei Verträgen reicht dies von einfachen Rahmenverträgen über Kooperationsvereinbarungen bis zu Gesellschaftsverträgen. Je nach Intensität der Zusammenarbeit kann so die Vertragsform angepasst werden. Zum Thema Vertrauen muss die bereits geäusserte Aussage, dass ein Vertrauensverhältnis unabhängig der Rechtsform in einer Kooperation einen hohen Nutzen bringt, wiederholt werden.

Unterstützung durch IKT-Systeme

Wie bereits in früheren Abschnitten erwähnt, spielt die Informations- und Kommunikationstechnologie eine entscheidende Rolle, um die Vorteile von virtuellen Unternehmen (vgl. Abb. 8) zu erreichen. Gemäss Klein

9.2 Integriertes Gestaltungsmodell

lassen sich aus funktionaler Sichtweise drei Einflussbereiche von IKT-Systemen aufführen:[194]

- Kommunikation und Koordination;
- Automatisierung und Integration;
- Informatisierung und Innovation.

Diese drei Bereiche lassen sich weiter den Vorteilen von virtuellen Unternehmen zuordnen. Die Kommunikation und Koordination ermöglicht die optimale Konfiguration von Geschäftsprozessen und die gemeinsame Nutzung von Ressourcen. Automatisierung und Integration führt zu durchgängigen Geschäftsprozessen und zu einer Beschleunigung derselben. Informatisierung und Innovation ermöglicht, das gemeinsam erarbeitete Wissen und Know-how allen Partnern zugänglich zu machen und für die Optimierung der Zusammenarbeit zu nutzen. *Mertens & Faisst* gehen noch etwas weiter und schlagen zusätzlich einige Hilfsmittel für virtuelle Unternehmen vor:[195]

- *Elektronisches Organisationshandbuch:* Enthält Informationen über Aufbau, Strukturen, Abläufe, Mitarbeiter sowie Produkte und Dienstleistungen einer Organisation;
- *Computerunterstützung bei der Organisationsgestaltung:* Instrument, um die Abläufe für ein virtuelles Unternehmen festzulegen (Business Process Modeler);
- *Zwischenbetrieblicher Datenaustausch:* Alle Informationsbestände sollten innerhalb eines virtuellen Unternehmens gemeinsam genutzt werden können, auch Präsentations- und Konstruktionsunterlagen;
- *Workflow Management:* Unterstützung von zeitlich und örtlich getrennten Geschäftsprozessen;
- *Virtuelle Umgebungen:* Kommunikationsinstrument zur Unterstützung von räumlich getrennter Teamarbeit mit Online-Datenaustausch, z.B. für "Design-Konferenzen";
- *Supply Chain Management:* Unterstützung von logistischen Flüssen im virtuellen Unternehmen über mehrere Fertigungsstufen;
- *IKT-Architektur:* Es wird ein drei Ebenen Modell vorgeschlagen: unterste Ebene bildet die Definition der Kommunikationsstandards. Die nächste Ebene ermöglicht den Zugriff auf gemeinsame Datenbestände. Auf der dritten Ebene kommt es zur gemeinsamen Nutzung von Anwendungen.

Um die Bedürfnisse bezüglich Unterstützung durch IKT-Systeme noch weiter zu detaillieren, werden zu den einzelnen Aktivitäten bei der Gestaltung von virtuellen Unternehmen die ausgetauschten Geschäfts-

---

[194] vgl. Klein 1997
[195] vgl. Mertens & Faisst 1995

objekte, gemeinsame Datenbestände und mögliche Medien zugeordnet (vgl. Tab. 17). Die Ideen von *Klein* und *Mertens & Faisst* werden dabei berücksichtigt.

Phase	Tätigkeit	Ausgetauschte Geschäftsobjekte	Gemeinsame Datenbestände	Mögliches Werkzeug
Initiierung	Ziele	Textdokumente		EMail
	Mitglieder-akquisition		Kompetenzen der Partnerfirmen	Kompetenzdatenbank auf Netzwerkserver
	Konzept	Textdokumente	Projektpläne, Pendenzenlisten	Vernetztes und synchronisierbares Projektmanagement-Tool

Tab. 17: Unterstützung durch IKT-Systeme in der Initiierungsphase[196]

In der Initiierungsphase geht es vor allem darum, die Kommunikation und den Ideenaustausch zu unterstützen. Dabei sollten die Kompetenzen der beteiligten Partner elektronisch verfügbar gemacht und Termine oder Pendenzen verwaltet werden.

9.2.4 Netzwerkgestaltung

In diesem Teilschritt wird das Netzwerk effektiv aufgebaut, was in dem Projekt GVUB der Gründungsphase entspricht. Die geplanten organisatorischen Veränderungen werden realisiert, IKT-Systeme verknüpft und Verträge unterzeichnet. Dabei ist wichtig, dass die vorgesehenen Arbeitspakete termin- und kostengerecht abgeschlossen werden. Falls Schwierigkeiten bei der Gestaltung auftreten, müssen durch das Leitungsgremium des Netzwerkes zügig ergänzende Massnahmen getroffen werden.

Akzeptanzsicherung

Wie bereits erwähnt, ist Vertrauen und Offenheit sehr wichtig, denn dies beeinflusst sehr stark die Implementierung und die spätere Betriebsphase. Eine Vertrauenskultur ermöglicht das Finden einer für alle optimalen Lösung. Dabei handelt es sich einerseits um ein plausibles Kommunikationskonzept und andererseits um Integrationsmassnahmen. Betroffene sollen möglichst früh zu Beteiligten gemacht werden, gezielt informiert und frühzeitig integriert werden. Die Mitarbeiter sollten solche Kooperationsabsichten nie der Presse entnehmen müssen. Ausgewählte Mitarbeiter sollen auch den Aufbau eines Netzwerkes mitgestalten. Zusätzlich kann es unter Umständen nötig sein, die Kulturveränderung durch einen externen Coach zu begleiten. Dabei ist mit etwa ein bis zwei Anlässen pro zehn bis

---

[196] Quelle: eigene Darstellung

zwanzig Mitarbeiter eines betroffenen Bereiches zu rechnen. Eine gute Unterstützung leistet auch ein "Stammtisch", wie er im virtuellen Unternehmen der Region Basel eingesetzt wird. Dies ist eine ausgezeichnete Plattform, um informelle Kontakte zu pflegen und aktuelle Projektideen auszutauschen.

Implementierung

Bei der Vorbereitung der Implementierung sollten die drei Aspekte Organisation, Rechtsfragen und Informations- und Kommunikationssysteme separat betrachtet werden. Die Organisation ist dabei noch in Ablauf- und Aufbauorganisation zu unterscheiden, wobei sowohl die Soll-Prozesse wie auch die Soll-Organisation erarbeitet werden müssen. Der Detaillierungsgrad ist dabei eine Ebene unterhalb der durchgängigen Prozesse (end-to-end), d.h. auf Ebene "Teilprozess" zu wählen. Auf rechtlicher Seite ist eine Gesellschaftsform zu wählen und ein entsprechender Gesellschaftsvertrag aufzusetzen. Nach Möglichkeit sollten hier bereits existierende Vereinbarungen als Vorlage dienen (vgl. VU-Norm). Auf Ebene der IKT-Systeme muss ein gemeinsamer Standard für ausgetauschte Datenformate bestimmt werden. Falls notwendig, ist ein gemeinsamer virtueller Server einzurichten, um gemeinsame Daten für alle beteiligten verfügbar zu machen. Um den Aufwand gering zu halten, sollte dies auf der Basis der Intranet-Technologie geschehen. Weiter werden eine virtuelle Telephonzentrale (z.B. Centrex von Swisscom) und ein virtuelles Telephonbuch benötigt, damit jedes Mitglied mit jedem anderen innerhalb des Netzwerkes sofort Kontakt aufnehmen kann.

Pilotphase, Testaufträge

Die Vorbereitung der Testphase erfordert bereits konkrete Schritte, sei es in der Informatik oder in der Ablauforganisation. Dabei können Sofortmassnahmen aus dem Konzept direkt umgesetzt werden. Andererseits geht es auch um Tests der IKT-Infrastruktur, z.B. um das elektronische empfangen von Bestellungen oder eine simultane Disposition über mehrere Unternehmen hinweg zu prüfen.

Permanente Rollen im Netzwerk

Während und nach dem Aufbau des Netzwerkes ergeben sich einige neue Aufgaben. Innerhalb des Netzwerkes gibt es fünf Rollen, die während der Gestaltungsphase bestimmt werden müssen.

1. *Netzwerkversammlung:* Die Idee dieser Versammlung ist von einer Generalversammlung abgeleitet. Die unabhängigen Mitgliederfirmen sollen das Netzwerk aktiv gestalten und Beschlüsse in diesem Gremium fassen können. Weiter sollen die Mitglieder Leitungsfunktionen oder andere Rollen mittels Abstimmungen besetzen können. In einer Minimalvariante besteht diese Versammlung aus einem Vertreter jeder Mitgliedsfirma (in der Regel dem Geschäftsführer). Unter Umständen

können die Mitarbeiter durch weitere Vertreter in die Versammlung integriert werden. Als Beispiel könnte pro fünfzig Mitarbeiter eines Unternehmens ein zusätzlicher Vertreter bestimmt werden.
Die Aufgaben der Versammlung betreffen hauptsächlich strategische Fragen. Das Gremium ist zuständig für die klare Definition der Ziele und für die Aufnahme weiterer Mitglieder. Zu Beginn der Konzeptphase – vor der eigentlichen Netzwerkgestaltung – gibt es daher viel zu tun. Weiter muss die Netzwerkversammlung die Funktionen des Coachs, der Ideenzentrale und der Schlichtungsstelle personell besetzen. Dabei können Personen von einzelnen Mitgliederfirmen oder Aussenstehende eingesetzt werden. Zusätzlich ist eine Revisionsstelle zu ernennen.

2. *Coach:* Der Netzwerkcoach hat die Aufgabe, das Beziehungsnetz innerhalb des Unternehmensnetzwerkes aufzubauen und zu pflegen. Eine wichtige Rolle spielt er deshalb zu Beginn, wenn Ziel und Konzept des Netzwerkes festgelegt werden, sowie bei der Phase der Akzeptanzsicherung. Dazu veranstaltet er Anlässe, die speziell der Kulturgestaltung und der gegenseitigen Verständigung dienen. Nach der Gestaltung des Netzwerkes ist er für die permanente Optimierung zuständig und betreut neue Partnerfirmen.

3. *Ideenzentrale:* Eine Gruppe von Netzwerkteilnehmern hat die Aufgabe, Ideen oder Konzeptentwürfe wertfrei entgegenzunehmen und den Antragsteller bei der Konzeption einer Leistung oder bei der Formulierung eines Auftrages für ein virtuelles Unternehmen zu unterstützen. Diese Instanz kann die Art der Leistungen, die innerhalb des Netzwerkes erbracht werden, auf Übereinstimmung bezüglich der Strategie überprüfen und, falls notwendig, Anträge ablehnen.

4. *Schlichtungsstelle:* Diese Stelle kommt nur bei Schwierigkeiten zum Einsatz, soll aber trotzdem zu Beginn eindeutig bestimmt werden. In den Verträgen, die im Netzwerk abgeschlossen werden, sollte auch eine Klausel enthalten sein, dass der Entscheid der Schlichtungsstelle endgültig und nicht anfechtbar ist. Mit diesem Verfahren wird eine hohe Geschwindigkeit in der Problemlösung erreicht, so dass laufende Aufträge möglichst nicht unterbrochen werden. Die Zusammensetzung dieses Gremiums ist durch die Netzwerkversammlung festzulegen und sollte mindestens aus drei Vertretern bestehen. Für Sonderfälle sollten zudem Ersatzvertreter bestimmt werden. Unter Umständen ist eine externe Stelle zu bezeichnen oder eine obere Grenze des Streitbetrages festzulegen. Bei der VU-Gebäudehülle im Projekt Effi-Bau wird empfohlen, ab Beträgen von 200'000.— ein ordentliches Gericht einzuschalten.[197]

5. *Akquisition:* Im Netzwerk sollte allen Beteiligten klar sein, wer sich um neue Aufträge kümmert. Entweder macht dies eine Firma für alle anderen, oder aber jeder Partner übernimmt Marketingaufgaben. Eine

---

[197] vgl. Miloni 1998

Einigung in dieser Frage ist wichtig, weil hier immer wieder die Diskussion um Provisionen auftaucht.

6. *In-/Outsourcing-Manager:* Pro Firma wird mindestens eine Person bestimmt, die die internen Fähigkeiten und Ressourcen gegenüber dem Netzwerk vertritt. Diese Stelle vereint somit Aufgaben aus dem Einkauf und dem Verkauf. Falls zusätzliche Ressourcen oder Kompetenzen benötigt werden, sucht sich dieser Mitarbeiter mögliche andere Firmen anhand der Datenbank oder via Ideenzentrale. Andererseits pflegt er die Angaben seiner Firma in der Kompetenzdatenbank und versucht mit geeigneten Marketingmassnahmen oder durch neue Ideen, sich als potentieller Partner für ein virtuelles Unternehmen zu etablieren. Wenn tatsächlich eine Zusammenarbeit zustande kommt, so organisiert er den Kontakt zwischen dem Geschäftsführer des virtuellen Unternehmens und dem entsprechenden Teamleiter.

Rechtliche Absicherung

Zur rechtlichen Absicherung muss in dieser Phase die Frage beantwortet werden, welche Vertragsform am ehesten dem zu erreichenden Kooperationsgrad entspricht und ob das Netzwerk als gesamtes eine eigene Rechtspersönlichkeit benötigt. Weiter muss berücksichtigt werden, dass auch ohne einen Gesellschaftsvertrag eine längere Konsensphase (sechs Monate bis ca. ein Jahr) benötigt wird. Für ein längerfristigeres Netzwerk stellt deshalb der Abschluss eines Gesellschaftsvertrages zeitlich kein Hindernis dar. Am erfolgversprechendsten erscheint deshalb, auf Ebene des Netzwerkes eine Rechtsform zu wählen (Genossenschaft, evtl. GmbH oder AG), die das Aussenverhältnis regelt. Im Innenverhältnis müssen spezielle Massnahmen zum Aufbau einer gemeinsamen Vision und Kultur getroffen werden; eine Doppelstruktur mit einer einfachen Gesellschaft für das Innenverhältnis ist jedoch nicht unbedingt nötig. Um den eigentlichen Gründungsaufwand zu minimieren, sollte mit Standardverträgen gearbeitet werden, die auf der Basis der bereits publizierten VU-Norm[198] erarbeitet werden können. Artikel, die zu stark auf die Baubranche ausgerichtet sind, können gestrichen oder ersetzt werden. Wichtig ist, dass das vorhandene Material genutzt, und nicht nochmals alles von vorn aufgearbeitet wird. Auf diese Art und Weise scheint ein optimaler Kompromiss zwischen maximaler Sicherheit und hoher Flexibilität möglich zu sein. Ein Vertrag für das Netzwerk könnte wie in Tab. 18 beschrieben aussehen.

Haftungsansprüche werden dabei durch die VU-Norm abgedeckt und durch eine entsprechende Gesellschaftsform begrenzt (z.B. bei der GmbH). Wichtig ist auch die Frage der Konkurrenz innerhalb des Netzwerkes. Welchen Anteil seiner Ressourcen darf ein Partner Externen zur Verfügung stellen? Bei all diesen Punkten ist eine Klärung im Vorfeld zu empfehlen, denn auf diese Art und Weise können Schwierigkeiten vermieden werden,

---

[198] vgl. Hürlimann & Handschin 1998

und gleichzeitig wird die Offenheit und das Vertrauen unter den Partnern gefördert.

Thema	Inhalt
Beteiligte Gesellschafter	Firma, Sitz, Tätigkeitsbereich
Gesellschaftsform	AG, GmbH, Genossenschaft, Verein
Entscheidungsträger der Gesellschaft	Einzelne Organe mit Aufgabenbeschreibung
Netzwerkversammlung	Zusammensetzung, Abstimmungsverfahren
Netzwerk-Coach	Wahl, Aufgabe
VU-Projektleitung	Wer, Entschädigung
Akquisition	Wer, Entschädigung
Konkurrenz	frei oder verboten
Preisbildung	Offene Kalkulation oder Preisgrenze
Ausscheiden	Rückgabe der Gesellschaftsanteile
Vertragsbestandteile	Vertrag, VU-Norm (evtl. modifiziert), Gesellschaftsstatuten, Obligationenrecht

Tab. 18: Inhalt eines Vertrages für ein Netzwerk[199]

Unterstützung durch IKT-Systeme

In der Phase der Netzwerkgestaltung können zur Effizienzsteigerung der Kooperation bereits Projektmanagement- oder PPS-Werkzeuge zum Einsatz kommen (vgl. Tab. 19). Die Schwierigkeit besteht darin, dass in dieser Phase solche Systeme parallel zum Aufbau der Kooperation neu in Betrieb genommen oder gegenseitig abgestimmt werden.

Dem Konzept ist zu entnehmen, welche Geschäftsprozesse in welchem Mass durch IKT-Systeme unterstützt werden sollen. Für Testaufträge kann evtl. noch mit den bisherigen Mitteln gearbeitet werden; sobald aber das Volumen erhöht werden soll, muss mittels IKT-Systemen ein sinnvoller Automatisierungsgrad erreicht werden. Als Kommunikations- und Koordinationsinstrumente stehen drei Instrumente im Vordergrund:

- ein *Markt-Tool*, das die Schnittstelle zwischen dem Kunden und dem virtuellen Unternehmen darstellt und eine Konfiguration der gewünschten Leistung bzw. eine virtuelle Einkaufsmöglichkeit bietet;
- ein *Kommunikations-Tool*, das den Austausch von Informationen zwischen den Partnern ermöglicht (EMail, Telefonzentrale "Centrex", Videokonferenzsystem);

---

[199] Quelle: eigene Darstellung in Anlehnung an Hürlimann & Handschin 1998

9.2 Integriertes Gestaltungsmodell

Phase	Tätigkeit	Ausgetauschte Geschäftsobjekte	Gemeinsame Datenbestände	Mögliches Werkzeug
Netzwerk-gestaltung	Akzeptanz-sicherung	Textdokumente	Projektpläne, Workshop-programme	PM-Tool, EMail
	Implemen-tierung	Netzwerk-Verträge	Projektpläne, Kostentabellen	PPS- oder PM-Tool
	Pilot, Test-aufträge	Bestellungen, Leistungen	Logistikdaten, Leistungskenn-zahlen	Logistikdatenbank auf Netzwerkserver, PPS- oder PM-Tool

Tab. 19: Unterstützung durch IKT-Systeme in der Netzwerkgestaltungsphase[200]

- ein *PPS-* oder *Projektmanagement-Tool* für die Koordination von Terminen und für die Arbeitsaufteilung und Ressourcenabstimmung. Bei einer Einmalfertigung wird eher ein Projektmanagmentwerkzeug zum Einsatz kommen, während bei der Wiederholung ähnlicher Aufträge oder bei Kleinserienfertigung eher ein Produktionplanungs- und -steuerungs-System verwendet wird.

Die operative Tätigkeit erfordert dann aber gemeinsame Datenbestände und einen durchgängigen Informationsfluss. Dafür sorgen in erster Linie gemeinsam genutzte Datenbanken:

- eine *Kompetenz- und Ressourcendatenbank*, die Fähigkeiten der Firma mit den entsprechenden personellen und anlagemässig vorhandenen Kapazitäten verwaltet;

- eine *Archivdatenbank*, wo alte Aufträge, Protokolle, Rechnungen, usw. abgelegt werden. Diese Datenbank könnte für alle Partner in der Form eines Intranets zugänglich gemacht werden;

- eine *Logistik-* oder *Auftragsdatenbank*, wo alle laufenden Aufträge registriert und die Endtermine der einzelnen Arbeiten sichtbar sind. In dieser Datenbank werden ebenfalls Angaben zum Wertefluss geführt. Ein Konzept für eine solche firmenübergreifende Datenbank kann *Kernler* entnommen werden.[201]

Bei all diesen Instrumenten und gemeinsamen Datenbanken muss jedoch versucht werden, die Investitions- und Unterhaltskosten so tief wie möglich zu halten. Beim Aufbau des Netzwerks sind deshalb lediglich Minimalanforderungen abzudecken. Eine mögliche Anordnung zeigt die folgende Darstellung (vgl. Abb. 37):

---

[200] Quelle: eigene Darstellung
[201] vgl. Kernler 1996

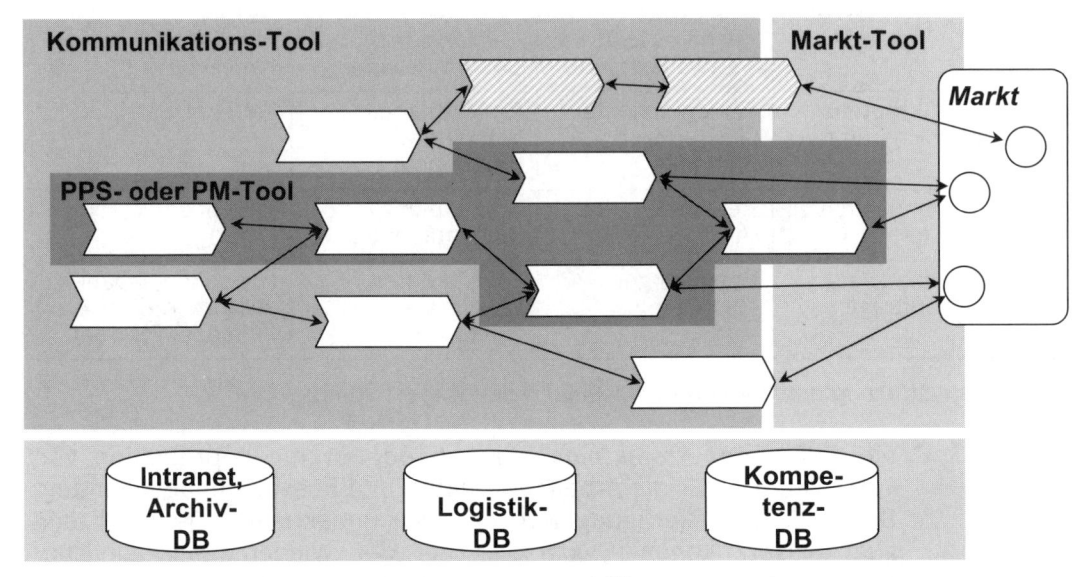

Abb. 37: IKT-Instrumente im virtuellen Unternehmen[202]

Eine gute Ausgangslage stellt deshalb die Kommunikation via Internet dar, ein gemeinsames Intranet, ein Projektmanagement- oder ein PPS-Tool sollte später während der Implementationsphase folgen.

In den Erfahrungsberichten wurde in der Regel die Kommunikation via EMail etabliert. Bei dem Projekt GVUB und bei der virtuellen Fabrik existiert bereits eine Kompetenzdatenbank, wo die einzelnen Fähigkeiten bzw. Anlagen registriert sind. Beim Projekt VIRTUOS gibt es eine gemeinsame Auftragsdatenbank, da die Firmen am selben Informationssystem angeschlossen sind. Die Verwendung von EMail hat sich ebenfalls durchgesetzt. Weitere Instrumente wurden jedoch bis zu diesem Zeitpunkt noch nicht aufgebaut, weder ein firmenübergreifendes Intranet, noch ein virtuelles Einkaufssystem für die Kunden.

9.2.5 Betrieb des Netzwerkes

In der Betriebsphase werden einerseits ständig neue virtuelle Unternehmen innerhalb des Netzwerkes gebildet. Andererseits soll aber die Zusammenarbeit im Netzwerk immer weiter optimiert werden.

Bildung von virtuellen Unternehmen

Die Bildung virtueller Unternehmen innerhalb eines existierenden Netzwerkes erfolgt normalerweise in drei Schritten: die Anbahnung und

---

[202] Quelle: eigene Darstellung

Vereinbarung, der Betrieb und als letztes die Auflösung. Alle Phasen dauern relativ kurz, wobei die Betriebsphase klar am meisten Zeit beansprucht. Dies ist auch aus Kostengründen naheliegend, denn in der ersten und der letzten Phase wird keine Wertschöpfung erzielt.

Anbahnung und Vereinbarung

Die Anbahnung geschieht in der Regel durch vorhandene Kontakte im Netzwerk oder aber über eine Kompetenzdatenbank. Je nach Idee oder Auftrag werden die benötigten Fähigkeiten gesucht. Anschliessend muss die Bereitschaft und Verfügbarkeit zur Zusammenarbeit geklärt werden. Bei Firmen, die aus dem Netzwerk stammen oder wo bereits früher Aufträge abgewickelt wurden, geht dies sehr schnell. Zum Schluss ist noch eine standardisierte Vereinbarung zu erstellen und zu unterzeichnen, d.h. das mündlich Vereinbarte wird in Standardform schriftlich festgehalten. Hier geht es hauptsächlich um die Arbeitsteilung, den Ressourceneinsatz, Verfahrensregeln (Beschlussfindung) und das Projektmanagement. Im Idealfall sollte diese Phase vollständig informatikgestützt abgewickelt werden können. Dazu werden konkret eine Kompetenzdatenbank mit Zugriff aller Netzwerkteilnehmer und rechtskräftige, elektronische Verträge mit der Möglichkeit, elektronisch zu unterschreiben, benötigt. Für diese Phase ist wichtig, dass bereits eine Angleichung der verschiedenen Unternehmenskulturen stattgefunden hat, denn so kann die Konsensphase kurz gehalten werden. Gemäss Erfahrungen aus dem Projekt ORVIETTI ist nämlich normalerweise eher mit einer Verlängerung der Konsensfindung in solchen Kooperationen festzustellen. Umso kürzer dagegen wird die Umsetzung.

Betrieb

Bevor der eigentliche Betrieb gestartet werden kann, müssen die Geschäftsabläufe und Leistungskenngrössen (Zeit, Qualität, Kosten) definiert werden. D.h. es muss geklärt werden, wer für welche Tätigkeiten oder Projektaufgaben zuständig ist, an wen die Resultate weiterzuleiten sind und wie diese Resultate gemessen werden. Bei dieser Definition sollte soweit möglich auf Standardabläufe und Kenngrössen zurückgegriffen werden. Die Leitung des Vorhabens wird durch einen Geschäftsführer des virtuellen Unternehmens wahrgenommen, der solange im Amt ist, wie es für den Betrieb nötig ist. Die Betriebsphase selbst dauert bis zum Abschluss des Auftrags oder solange ein Markt für das Produkt besteht.

Auflösung

Wie die Auflösung vor sich gehen soll, muss bereits bei der Anbahnung geklärt werden. Am besten wird im Standardvertrag eine entsprechende Klausel vorgesehen. Falls es zu Schwierigkeiten bezüglich Patenten oder Gewinnaufteilung kommt, muss die Schlichtungsstelle den Fall endgültig klären. Nach jeder Auflösung eines virtuellen Unternehmens muss eine Schlussabrechnung gemacht werden. Für das Netzwerk als Gesamtheit ist es wichtig zu wissen, mit welchen Leistungen ein Gewinn erzielt wurde. Bei einem erfolgreichen Abschluss könnten auf ähnlichen Gebieten neue Kooperationen aufgebaut werden. Deshalb ist es auch wichtig, Ergebnisse und gemachte Erfahrungen in einem Datenbanksystem für alle verfügbar zu machen. Die an einem virtuellen Unternehmen beteiligten Mitarbeiter arbeiten nach der Auflösung in ihrer ursprünglichen Firma weiter, sei es an internen Aufträgen oder an einem anderen virtuellen Unternehmen.

Temporäre Rollen in der Betriebsphase

- *VU-Geschäftsführer:* Er hat die operative Verantwortung für einen temporären Projektauftrag im Netzwerk, d.h. er garantiert das Einhalten der vereinbarten Spezifikationen, der Qualität, der bestätigten Termine und der Kosten. Zusammen mit den In-/Outsourcing-Managern der einzelnen realen Firmen sind die VU-Geschäftsführer verantwortlich für die eigentliche Leistungserstellung des virtuellen Unternehmens.

- *Disponent, Auftragsabwickler:* Je nach Komplexitätsgrad braucht der VU-Projektleiter unter Umständen Unterstützung bei der Planung und Abwicklung der Aufträge. Dazu wird ihm aus den beteiligten Firmen ein oder mehrere Disponenten zugeteilt. Ihre Aufgabe ist es, die Planung der einzelnen Arbeitsschritte und Leistungen mit den jeweiligen In-/Outsourcing-Managern abzusprechen und Termine, Kosten und Qualität zu überwachen.

Rechtliche Absicherung

Für die einzelnen temporären virtuellen Unternehmen soll aus Zeit- und Flexibilitätsgründen mit Projektverträgen (möglichst in elektronischer Form) gearbeitet werden. Es kann sich dabei um einen Auftrag (OR 394 ff.) oder einen Werkvertrag (OR 363 ff.) handeln. Die Entwicklungen im Bereich von elektronischen Unterschriften können dazu führen, dass solche Verträge sehr schnell abgeschlossen werden können und trotzdem als Beweismittel legitimiert sind.

Unterstützung durch IKT-Systeme

Wie bereits erwähnt, muss die Betriebsphase mit sehr effizienten Instrumenten unterstützt werden. D.h. es müssen sehr schnell neue Verträge für virtuelle Unternehmen aufgesetzt und abgeschlossen werden. Für die Auftragsabwicklung müssen Auftrags- und Produktdokumente ausgetauscht werden, was am ehesten durch ein PPS- oder Projektmanagement-Werkzeug unterstützt wird. Allerdings werden dabei hohe Anforderungen bezüglich Selbsterklärung und Bedienungsfreundlichkeit an solche Systeme gestellt, weil die Benutzer sehr schnell produktiv arbeiten müssen.

9.2 Integriertes Gestaltungsmodell

Phase	Tätigkeit	Ausgetauschte Geschäftsobjekte	Gemeinsame Datenbestände	Mögliches Werkzeug
Betrieb des Netzwerkes	Anbahnung und Vereinbarung VU	VU-Verträge	Kompetenzen der Partnerfirmen	EMail, Kompetenz-DB
	Betrieb VU	Produktbeschreibungen, Bestellungen, Leistungen	Logistikdaten, Leistungskennzahlen	EMail, Logistik-DB, PPS- oder PM-Tool
	Auflösung VU		Archiv über bisherige Kooperationen	Archiv-Datenbank auf Netzwerkserver
	Anpassen und Optimieren des Netzwerkes	Textdokumente	Kompetenzen der Partnerfirmen, Archiv, Logistikdaten, Leistungskennzahlen, Projektpläne	Kompetenz-DB, Logistik-DB, Archiv-DB, PPS- oder PM-Tool

Tab. 20: Unterstützung durch IKT-Systeme in der Betriebsphase[203]

Voraussichtlich werden in nächster Zeit auf dem Gebiet der interorganisatorischen Anwendungen, Datenbanken und Dienstleistungen neue Anbieter auftreten, um die Virtualisierung von Unternehmen gezielt zu unterstützen.

Anpassung und Optimierung

Ein einmal aufgebautes Netzwerk muss auch während der weiteren Zeit gepflegt und unterhalten werden. Das heisst, dass die Zielsetzungen in regelmässigen Abständen überprüft werden müssen. Durch Marktveränderungen kann es sein, dass das Leistungsangebot des Netzwerkes den Kundenanforderungen nicht mehr genügt. Andererseits können gewisse Fähigkeiten im Netzwerk nur noch minimale Bedeutung haben, oder neue Mitglieder mit zusätzlichen Kompetenzen müssen aufgenommen werden.

Natürlich muss auch die Kommunikation und die Beziehung mit den etablierten Partnern weiter optimiert und ausgebaut werden. Dazu müssen bisher bekannte Ansätze der Organisationsveränderung (z.B. Reengineering) auf Netzwerke ausgedehnt werden. Dabei können einerseits die Schnittstellen zwischen den Unternehmen optimiert werden oder andererseits einzelne firmenübergreifende Prozesse.[204] Am Schluss sollten jedoch sowohl die Schnittstellen, wie auch alle Prozesse innerhalb des Netzwerkes mehr oder weniger optimiert laufen.

---

[203] Quelle: eigene Darstellung
[204] vgl. z.B. Büchner & Künzel 1997; Kernler 1996

> *"Damit Geschäftsprozesse zielwirksam sind, müssen auch die damit einhergehenden zwischenmenschlichen Beziehungen optimiert werden. Die überragende Bedeutung der "weichen" Faktoren wird jedoch nach wie vor in der unternehmerischen Praxis unterschätzt"* [205]

Zu beachten ist, dass es nicht darum geht, absolut perfekte Prozesse und Schnittstellen aufzubauen, denn dadurch könnten sich die Flexibilität und die Geschwindigkeit verschlechtern. Vielmehr geht es darum, mit optimalen zwischenmenschlichen Beziehungen eine unbürokratische Zusammenarbeit zu ermöglichen.

9.3 Zusammenfassung

Wie aus den Ausführungen ersichtlich wird, erstreckt sich ein Gestaltungsmodell für ein virtuelles Unternehmen über mehrere Aspekte. Als Übersicht sollen deshalb die wichtigsten Punkte nochmals zusammengetragen werden, um eine Art Checkliste für die Gestaltung zu haben (vgl. Tab. 21).

Diese Checkliste hat keinen Anspruch auf Vollständigkeit. Vielmehr soll sie Hinweise für die Gestaltung von virtuellen Unternehmen geben. Natürlich bleiben auch hier die generellen Aussagen des Projektmanagements gültig, wonach erst klare Ziele auch klare Resultate ermöglichen. Neben den Hinweisen zur Gestaltung hat somit eine konsequente Umsetzung den grössten Einfluss auf wirtschaftlichen Erfolg.

Dies sind nochmals die vier Phasen auf einen Blick. Die beteiligten Partnerunternehmen sollten alle diese Phasen vollständig durchlaufen. Denn je später eine Firma dazu stösst, desto höher wird der Abstimmungsbedarf. Obwohl virtuelle Unternehmen in ihrer operativen Ausprägung eher von temporärer Natur sind und teilweise auch als Übergangslösungen auftreten, ist die Konzeption und die Gestaltung eines solchen Netzwerkunternehmens alles andere als eine kurze Sache. Die Virtualisierung von Unternehmensnetzwerken stellt hohe Anforderungen an die beteiligten Partner und an deren Mitarbeiter und kann deshalb nicht von heute auf morgen realisiert werden. Eine entscheidende Bedeutung erhält aus diesem Grund das Netzwerk im Hintergrund.

Aus der Zusammenfassung wird ersichtlich, dass die Gestaltung von virtuellen Unternehmen ein interdisziplinäres Unterfangen darstellt. Aus den Bereichen Informationstechnik, Recht und Organisationsgestaltung sind Aspekte zu berücksichtigen, um solch netzwerkartigen Organisationsformen in die Praxis umzusetzen. Diese flexible, funktions- bzw. fachübergreifende Zusammenarbeit wird einer der künftigen Erfolgsfaktoren sein. Netzwerkartige Unternehmensformen wie z.B. das virtuelle Unternehmen bieten hier eine erstklassige Unterstützung.

---

[205] Büchner & Künzel 1997

9.3 Zusammenfassung

Gestaltungs-phase	Aktivität	Gestaltung	Recht	IKT
Vision	Voraussetzungen abklären	Situation bezüglich Vertrauenskultur, Kompetenz klären	Bedürfnis nach vertraglicher Bindung abklären	Aktuelle Situation bezüglich IKT-Systeme bestimmen
Konzeption	Ziele	Leistungsangebot, Kooperationsbereiche, vorhandene Ressourcen, allseitigen Nutzen bestimmen	Umfang der rechtlichen Absicherung festlegen	Umfang der Unterstützung durch IKT-Systeme festlegen
	Mitgliederakquisition	Netzwerkgrösse, Auswahlkriterien bestimmen	Situation abklären (vgl. oben)	Situation abklären (vgl. oben)
	Konzept	Massnahmen für Gestaltungsphase erarbeiten	evtl. Entwurf Standardverträge	evtl. Entwurf Konzept für IKT-Systeme (Tools, DB)
Netzwerkgestaltung	Akzeptanzsicherung	Workshops, "Stammtisch"	Workshops	Schulungen
	Implementierung	Prozesse und Organisation bestimmen	Verträge unterzeichnen	IKT-Systeme aufbauen bzw. vernetzen
	Pilot, Testaufträge	Test von Prozessen und Organisation	evtl. Ergänzungen nachtragen	Test der IKT-Systeme
Betrieb des Netzwerkes	Anbahnung und Vereinbarung VU	Kontakte, Kombination der Fähigkeiten	Projektvertrag unterzeichnen	Kompetenz-DB, elektronische Verträge
	Betrieb VU	Prozesse und Leistungskenngrössen bestimmen		Ressourcen- und Logistik-DB und Softwaretools in Betrieb
	Auflösung VU	Auflösung gemäss Bestimmungen	evtl. Schlichtungsstelle beiziehen	Dokumente archivieren
	Anpassen und Optimieren des Netzwerkes	Überprüfen der Ziele und Leistungen, Schnittstellenoptimierung	evtl. Ergänzungen nachtragen	evtl. zusätzliche Systeme aufbauen, Durchgängigkeit ausbauen

Tab. 21: Checkliste für die Gestaltung eines virtuellen Unternehmens[206]

---

[206] Quelle: Brütsch 1999

10

Empfehlungen

Obwohl virtuelle Unternehmen nur solange bestehen, wie ein Markt existiert, ist die Konzeption und die Gestaltung alles andere als eine kurze Sache. Vielmehr stellt der Aufbau eines Netzwerkes oder die Virtualisierung eines bestehenden Konglomerates massive Anforderungen. Einerseits wird die Organisation funktional dezentralisiert, und andererseits müssen eine Vertrauenskultur und übergreifende Geschäftsprozesse aufgebaut und optimiert werden. Neben den Faktoren einer herkömmlichen Reorganisation kommen somit noch Faktoren der Kulturveränderung hinzu. Diesem Aspekt gilt es, bei der Umsetzung Rechnung zu tragen. Generell sollten bei einem Virtualisierungsprojekt mindestens so klare Ziele wie bei anderen Organisationsgestaltungsprojekten vorliegen. In den Erläuterungen wurde dies sogar als Vision bezeichnet: Welchen Nutzen das virtuelle Unternehmen für die Kunden erbringen will und welche neuen Märkte mit umfassenden Leistungen bedient werden sollen, sollte immer zu Beginn einer Virtualisierung geklärt werden.

Auf der Basis der Empfehlungen und dem erläuterten Gestaltungsmodell ist ein virtuelles Unternehmen aufzubauen. Allerdings wird von den beteiligten Partnern eine aktive Mitarbeit erwartet. Die Erfahrungsberichte zeigen, dass in der Schweiz schon einige Initiativen ergriffen worden sind, um das virtuelle Unternehmen fassbar und wirtschaftlich nutzbar zu machen. Falls Sie ein Virtualisierungsprojekt planen, ist eine Kontaktaufnahme sicher zu Empfehlen, um die in den Projekten gemachten Erfahrungen zu nutzen.

# 11

Literatur

Afheld 1997: Afheld, H.: Was war das – ein Arbeitsplatz? Geht uns langsam die Arbeit aus. Bilanz 1997/11, S. 108–113.

Arnold et al. 1995: Arnold, O.; Faisst, W.; Härtling, M.; Sieber, P.: Virtuelle Unternehmen als Unternehmenstyp der Zukunft. Handbuch der modernen Datenverarbeitung 1995/32, S. 8–23.

Aykac 1996: Aykac, A: Zukunftsszenarien. Vortragsunterlagen Management Seminar ABB. Sachseln 1996.

Baumgarten 1996: Baumgarten, H.: Trend zur Globalisierung der Logistik deutlich verstärkt. Logistik im Unternehmen 1996/10, S.52–59.

BCG 1993: Boston Consulting Group: Reengineering – Die Managementperspektive. The Boston Consulting Group. München 1993.

Beer-Hungerbühler et al. 1997: Beer-Hungerbühler, U.; Brütsch, D.; Goeggel, J.; Vaccalli, M.: Virtuelle Unternehmen – Ein Überblick und erste Ergebnisse aus dem Projekt VIRTUOS. In: BWI (Hrsg): Blickwechsel – Betriebswissenschaft und Innovation. vdf. Zürich 1997.

Braun 1997: Braun, V.: Strukturen und Funktionsweise eines Virtuellen Unternehmens. zfo. 197/4. S. 238–241.

Brockhaus 1975: Der neue Brockhaus: Lexikon und Wörterbuch in fünf Bänden und einem Atlas. Brockhaus. Wiesbaden 1975.

Brütsch & Frigo-Mosca 1996: Brütsch, D.; Frigo-Mosca, F.: Virtuelle Organisation in der Praxis. io-Management Zeitschrift 1996/9. S. 33–35.

Brütsch & Beer-Hungerbühler 1997: Brütsch, D.; Beer-Hungerbühler, U.: Auf dem Weg zum virtuellen Unternehmen – Ein Projekt in der Holzindustrie. In: Fischer, D. et al. (Hrsg.): Unkonventionelle unternehmerische Rezepte.

Reorganisation und Innovation in Klein- und Mittelbetrieben – erfolgreiche Beispiele. Orell Füssli. Zürich 1997.

Brütsch 1998: Brütsch, D.: Building up a virtual organisation. In: Schönleben, P. & Büchel, A (Hrsg.): Organizing the Extended Enterprise. Chapman & Hall. London 1998.

Brütsch 1999: Brütsch, D.: Gestaltung virtueller Organisationen in der Schweiz – Neue Chancen durch den Aufbau von kooperativen Netzwerken. Dissertation ETHZ. Zürich 1999.

Business 1994: anonym: Faster, smaller, cheaper. Business Week 1994/6. S. 48–51.

Büchner & Künzel 1997: Büchner, U.; Künzel, H.J.: Den Transformationsprozess unterstützen – Praktische Erfahrungen bei der Messung und Verbesserung der internen Kunden- und Lieferantenbeziehungen. Carl Hanser OZ 1997/6. S.661–664.

Byrne 1993: Byrne, J.A.: The virtual corporation. International Business Week (IBW) 8.2.1993. S. 36–41.

Davidow & Malone 1992: Davidow, William H.; Malone, Michael S.: The Virtual Corporation. HarperCollins. NewYork 1992.

Davidow & Malone 1993: Das virtuelle Unternehmen: der Kunde als Co-Produzent. Campus. Frankfurt 1993.

Diebold 1996: anonym: Telearbeit – Vor einer neuen Arbeitswelt. Diebold Management Report 1996/7. S. 16.

Duden-Lexikon 1991: Adam, I. (Red.): Das Neue Duden-Lexikon in zehn Bänden. Brockhaus. Mannheim 1991.

Duden 1996: Dudenredaktion (Hrsg.): Duden: Rechtschreibung der deutschen Sprache. Dudenverlag. Mannheim 1996.

Frigo-Mosca et al. 1996: Frigo-Mosca, F.; Brütsch, D.; Tettamanti, S.: Vorwärts zur virtuellen Organisation. Office Management Zeitschrift 1996/9. S. 46–50.

Frigo-Mosca et al. 1997: Frigo-Mosca, F.; Brütsch, D.; Hafen, U.; Tettamanti, S.: Logistic Partnership: Supply Chain Management in der Schweizer Industrie – Untersuchung über den Stand der Kunden-Lieferanten-Beziehungen in 304 Schweizer Industriebetrieben. Vdf. Zürich 1997.

Gabler 1988: Gabler-Lexikon-Redaktion (Hrsg.): Wirtschafts-Lexikon. Gabler. Wiesbaden 1988.

Giger 1993: Giger, H.: Taschenausgaben schweizerischer Gesetzestexte, Band 2. Liberalis. Zürich 1993.

Gilroy 1991: Gilroy, B.M.: Networking in multinational enterprises – the importance of strategic alliances. Forschungsgemeinschaft Nationalökonomie. St. Gallen 1991.

Goeggel & Brütsch 1997: Goeggel, J.; Brütsch, D.: Virtual Organization: Basics and Literature Survey. Arbeitspapier Nr. 13. Betriebswissenschaftliches Institut. Zürich 1997.

Göransson & Schuh 1997: Göransson, A.; Schuh, G.: Das Netzwerkmanagement in der virtuellen Fabrik. In: Müller-Stewens, G. (Hrsg.): Virtualisierung von Organisationen. Schäffer-Poeschel. Stuttgart 1997.

Goldman et al. 1995: Goldman, S.; Nagel, R.; Preiss, K.: Agile Competitors and Virtual Organisations, Strategies for Enriching the Customer. Van Nostrand Rheinhold. New York 1995.

Grochla 1970: Grochla, E.: Die Kooperation von Unternehmungen aus organisationstheoretischer Sicht. In: Boettcher, E. (Hrsg.): Theorie und Praxis der Kooperationen. Tübingen 1970. S. 1–18.

Hammer & Champy 1993: Hammer, M.; Champy, J.: Reengineering the Corporation – a Manifesto for Business Revolution. Cambridge 1993.

Handy 1995: Handy, Ch.: Trust and the virtual organization – How do you manage people you do not see? Harvard Business Review 1995/5–6. S. 40–50.

Hilb 1997: Hilb, M.: Management der Human-Ressourcen in virtuellen Organisationen, in: Müller-Stewens, G. (Hrsg.): Virtualisierung von Organisationen. Schäffer-Poeschel. Stuttgart 1997.

Hildebrand 1998: Hildebrand, M.: Modelle zur Realisierung von Virtuellen Organisationen/Unternehmen. Semesterarbeit ETH Zürich. Betriebswissenschaftliches Institut. Zürich 1998.

Hirzel 1997: Hirzel M.: Mit und ohne Partner – Alternativen beim Outsourcing von Verwaltungsdiensten. io-Management 1997/3. S. 24–27.

Hoffmann et al. 1996: Hoffmann, W.; Hirschmann, P.; Scheer, A.-W.: Die Initiierung Virtueller Unternehmen – leisten Kooperationsbörsen Unterstützung? Industrie Management 1996/6. S.10–14.

Hürliman & Handschin 1998: Hürlimann, R.; Handschin, L.: VU-Dokumentation Recht. In: Schweizerische Bauwirtschaftskonferenz (Hrsg.). Virtuelle Unternehmen in der Bauwirtschaft – Kompetenzen vernetzten. Effi-Bau. Zürich 1998.

Jarillo 1997: Jarillo, J.C.: Strategic Networks: the key points for success. Manager Bilanz 1997/7. S. 24–27.

Kaplan & Murdock 1991: Kaplan, R.; Murdock, L.: Core Process Redesign. McKinsey Quarterly 1991/1. S. 27–43.

Kapoun 1994: Kapoun, J. (Hrsg.): Just-in-time- und Kanban-Konzepte und -systeme in Theorie und Praxis. Lausanne 1994.

Katzy et al. 1996: Katzy, B.; Schuh, G.; Millarg, K.: Die virtuelle Fabrik – Produzieren im Netzwerk – neue Märkte erschliessen durch dynamische Netzwerke. Technische Rundschau 1996/43. S.30–34.

Kaufmann 1996: Kaufmann, A.: Elektronische Märkte. Vortragsunterlagen Forschungskolloquium. Universität Bern 1996.

Kernler 1996: Kernler, H.: Simultane Disposition für virtuelle Unternehmen. Carl Hanser ZWF 1996/1–2. S.37–40.

Khandwalla 1975: Khandwalla, P.N.: "Unsicherheit" und die optimale Gestaltung von Organisationen. In: Grochla, E. (Hrsg.): Organisationstheorie. Poeschel. Stuttgart 1975.

Klein 1997: Klein, S.: Zur Rolle moderner Informations- und Kommunikationstechnologien. In: Müller-Stewens, G. (Hrsg.): Virtualisierung von Organisationen. Schäffer-Poeschel. Stuttgart 1997.

Kopp & Neeser 1998: Virtuelle Unternehmen der Region Basel. Die schweizerische Informatik-Revue 1998/2. S.146–147.

Kühnle 1993: Kühnle, H.: Übersichtsvortrag: Die Fraktale Fabrik. In: Kuhn, A. (Hrsg.): Partnerschaftliche Logistik: Logistik im Dialog zwischen Praxis und Wissenschaft. Praxiswissen. Dortmund 1993.

Lampel 1996: Lampel, J. and Mintzberg, H.: Customizing Customization. Sloan Management Review. Fall 1996. S. 21–30.

Linden 1997: Linden, F.A.: Wachsen im Netz. Manager Magazin 1997/7. S. 102–113.

Little 1996: Little, A.D.: Management im vernetzten Unternehmen. Gabler. Wiesbaden 1996.

Lyles 1990: Lyles, M.A.: A Research Agenda for Strategic Management in the 1990s. Journal of Management Studies, Vol. 27, No. 4, July, S. 369.

Marcharzina 1995: Marcharzina, K.: Unternehmensführung – das internationale Managementwissen – Konzepte, Methoden, Praxis. Gabler, Wiesbaden 1995.

McHugh et al. 1995: McHugh, P.; Merli, G.; Wheeler III, W.: Beyond Business Process Reengineering – Towards the Holonic Enterprise. Wiley. Chichester 1995.

Mertens & Faisst 1995: Mertens, P.; Faisst, W.: Virtuelle Unternehmen, eine Organisationsstruktur für die Zukunft, technologie & management 1995/2. Internet.

Miles & Snow 1984: Miles, R.E.; Snow, C.C.: Fit, Failure and the Hall of Fame. California Management Review (CMR). 1984/3. S. 10–28.

Miloni 1998: Miloni, R.: VU Gebäudehülle – ein Pilotprojekt. In: Schweizerische Bauwirtschaftskonferenz (Hrsg.). Virtuelle Unternehmen in der Bauwirtschaft – Kompetenzen vernetzen. Effi-Bau. Zürich 1998.

Müthlein 1995: Müthlein, T.: Virtuelle Unternehmen – Unternehmen mit einem rechtssicheren informationstechnischen Rückgrat? Handbuch moderner Datentechnik (HMD) 185/1995. S. 68–77.

Oesterle 1995: Oesterle, H.: Business Engineering – Prozess und Systementwicklung. Springer, Berlin 1995.

Osterloh & Frost 1996: Osterloh, M.; Frost, J.: Prozessmanagement als Kernkompetenz: wie Sie Business Reengineering strategisch nutzen können. Gabler, Wiesbaden 1996.

Ott 1996: Ott, M. C.: Virtuelle Unternehmungsführung – Zukunftsweisender Ansatz im Wettlauf um künftige Markterfolge. Office Management 1996/7–8, S. 14–17.

Piercy & Cravens 1995: Piercy, F.; Cravens, D.: The network paradigm and the marketing organization. European Journal of Marketing. 1995/3. S. 7–34.

Porter 1989: Porter, M.E.: Wettbewerbsvorteile: Spitzenleistungen erreichen und behaupten. Campus. Frankfurt 1989.

Preiss et al. 1996: Preiss, K.; Goldman, S.; Nagel, R.: Cooperate to Compete – Building Agile Business Relationships. Van Nostrand Rheinhold. New York 1996.

Rayport & Sviokla 1995: Rayport, J.F.; Sviokla, J.J.: Exploiting the Virtual Value Chain. Harvard Business Review (HBR) 1995/11–12. S. 75–85.

Reinhart et al. 1996: Reinhart, G.; Mehler, B.H.; Schliffenbacher, K.: Virtuelle Unternehmen – Chance für produzierende Betriebe in Deutschland. Industrie Management 1996/12. S. 6–9.

Reiss 1996: Reiss, M.: Grenzen der grenzenlosen Unternehmung – Perspektiven der Implementierung von Netzwerkorganisationen. Die Unternehmung 1996/3, S. 195–206.

Reiss 1996b: Reiss, M.: Virtuelle Unternehmung – Organisatorische und personelle Barrieren. Office Management 1996/5. S. 10–13.

Sayir & Ziegler 1982: Sayir, M.; Ziegler, X.: Mechanik. Band I. Birkhäuser. Basel 1982.

SBK 1998: Schweizerische Bauwirtschaftskonferenz (Hrsg.). Virtuelle Unternehmen in der Bauwirtschaft – Kompetenzen vernetzen. Effi-Bau. Zürich 1998.

Scagnet 1998: Scagnet, C.: Rechtliche Aspekte virtueller Unternehmen. Seminararbeit Universität Zürich. Zürich 1998.

Schönsleben 1998: Schönsleben, P.: Integrales Logistikmanagement: Planung und Steuerung von umfassenden Geschäftsprozessen. Springer. Berlin 1998.

Schimpf 1996: Schimpf, A.: Strategisches Outsourcing im Kontext des Transformationsprozesses vom Massenproduzenten zur virtuellen Unternehmung. Diss. HSG Nr. 1910. St. Gallen 1996.

Schmid 1995: Schmid, B. (Hrsg.): Electronic Mall: Banking und Shopping in globalen Netzen. Teubner. Stuttgart 1995.

Schoch 1996: Schoch, R.: Wo bleibt die Telearbeit in der Schweiz? Technische Rundschau Transfer 1996/4. S. 24–25

Scholz 1994: Scholz, Ch.: Die virtuelle Organisation als Strukturkonzept der Zukunft. Arbeitspapier Nr. 30 der Universität des Saarlandes. Saarbrücken 1994.

Scholz 1994b: Scholz, Ch.: Virtuelle Unternehmen – Faszination mit rechtlichen Folgen. jur-pc Zeitschrift. 1994/12. S. 2927–2935.

Scholz 1996: Scholz, Ch.: Virtuelle Organisation – Konzeption und Realisation. Zeitschrift für Organisation. 1996/4. S. 204–210.

Scholz 1997: Scholz, Ch.: Strategische Organisation – Prinzipien zur Vitalisierung und Virtualisierung. Moderne Industrie. Landsberg/Lech 1997.

Schräder 1996: Schräder, A.: Management virtueller Unternehmungen – organisatorische Konzeption und informationstechnische Unterstützung flexibler Allianzen. Campus. Frankfurt 1996.

Schulte 1995: Studie der Scientific Consulting Dr. Schulte-Hillen. Wirtschaftswoche 1995/29, S.12.

Schuh 1995: Schuh, G.: Konzept der virtuellen Fabrik. Vortragsunterlagen 2. Fachkreis-Tagung des Themenschwerpunktes Qualität- und CIM Management. Zürich 1995.

Schuh 1996: Schuh, G.: Logistik in der virtuellen Fabrik. In: Schuh, G./Weber, H./Kajüter, P. (Hrsg.): Logistikmanagement – Strategische Wettbewerbsvorteile durch Logistik. Poeschel. Stuttgart 1996.

Schuh et al. 1998: Schuh, G.; Millarg, K.; Göransson, A.: Virtuelle Fabrik – Neue Marktchancen durch dynamische Netzwerke. Carl Hanser Verlag. München 1998.

Sieber 1996: Sieber, P.: Die Internet-Unterstützung Virtueller Unternehmen. Arbeitsbericht Nr. 81 Universität Bern. Institut für Wirtschaftsinformatik. Bern 1996.

Sieber 1998: Sieber, P.: Virtuelle Unternehmen in der IT-Branche – die Wechselwirkung zwischen Internet-Nutzung, Strategie und Organisation. Haupt. Bern 1998.

Simon 1996: Simon, H.: Do it yourself – Outsourcing ist der Trend der 90er Jahre. Manager Magazin 1996/7. S. 157–158.

Snow et al. 1992: Snow, C.C.; Miles, R.E.; Coleman Jr., H.J.: Managing 21st century network organizations. Organizational Dynamics 1992/3. S. 5–19.

Sommerlad 1996: Sommerlad, K.W.: Virtuelle Unternehmen – juristisches Niemandsland? Office Management. 1996/7–8. S.22–23.

Spiegel 1997: Spiegel, der: Stern mit Schrammen – Anatomie eines Debakels. 1997/45. S.248–267

Suckfüll 1994: Suckfüll, H.C.: Das Transnationale Organisationsmodell – Leitlinie für die Entwicklung eines weltweiten unternehmungsinternen Marktes für Kooperationen. Diss. HSG Nr. 1615. Hieronymus. München 1994.

Suzaki 1989: Suzaki, K.: Modernes Management im Produktionsbetrieb: Strategien, Techniken, Fallbeispiele. Hanser. München 1989.

Sydow 1992: Sydow, J.: Strategische Netzwerke: Evolution und Organisation. Gabler. Wiesbaden 1992.

Sydow 1996: Sydow, J.: Erfolg als Vertrauensorganisation? Office Management 1996/7–8. S.10–13.

9.3 Zusammenfassung

Tettamanti et al. 1996: Tettamanti, S.; Lurà, B.; Peduzzi, R.; Weber, M.: Netzwerke und virtuelle Unternehmungen – eine Herausforderung für neue Marketingstrukturen. Semesterarbeit Universität Zürich. Zürich 1996.

Tidd 1995: Tidd, J.: Development of Novel Products Through Intraorganizational and Interorganizational Networks. Journal of Production and Innovation Management 1995/12. S. 307–321.

Theuvsen 1996: Theuvsen, L.: Business Reengineering – Möglichkeiten und Grenzen einer prozessorientierten Organisationsgestaltung. Zfbf. 48/1.

VDI 1997: Kooperationen – nicht immer, aber immer öfter. Studie VDI und IAO. Stuttgart 1997.

Venkatraman & Henderson 1996: Venkatraman, N.; Henderson, C.: The Architecture of Virtual Organizing: Leveraging Three Interdependent Vectors. Discussion Paper. Systems Research Center, Boston University. Boston 1996.

Von Aesch 1996: von Aesch, Ch.: Von der Vision des virtuellen Unternehmens zum Konzept der virtuellen Fabrik. Semesterarbeit der Universität Zürich. Handelswissenschaftliches Seminar. Zürich 1996.

Warnecke 1992: Warnecke, H.J.: Die Fraktale Fabrik. Springer. Berlin 1992.

Warnecke 1993: Warnecke, H.J.: Revolution der Unternehmenskultur – Das Fraktale Unternehmen. Springer. Berlin 1993.

Weber 1996: Weber, A.: Arbeitsweise und Arbeitsinhalte einer obersten Führung in modernen Organisationsformen. Diplomarbeit HSG. St. Gallen 1996.

Wehrli 1994: Wehrli, H.P., Jüttner, U.: Relationship marketing in value generating Systems. In: Sheth, J.N./Paratiyar, A. (Hrsg.): Relationship marketing: Theory, methods and applications, Research Conference Proceedings. Atlanta 1994, Section I, S. 1–10.

Wildemann 1988: Wildemann, H.: Das Just-In-Time Konzept: Produktion und Zulieferung auf Abruf. FAZ. Frankfurt 1988.

Wildemann 1993: Wildemann, H.: Entwicklungsstrategien für Zulieferunternehmen. Forschungsbericht. München 1993.

Womack et al. 1991: Womack, J.; Jones, D.; Roos, D.: The machine that changed the world: The story of lean production. New York 1991.

Wüthrich & Winter 1996: Wüthrich, H.A.; Winter, W.B.: Der Zulieferer im 21.Jahrhundert: veränderte Spielregeln – neue Schlüsselkompetenzen. io Management 1996/6. S. 62–67.

Wüthrich et al. 1997: Wüthrich, H.A.; Philipp, A.F.; Frentz, M.A.: Vorsprung durch Virtualisierung: lernen von virtuellen Pionierunternehmen. Wiesbaden. Gabler 1997.

Yoshino 1995: Yoshino, M.Y.; Srinivasa Rangan, U.: Strategic alliances: an entrepreneurial approach to globalization. Harvard Business School Press. Boston 1995.

12

Anhang

Der Anhang enthält einige Ergänzungen zu den Erfahrungsberichten aus der Praxis. Detailliertere Informationen und Unterlagen können bei den angegebenen Adressen angefordert werden.

- Projekt Effi-Bau (VU-Handbuch, VU-Norm): SBV-Shop, Schweizerischer Baumeisterverband, Abteilung TBA, Weinbergstrasse 49, 8035 Zürich
- Projekt Virtuelle Fabrik (Technologiedatenblatt):
- Projekt VIRTUOS:
- Projekt ORVIETTI:
- Projekt GVUB (Statuten, Betriebsreglement, Spielregeln): Prof. Fritz A. Kopp, Fachhochschule beider Basel, St. Jakobs-Strasse 84, 4132 Muttenz, 041/467 43 43, f.kopp@fhbb.ch
- Projekt Synapool (Leitbild, Erfolgsstories): Bruno Knobel, IFE Industrielle Forschung und Entwicklung GmbH, Hauptstrasse 21, 4242 Laufen, 061/761 28 28

12.1 Inhaltsverzeichnis VU-Handbuch

Das VU-Handbuch der Schweizerischen Bauwirtschaftskonferenz (SBK) setzt sich aus einzelnen Heften zusammen, die jeweils einen Aspekt der Thematik vertieft behandeln.

Thema	Inhalt
Kompetenzen vernetzen – ein Leitfaden	Wie lassen sich Kompetenzen vernetzen? Aufbau und Organisation, Marketing und Akquisition, Leistungserstellung, Haftung, Vorgehen beim Aufbau einer VU, Praxiserfahrungen
Wie funktioniert eine VU? – Aufbau und Mechanik	Aufbau, Rechtsstrukturen, Leistungserstellung, Haftung und Nachschusspflichten, Spielregeln, Leitfaden für den Aufbau einer VU, Hinweise aus der Praxis, Glossar
Märkte kennen, Märkte nutzen	Märkte und Produkte, Marketing, Akquisition
VU im wirtschaftlichen Umfeld – Ein Modell	Vorbereitung, Gründung, Arbeitsaufnahme und VU-Alltag, Offertstellung, Leistungserstellung
VU Gebäudehülle – ein Pilotprojekt	Organisation, Erkenntnisse und Empfehlungen, Ausblick
VU Bauerneuerung – ein Pilotprojekt	Organisation, Erkenntnisse und Empfehlungen, Ausblick
VU Haustechnik – ein Pilotprojekt	Organisation, Erkenntnisse und Empfehlungen, Ausblick
VU-Dokumentation Recht	VU-Norm, Erläuterungen zur VU-Norm, Statuten Plattformgesellschaft, VU-Vertrag

12.2 Inhaltsverzeichnis VU-Norm

Die folgende Zusammenstellung umfasst die Titel der Artikel in der VU-Norm und gibt einen Hinweis, was darin alles abgedeckt ist.

12.2.1 Grundlagen

Art. 1 Begriffe und Wesen der virtuellen Unternehmung

Art. 2 Rechtsform, Zusammensetzung

Art. 3 Rechtsform im Verhältnis unter den Gesellschaftern (Innenverhältnis)

Art. 4 Verhältnis zur Plattformgesellschaft

Art. 5 Rechtsform gegenüber Dritten: Die Plattformgesellschaft

Art. 6 Pflicht zur Beachtung des gegenseitigen Vertrauens

Art. 7 Pflicht zur Beachtung des Gesellschaftszwecks

12.2.2 Organisation der VU und der Projekte

Art. 8 Vertretungsbefugnisse

Art. 9 Rechtsbeziehungen unter den VU-Gesellschaftern und Projektteilnehmern

Art. 10 Rechtsbeziehungen der VU-Gesellschafter mit der Plattformgesellschaft

Art. 11 Grundlagen und Zusammensetzung der VU-Versammlung

Art. 12 Kompetenzen der VU-Versammlung

Art. 13 Grundlagen und Zusammensetzung des VU-Ausschusses

Art. 14 Kompetenzen des VU-Ausschusses

Art. 15 Grundlagen und Zusammensetzung der Plattformgesellschaft

Art. 16 Kompetenzen der Plattformgesellschaft

Art. 17 Grundlagen und Zusammensetzung der Projektleitung

Art. 18 Funktion der Projektleitung

Art. 19 Kompetenzen der Projektleitung

Art. 20 Der Netzwerk-Coach

Art. 21 Die Revisionsstelle

12.2.3 Beschlussfassung innerhalb der virtuellen Unternehmung

Art. 22 Beschliessende Organe

Art. 23 Art der Stimmabgabe

Art. 24 Ausschluss vom Stimmrecht

Art. 25   Einstimmige Beschlüsse
Art. 26   Durchführung der Beschlussfassung, Zirkularbeschlüsse
Art. 27   Beschlüsse innerhalb der Plattformgesellschaft
Art. 28   Beschlüsse der Projektleitung

12.2.4 Teilnahme an der virtuellen Unternehmung und Mitwirkung an Projekten
Art. 29   Präqualifikation als Grundlage für die Teilnahme in der VU
Art. 30   Entscheid über die Aufnahme in die virtuelle Unternehmung
Art. 31   Projektkonstituierung
Art. 32   Beizug von Dritt-Unternehmern und Dritt-Planern

12.2.5 Buchführung und Rechnungsstellung
Art. 33   Buchführung und Rechnungsstellung für allgemeine Aufwendungen
Art. 34   Buchführung und Rechnungsstellung in Projekten
Art. 35   Buchführung der Plattformgesellschaft

12.2.6 Pflichten der VU-Gesellschafter

Beiträge an allgemeine VU-Auslagen
Art. 36   Grundsätze für die Finanzierung gemeinsamer Aufwendungen
Art. 37   Leistung von Nachschüssen
Art. 38   Offertkosten
Art. 39   Überlassung von Personal und Betriebsmaterial

Beiträge an die Projektdurchführung
Art. 40   Grundsätze für die Finanzierung der Projekte
Art. 41   Leistungen gemäss Projektvertrag
Art. 42   Technisches und wirtschaftliches Risiko
Art. 43   Lückenhafte Leistungsbeschriebe; Teilleistungen
Art. 44   Zusatzleistungen und Nebenkosten
Art. 45   Nichteinhaltung der Koordinationspflicht
Art. 46   Interne Preisbildung und Erarbeitung der Gesamtofferte
Art. 47   Ersatzvornahme, Nachschusspflichten der Projektteilnehmer

Haftung der VU-Gesellschafter

Art. 48	Haftung gegenüber Mitgesellschaftern
Art. 49	Haftung für Subunternehmer und Mitarbeiter
Art. 50	Haftung für Schäden, die im Rahmen der allgemeinen Bemühungen entstehen
Art. 51	Haftung für Schäden, die im Rahmen der Durchführung von Projekten entstehen
Art. 52	Haftung für Folgen verzögerter Rechnungsstellung
Art. 53	Keine Haftung der VU-Gesellschafter im Aussenverhältnis (gegenüber Dritten)
Art. 54	Abwehr von behaupteten Ansprüchen Dritter
Art. 55	Anerkennung von behaupteten Ansprüchen Dritter
Art. 56	Prozessführungsfonds

Sorgfalts- und Treuepflichten

Art. 57	Sorgfaltspflichten gegenüber den Mitgesellschaftern der VU und der Projektteilnehmer
Art. 58	Pflicht der Interessenwahrung gegenüber der VU und den Projektteilnehmern
Art. 59	Keine Pflicht zur Teilnahme an Projekten
Art. 60	Konkurrenzverbot
Art. 61	Erlaubte Tätigkeiten ausserhalb der virtuellen Unternehmung
Art. 62	Rechenschaftspflicht der Mitglieder des VU-Ausschusses und der Projektleitung
Art. 63	Aufbewahrungspflicht von Akten durch Mitglieder des VU-Ausschusses und der Projektleitung

Unvermögen eines VU-Gesellschafters, seine Leistung zu erbringen

Art. 64	Unvermögen der Leistungserbringung
Art. 65	Ansprüche der anderen VU-Gesellschafter bei verzögerter Leistungserbringung
Art. 66	Ansprüche der anderen VU-Gesellschafter bei mangelhafter oder unterlassener Leistungserbringung
Art. 67	Schadloshaltung für Schadenersatz, Konventionalstrafen oder sonstige Pönalen
Art. 68	Risikotragung bei nicht feststellbarer Schadensverursachung

12.2.7 Ausscheiden eines VU-Gesellschafters und Auflösung der virtuellen Unternehmung

Art. 69 Gründe für das Ausscheiden
Art. 70 Durchführung des Austritts, Stichtag
Art. 71 Weiterführung der VU
Art. 72 Anteil des ausgeschiedenen VU-Gesellschafters
Art. 73 Anteil des ausgeschiedenen VU-Gesellschafters an der Plattformgesellschaft
Art. 74 Auflösung der VU

12.2.8 Weitere Bestimmungen

Art. 75 Versicherungen und Garantien
Art. 76 Steuern
Art. 77 Abtretung von Rechten und Pflichten
Art. 78 Verrechnungsverbot
Art. 79 Urheberrechte
Art. 80 Geheimhaltung
Art. 81 Vertragsgültigkeit
Art. 82 Schlichtungsverfahren
Art. 83 Schiedsgericht
Art. 84 Gerichtsstand und Sitz des Schiedsgerichts
Art. 85 Anwendbares Recht

12.3 Technologiedatenblatt Virtuelle Fabrik

Das Datenblatt dient zur Erfassung der jeweiligen Kompetenz einer Firma im Netzwerk. Diese Daten sollen in einer Datenbank den Teilnehmern verfügbar gemacht werden. Eine Auftragszuteilung kann so sehr schnell erfolgen.

Merkmal	*Beispiel*
Technologie	Kubische Fertigung
Maschinentyp, Hersteller	Bearbeitungszentren horizontal (4 Achsen), Steinel BZ24
Anzahl Maschinen	5
Materialien	Aluminium, Guss, Warmpresslinge, Buntmetalle, Stahl
Max. Dimensionen (mm)	Aufspannfläche 320x320 Verfahrweg X=400, Y=300, Z=320
Max. Gewicht (kg)	100
Toleranzfeld	10 Mikrometer (Alu)
Oberfläche	N6 (Alu)
Losgrösse und Stückzahlen	1 bis 50 (in Abhängigkeit von den Teilefamilien) 3000-4000
Spannsystem	EROWA, hauseigenes Spannsystem
Messeinrichtung	Messroboter (3D), konventionelle Messtechnik
Qualitätssicherungssystem	SPC, ISO 9000 zertifiziert
Programmiersystem	Exapt-NC, 3D-I-DEAS
Vor- und Nachbearbeitung	Läppen, Trovalisieren, Lackiererei, Pulverbeschichtung, Galvanische Verfahren
Verpackungsoptionen	Standard-Kunststoffbehälter
Lieferzeit	1–3 Wochen
Spezialität	Bearbeitung aus dem Vollen, Bearbeitung extrem dünnwandiger Teile, bei 3D-CAD Daten → direkte Fertigung
Firma	Leica AG
Adresse	CH-9435 Heerbrugg
Ansprechpartner	Hr. Germann
Telephon	071/70 31 31
Durchwahl	071/70 38 89
Fax	071/72 52 79

12.4 Statuten GVUB

Art. 1 **Bezeichnung und Sitz**

Unter der Bezeichnung "Genossenschaft Virtuelle Unternehmen der Region Basel" – nachstehend und allgemein "GVUB" genannt – besteht eine Genossenschaft im Sinne von Art. 828 ff. OR mit Sitz in Muttenz, Kanton Baselland.

Art. 2 **Zweck und Betrieb**

Selbständige Klein- und Mittelunternehmen schliessen sich in einem Netz zusammen, um gemeinsam Kundenprojekte zu bearbeiten. Jedes Unternehmen trägt die Leistungen bei, die es am besten und günstigsten erbringen kann oder für die es gerade Kapazitäten frei hat. Art und Umfang des Betriebes werden im Betriebsreglement näher beschrieben.

Art. 3 **Eigenwirtschaftlichkeit**

Die Kosten für die Organisation des virtuellen Unternehmens (Bereitstellung von Dienstleistungen und Informationen) sind durch die Erhebung von Benutzungsgebühren zu decken. Die Benutzungsgebühr pro Genossenschafter beträgt Fr. 500.— jährlich. Für die Abgeltung der Verwaltung wird eine auftragsbezogene Provision von bis zu 1% des Auftragswertes verlangt. Es besteht die Möglichkeit, mittels Spenden (von Genossenschaftern oder Dritten) weitere Aktivitäten der Verwaltung abzugelten.

Art. 4 **Haftung**

Für die Verbindlichkeiten der GVUB haftet ausschliesslich das Vermögen der Genossenschaft. Es besteht keine Nachschusspflicht (Art. 871 OR).

Art. 5 **Mitgliedschaft**

Die Mitgliedschaft der GVUB kann erworben werden von Privatpersonen, juristischen Personen, öffentlichen Körperschaften und anderen Organisationen. Der Beitritt kann jederzeit erfolgen und bedarf einer schriftlichen Erklärung des zukünftigen Mitgliedes und der Genehmigung durch die Verwaltung.

Der Austritt kann nur auf Schluss des Geschäftsjahres – das mit dem Kalenderjahr zusammenfällt – unter Einhaltung einer sechsmonatigen Kündigungsfrist erfolgen. Die Kündigung ist schriftlich an den Vorstand zu richten.

Über den Ausschluss eines Mitgliedes entscheidet die Verwaltung, wobei dem Ausgeschlossenen das Recht zum Rekurs an die Generalversammlung zusteht. Beim Austritt bestehen keine Rechte auf finanzielle Leistungen der Genossenschaft.

Art. 6 Organe der GVUB

Die Organe der GVUB sind:

a) die Generalversammlung

b) die Verwaltung

c) die Kontrollstelle

d) der Beirat

Art. 7 Generalversammlung

Der Generalversammlung stehen folgende, unübertragbare Befugnisse zu:

1. Festsetzung und Änderung der Statuten;
2. Wahl der Verwaltung, der Kontrollstelle und des Beirates;
3. Abnahme von Betriebsrechnung und Bilanz und gegebenenfalls Beschlussfassung über die Verwendung des Reinertrages (Art. 859 OR);
4. Entlastung der Verwaltung;
5. Vermögensverwendung bei Auflösung der Genossenschaft (Art. 913 OR).

Die ordentliche Generalversammlung wird einmal jährlich nach Abschluss der Betriebsrechnung, spätestens bis zum 31. Mai, durchgeführt.

Die Generalversammlung wird einberufen:

1. durch Beschluss der Verwaltung;
2. wenn mindestens drei Genossenschafter die Einberufung verlangen.

Die Einberufung der Generalversammlung erfolgt mindestens zehn Tage vor dem Versammlungstag durch vervielfältigte Mitteilung an die Genossenschafter oder durch öffentliche Publikation. Mit der Einberufung sind die Traktanden an der Generalversammlung bekanntzugeben. Publikationsorgan ist das Schweizerische Handelsamtsblatt.

Art. 8 Stimmrecht

An der Generalversammlung sind mit einer Stimme stimmberechtigt:

a) die Delegierten von Körperschaften und juristischen Personen;

b) die Mitglieder der Verwaltung;

c) die Einzelmitglieder.

Vertretung durch eine handlungsfähige Person des entsprechenden Genossenschafters ist zulässig. Zwecks Ausübung der Vertretung bedarf es einer schriftlichen Vollmacht durch den Stimmberechtigten, der sich vertreten lässt. Kein Bevollmächtigter darf mehr als einen Genossenschafter vertreten. Die Vertretungsvollmacht ist vor Beginn der Generalversammlung dem Vorsitzenden abzugeben. Bei Beschlüssen über die Entlastung der Verwaltung haben Personen, die in irgendeiner Weise an der Geschäftsführung involviert waren, kein Stimmrecht. Dieses Verbot bezieht sich auch auf die Mitglieder der Kontrollstelle und des Beirates.

Art. 9 **Beschlussfassung**

Die Generalversammlung fasst ihre Beschlüsse und vollzieht ihre Wahlen mit absoluter Mehrheit der abgegebenen Stimmen. Für die Auflösung oder Fusion der GVUB sowie für die Abänderung der Statuten bedarf es einer Mehrheit von zwei Dritteln der abgegebenen Stimmen.

Art. 10 **Die Verwaltung**

Die Verwaltung der GVUB besteht aus mindestens drei Personen, wobei die Mehrheit aus Genossenschaftern bestehen muss. Die Mitglieder der Verwaltung werden alle vier Jahre gewählt. Die Verwaltung kann einen Teil der Pflichten und Befugnisse an Beauftragte übertragen. Die Beauftragten können sowohl Organisationen als auch Personen sein, die selbst nicht Genossenschaftsmitglieder der GVUB sind.

Art. 11 **Pflichten der Verwaltung**

Die Verwaltung hat die Geschäfte der GVUB mit aller Sorgfalt zu leiten und die genossenschaftlichen Aufgaben nach besten Kräften zu fördern. Alle Kompetenzen die nicht durch Gesetz oder Statuten der Generalversammlung übertragen sind, stehen der Verwaltung zu. Die Verwaltung ist insbesondere verpflichtet:

1. die Geschäfte der Generalversammlung vorzubereiten und deren Beschlüsse auszuführen;

2. die Einhaltung der massgebenden Gesetze, Statuten und Reglemente zu überwachen;

3. die Protokolle und Geschäftsbücher gemäss den gesetzlichen Bestimmungen zu führen.

Für die Genossenschaft ist der Präsident oder der Vizepräsident kollektiv mit dem Aktuar oder dem Kassier unterschriftsberechtigt.

Art. 12 **Kontrollstelle**

Die Generalversammlung wählt die Kontrollstelle auf eine Amtszeit von vier Jahren. Die Kontrollstelle besteht aus mindestens zwei Revisoren. Der Kontrollstelle obliegen die Pflichten gemäss Art. 907 ff. OR.

Art. 13 **Beirat**

Im Beirat sollen Persönlichkeiten aus Wirtschaft, Politik und Wissenschaft darüber wachen, dass einerseits in der Genossenschaft ein ausgewogenes

Verhältnis zwischen Produktions- und Dienstleistungsunternehmen besteht und andererseits die Verwaltung ihre Aufgabe verantwortungsvoll wahrnimmt. Der Beirat hat nur Antragsrecht.

Art. 14 **Auflösung**

Die Genossenschaft wird aufgelöst:

a) durch Beschluss der Generalversammlung;

b) in den übrigen, vom Gesetz vorgesehenen Fällen.

Art. 15 **Genehmigung und Inkraftsetzung**

Die Genehmigung dieser Statuten erfolgt durch die konstituierende Versammlung der Genossenschaft, und sie treten sofort nach Eintragung ins Handelsregister in Kraft.

Muttenz, im April 1998

Genossenschaft Virtuelle Unternehmen der Region Basel

Der Präsident: Der Vizepräsident und Aktuar:

12.5 Betriebsreglement GVUB

Art. 1 **Zweck und Betrieb**

Selbständige Klein- und Mittelunternehmen schliessen sich in einem Netz zusammen, um gemeinsam Kundenprojekte zu bearbeiten. Jedes Unternehmen trägt die Leistungen bei, die es am besten und günstigsten erbringen kann oder für die es gerade Kapazitäten frei hat.

Art. 2 **Geltungsbereich**

Dieses Betriebsreglement gilt für die Genossenschaft Virtuelle Unternehmen der Region Basel.

Art. 3 **Eigenwirtschaftlichkeit**

Für die entstehenden Betriebs- und Verwaltungskosten der Verwaltung – die im Zusammenhang mit der Abwicklung von Aufträgen und Projekten innerhalb der GVUB entstehen – wird eine eigene Betriebs- und Vermögensrechnung geführt. Diese Aufwendungen sind durch Benutzungsgebühren der Genossenschafter und Spenden zu decken.

Art. 4 **Benutzungsgebühren und Anteilscheine**

Die Benutzungsgebühren werden gemäss den Statuten Art. 3 der GVUB erhoben. Die Benutzungsgebühren werden einmal jährlich im voraus erhoben; Zahlungsfrist 30 Tage nach Rechnungsstellung. Erfolgt die Zahlung nicht fristgerecht, wird der gesetzliche Verzugszins erhoben. Die Benutzungsgebühren sind nach betriebswirtschaftlichen Grundsätzen festzulegen. Sie sind auf Antrag der Verwaltung jeweils an der Generalversammlung zu beschliessen. Spenden können sowohl von Genossenschaftern wie auch von Nichtmitgliedern frei gezeichnet werden. Sie werden von der Verwaltung zweckdienlich eingesetzt.

Art. 5 **Verwaltung**

Gemäss Art. 10 der Statuten der GVUB kann die Verwaltung gewisse Pflichten und Befugnisse an Beauftragte übertragen. Insbesondere für die Vermittlung von Kooperationen (ARENA) und die Abwicklung der Aufträge kann eine unabhängige Institution beauftragt werden.

Art. 6 **Die ARENA**

Die ARENA ist eine unabhängige Institution mit dem Ziel, Aufträge oder Projekte und Innovationen wertfrei entgegenzunehmen und so zu bearbeiten, dass sie ins Virtuelle Unternehmen der Region Basel eingespeist werden können. Zu diesem Zweck betreibt die ARENA eine Datenbank, in der Kernkompetenzen der Genossenschaftsmitglieder treuhänderisch verwaltet werden.

Die ARENA ist nur Vermittlerin von Kooperationen und übernimmt selbst keine Projektleitungsverantwortung, weder in Projekten noch in Aufträgen. Die ARENA ist frei, sich die für diesen Zweck notwendigen Strukturen selbst zu geben.

Art. 8 **Besoldung der Mitarbeiter der Verwaltung**

Die Besoldung der Mitarbeiter der Verwaltung wird gemäss dem Antrag der Verwaltung an der Generalversammlung beschlossen.

Art. 9 **Schlussbestimmungen**

a) Haftung: Die ARENA kann bei Schadenfällen, die durch die Vermittlung von Aufträgen durch ordentliche oder ausserordentliche Umstände verursacht wurden, weder für direkte noch für Folgeschäden belangt werden.

b) Sanktionen: Bei Übertretung von Bestimmungen dieses Reglementes kann die Verwaltung der GVUB beantragen, den Pflichtigen an der nächsten GV aus der GVUB auszuschliessen.

c) Rekurse: Gegen Entscheide und Verfügungen der Verwaltung kann innerhalb von 14 Tagen an die GV rekurriert werden. Gegen Entscheide der GV kann innerhalb von zwei Monaten beim Bezirksgerichtspräsidenten Klage eingereicht werden.

d) Inkraftsetzung: Dieses Reglement tritt nach Annahme durch die Generalversammlung in Kraft.

Also beschlossen an der Generalversammlung vom ....
Namens der Genossenschaft Virtuelle Unternehmen der Region Basel

Der Präsident　　　　　　　　Der Vizepräsident und Aktuar

12.6 Spielregeln der ARENA im Projekt GVUB

- Der Antragsteller ist bereit, der ARENA (und dem Projektbegleiter) sein Vorhaben offen darzulegen.

- Die ARENA verpflichtet sich, alle ihr überlassenen Akten vertraulich zu behandeln.

- Die Begleitperson muss die ihm übergebenen Daten treuhänderisch verwalten.

- Die ARENA ist befugt, fallweise Spezialisten zur Ausarbeitung eines Projektbeschriebes beizuziehen.

- Der Antragsteller kann eine Sperrliste verlangen (Ausschluss von Partnern im Netz).

- Der Antragsteller erteilt mit seinem Visum unter die CZM-News der Arena das Recht, diese im KMU-Interessentenkreis zu veröffentlichen.

- Die Veröffentlichung der CZM-News ist gratis.

- Kommt es zum Auftragsabschluss, verpflichtet sich der Antragsteller, der Arena eine Provision von 1 % des Auftragsvolumens zu entrichten.

- Die CZM-News haben folgende Stati: in Bearbeitung, veröffentlicht, vergeben, abgeschlossen.

12.7 Leitbild Synapool

Das Vorbild – die Synapse
Die Synapse ist im menschlichen Nervensystem der Ort, wo Informationen und Empfindungen zusammenfliessen und Signalübertragungen durch andere Nerven modifiziert und ergänzt werden.

Das Abbild – der Synapool
Synapool ist der Ort, wo vorhandenes Fachwissen und Erfahrungen von verschiedenen Kleinunternehmen zusammenfliessen und durch fachübergreifenden Gedankenaustausch und Zusammenarbeit Impulse zu innovativen Problemlösungen entstehen.

Das Leitbild – innovative Durchbrüche Erzielen ist keine Aufgabe für Einzeltäter
Unser Pool beinhaltet fundiertes wissenschaftlich-theoretisches Wissen, erworben in Ausbildungen verschiedener Fachrichtungen. Mit der in der langjährigen Praxis erworbenen Erfahrung in Forschung, Entwicklung und Konstruktion, in Fabrikation, Montage und Projektmanagement gelingt es uns, dieses Wissen auch projektgerecht umzusetzen. Die Bereitschaft der Synapool-Teilnehmer, untereinander den gegenseitigen Austausch von Wissen und Erfahrung zu pflegen, legt ein grosses Potential frei.

Und hier liegt Ihr Vorteil bei der Lösung Ihrer Probleme

Eine Idee ideenreicher! Der Synapool

12.8 Erfolgsstories Synapool

12.8.1 Bikuli – der Fahrradanhänger

Die Aufgabe – Serienreife bis Markteinführung

Ein Konstrukteur hat den Prototypen eines neuartigen Fahrradtransportanhängers realisiert. Er kann aber die nötigen Marketing- und Verkaufsaufgaben nicht angehen.

Das Vorgehen – Partnerschaftliche Zusammenarbeit

Markt- und Produktanalysen durch Synapool zeigen das Interesse in Tourismuskreisen und das Marktpotential. Das Ingenieurbüro Schmid übernimmt als Partner des Konstrukteurs die Projektleitung und die Marketingverantwortung.

Gleichzeitig mit der Konstruktionsüberarbeitung werden die Finanzierung und die Schutzrechte gesichert sowie die Markteinführung vorbereitet.

Die Lösung – bikuli, der Velotransportanhänger

Mit einem Beitrag der Wirtschaftsförderung wird die Nullserie realisiert. Sechs Monate nach Projektbeginn steht der erste Anhänger an der Fahrradmesse. In den nächsten sechs Monaten werden durch das Ingenieurbüro Schmid zehn Anhänger verkauft.

12.8.2 Testgerät für Datenkabel G87

Die Aufgabe

In Gebäuden verlegte 5-adrige Datenkabel G87 sollen mit einem einfachen, batteriegespeisten Testgerät geprüft werden. Die vier Prüfkriterien sind: Kabel in Ordnung, Ader unterbrochen, vertauscht oder kurzgeschlossen. Sind zwei intakte Adern vorhanden, soll beim Testen Gegensprechverkehr möglich sein.

Das Vorgehen – Realisierung aus einer Hand

Die Hiltron AG übernimmt den Auftrag als Generalunternehmer. Das Pflichtenheft wird erstellt und die Machbarkeit geprüft. Nach intensiven Gesprächen einigen sich alle Beteiligten auf ein Konzept. Ein Gerät mit einfacher Bedienung, Anzeige und Sprechgarnitur wird auf CAD entwickelt und mittels Datentransfer der Produktion übergeben.

Die Lösung – G87-Tester

Die Testeinheit besteht aus einem Sender, einem Empfänger, zwei Sprechgarnituren und den Adapterkabeln. Der Sender ordnet jeder Ader einen Konstantstrom zu. Der Empfänger identifiziert diesen und erkennt so die Aderzuweisung. Die einfach ablesbare Anzeige besteht aus zwei LED-Reihen. Die Gegensprechsignale werden den Prüfströmen überlagert.

Neue Publikationen

Andreas Pira

Umfassendes Qualitätsmanagement im Spital

Das EFQM-Modell als Basis

"Das Buch sei insbesondere all jenen ans Herz gelegt, die Qualitätsmanagement nicht nur aus dem Bauch heraus betreiben, sondern seine Wirkungsweise auch verstehen wollen."
(aus dem Geleitwort von
Prof. Dr. Hans-Konrad Selbmann)

Viele Spitäler Europas sehen sich heute einem zunehmend schärferen Wettbewerb ausgesetzt. Um sich nachhaltig am Markt behaupten zu können, suchen sie nach Ansätzen zur Kostensenkung und Verbesserung der Qualität. Ein langfristiger und erfolgversprechender Managementansatz ist das umfassende Qualitätsmanagement (TQM).
Auf der Basis einer detaillierten Befragung zeigt der Autor den State-of-the-Art des Qualitätsmanagements in europäischen Akutspitälern auf. Ferner wird untersucht, inwieweit das TQM-Modell der European Foundation for Quality Management (EFQM-Modell) für den Einsatz im Spital geeignet ist und welche Anpassungen gegebenenfalls vorgenommen werden sollten. Weiterhin beschreibt der Autor eine Methode, wie TQM im Spital auf Basis des EFQM-Modells eingeführt werden kann und liefert illustrative Praxisbeispiele, die aus der Anwendung der Methode in vier schweizerischen Spitälern resultieren. Schliesslich wird ein System zur Messung der Patientenzufriedenheit vorgestellt. Der dabei entwickelte Fragebogen wird bereits in mehr als zehn schweizerischen Spitälern erfolgreich eingesetzt.
Das Buch wendet sich an Entscheidungsträger und Führungskräfte im Gesundheitswesen. Es ist ebenso für Dozierende und Studierende der Gesundheitswissenschaften (Public Health) von Interesse.

1999, 256 Seiten, Format 17 x 24 cm, zahlreiche grafische Darstellungen und Tabellen, gebunden, Fr. 66.- /DM 84.80/ÖS 620.-, ISBN 3 7281 2691 8,
vdf Hochschulverlag AG an der ETH Zürich

Neue Publikationen

Urs Hafen, Cuno Künzler, Dieter Fischer
Erfolgreich restrukturieren in KMU

Werkzeuge und Beispiele für eine nachhaltige Veränderung

Unter dem Motto *"Fit for the Future"* werden den KMU von Beratung und Wissenschaft immer wieder neue Managementkonzepte als adäquates Heilmittel für die Unternehmensführung verschrieben. Doch bei der Umsetzung dieser Ideen im Projektalltag macht sich oft Ernüchterung breit. Statt eine Steigerung der Flexibilität und Innovationsfähigkeit einer Organisation durch hochmotivierte Mitarbeiter zu erreichen, sieht man sich mit einer frustrierten Belegschaft konfrontiert. Der Traum einer nachhaltigen Veränderung scheitert an der betrieblichen Realität.

Um die KMU bei einer nachhaltigen Reorganisation zu unterstützen, wird in diesem Praktikerleitfaden aufgezeigt,

- wie Aufgaben im Unternehmen zu strukturieren sind, um in einem zunehmend turbulenteren Markt bestehen zu können,
- welche Abhängigkeiten zwischen Organisation und Technik (hier v.a. EDV) bei einer umfassenden Reorganisation bestehen,
- wie Veränderungen in Organisationen stattfinden und welche Möglichkeiten es gibt, um den Veränderungsprozess aktiver zu gestalten.

Ein ausführliches Vorgehenskonzept, illustriert an einem realen Fallbeispiel aus der Firma MAGNETICS AG, führt den Praktiker Schritt für Schritt durch ein konkretes Reorganisationsprojekt.

Wie eine Untersuchung von 237 Reorganisationsprojekten in KMU zeigt, fehlt es, wie ein Projektleiter dies treffend ausgedrückt hat, häufig an "Konzepten und Erfahrungen zur Gestaltung des Veränderungsprozesses". Mit der in diesem Buch beschriebenen Projektphasenaudit-Methode erhält der Praktiker ein Instrument, das eine projektbegleitende Evaluation des Veränderungsprozesses ermöglicht und damit eine gezielte Massnahmenplanung unterstützt. Ergänzend dazu werden weitere konkrete Hilfestellungen für den Projektalltag in Form von Methodenbausteinen vorgestellt (Auswahl eines Organisationsberaters, Evaluation einer Logistikstandardsoftware, Einsatz eines Simulationsspiels im Reorganisationsprojekt usw.).

1999, 208 Seiten, Format 17 x 24 cm, zahlreiche grafische Darstellungen, gebunden, Fr. 47.-/DM 59.80/ÖS 435.-, ISBN 3 7281 2637 3,
vdf Hochschulverlag AG an der ETH Zürich

Publikationen der Reihe BWI

Band 1:
Stephan Schwarze
Configuration of Multiple-Variant Products
Application Orientation and Vagueness in Customer Requirements
1996, 146 pages, various pictures, paperback, ISBN 3 7281 2405 2

Band 2:
Silke Hübel
Unterstützung zeitkritischer Dokumentationsprozesse in der Pharmaindustrie
Ein Leitfaden zur Gestaltung einer informatikgestützten Lösung
1996, 144 Seiten, zahlreiche Darstellungen, broschiert, ISBN 3 7281 2418 4

Band 3:
Eric Scherer
Koordinierte Autonomie und flexible Werkstattsteuerung
Ein Beitrag zur Flexibilisierung der Werkstattsteuerung
1996, 160 Seiten, zahlreiche Darstellungen, broschiert, ISBN 3 7281 2421 4

Band 4:
Fabio Frigo-Mosca, David Brütsch, Urs Hafen, Simone Tettamanti
Logistic Partnership: Supply Chain Management in der Schweizer Industrie
Untersuchung über den Stand der Kunden-Lieferanten-Beziehungen in
304 Schweizer Industriebetrieben
1997, 132 Seiten, zahlreiche Darstellungen, broschiert, ISBN 3 7281 2417 6

Band 5:
Fabio Frigo-Mosca
**Referenzmodelle für Supply Chain Management
nach den Prinzipien der zwischenbetrieblichen Kooperation**
Eine Herleitung und Darstellung des Modells Advanced Logistic Partnership
1998, 232 Seiten, broschiert, ISBN 3 7281 2623 3

Band 6:
Adrian Specker
Kognitives Software Engineering
Ein Schema- und scriptbasierter Ansatz
1998, 196 Seiten, broschiert, ISBN 3 7281 2633 0

Band 7:
David Brütsch
Virtuelle Unternehmen
1999, ca. 210 Seiten, zahlreiche Darstellungen, gebunden, ISBN 3 7281 2646 2

Band 8:
Urs Hafen, Cuno Künzler, Dieter Fischer
Erfolgreich restrukturieren in KMU
1999, 264 Seiten, zahlreiche Darstellungen, gebunden, ISBN 3 7281 2637 3

Band 9:
Andreas Pira
Umfassendes Qualitätsmanagement im Spital
1999, 256 Seiten, zahlreiche Darstellungen, gebunden, ISBN 3 7281 2691 8